T0216535

GRUNDLAGEN DES CLOUD COMPUTING

EINE NICHTTECHNISCHE EINFÜHRUNG

Anders Lisdorf

 Springer

Grundlagen des Cloud Computing: Eine nichttechnische Einführung

Anders Lisdorf
Copenhagen, Denmark

ISBN 979-8-8688-0088-7   ISBN 979-8-8688-0089-4   (eBook)
https://doi.org/10.1007/979-8-8688-0089-4

Die Deutsche Nationalbibliothek verzeichnet diese Publikation in der Deutschen Nationalbibliografie; detaillierte bibliografische Daten sind im Internet über https://portal.dnb.de abrufbar.

Übersetzung der englischen Ausgabe: „Cloud Computing Basics" von Anders Lisdorf, © Anders Lisdorf 2021. Veröffentlicht durch Apress. Alle Rechte vorbehalten.

Dieses Buch ist eine Übersetzung des Originals in Englisch „Cloud Computing Basics" von Anders Lisdorf, publiziert durch APress Media, LLC im Jahr 2021. Die Übersetzung erfolgte mit Hilfe von künstlicher Intelligenz (maschinelle Übersetzung). Eine anschließende Überarbeitung im Satzbetrieb erfolgte vor allem in inhaltlicher Hinsicht, so dass sich das Buch stilistisch anders lesen wird als eine herkömmliche Übersetzung. Springer Nature arbeitet kontinuierlich an der Weiterentwicklung von Werkzeugen für die Produktion von Büchern und an den damit verbundenen Technologien zur Unterstützung der Autoren.

Jeder Quellcode oder anderes ergänzendes Material, auf das der Autor in diesem Buch verweist, ist für die Leser auf GitHub über die Produktseite des Buches verfügbar, die sich unter www.apress.com/9781484269206 befindet. Für detailliertere Informationen besuchen Sie bitte http://www.apress.com/source-code.

Planung/Lektorat: Susan McDermott
Springer ist ein Imprint der eingetragenen Gesellschaft APress Media, LLC und ist ein Teil von Springer Nature.
Die Anschrift der Gesellschaft ist: 1 New York Plaza, New York, NY 10004, U.S.A.

Das Papier dieses Produkts ist recycelbar.

Dieses Buch ist dem Gedächtnis meines Vaters, Bent Lisdorf, gewidmet. Er starb, während ich es schrieb. Jeder, der ihn kannte, wird ihn und seine Hingabe an Freiheit, Solidarität und humanitäres Handeln vermissen.

Inhaltsverzeichnis

Über den Autor

Anders Lisdorf hat mehr als ein Jahrzehnt lang mit der Verknüpfung von On-Premise- und Cloud-Technologien in vielen verschiedenen Arten von Unternehmen und Branchen gearbeitet. In den letzten Jahren war er als Berater tätig und hat einer Vielzahl von Kunden beim Umstieg in die Cloud geholfen. Er ist auch ein erfahrener Unternehmer, der Cloud-native Software-as-a-Service-Produkte entwickelt.

Über die technischen Gutachter

Lars Rosenberg Nielsen ist ein Experte für Cloud Computing und arbeitet häufig in beratender Funktion als Lösungsarchitekt für Clouds, DevOps-Ingenieur, Unternehmensarchitekt und zuverlässiger technischer Berater für Führungskräfte. Lars verfügt über umfangreiche praktische Erfahrungen aus technischen Engagements in kundenorientierten Funktionen in Bereichen wie Cloud-native Architektur, Cloud-Strategie, Migration und Plattformen, Architekturdesign, Engineering, digitale Transformation, DevOps und Informationstechnologie. Lars besitzt mehrere fortgeschrittene Cloud-, Kubernetes- und Architekturzertifikate.

Stanislav Novoseletskiy ist regionaler Direktor für Daten und KI bei Microsoft. Er glaubt fest an positive Veränderung und Transformation. Seine Karriere begann 1997 als Helpdesk-Ingenieur, dann wurde er zum Anwendungsentwickler befördert, danach zum Datenbankentwickler und schließlich wurde er ein SQL DBA. Er trat 2006 bei Microsoft ein und hat verschiedene technische und vertriebliche Rollen übernommen, die darauf ausgerichtet sind, Unternehmen und Regierungen bei der Transformation und Weiterentwicklung mithilfe von Daten und Wissen zu unterstützen.

Danksagungen

Ein Buch, zumindest ein qualitativ hochwertiges Buch, ist nie das Werk einer einzigen Person. Dieses hier auch nicht. Ich hatte das Glück, Hilfe und Anleitung von unglaublich qualifizierten und engagierten Menschen zu erhalten. Zuerst möchte ich dem Apress-Team für die Anleitung und die Eingaben danken. Susan McDermott dafür, dass sie mich intensiv über die Struktur und Ausrichtung des Buches nachdenken ließ, und Rita Fernando für die unglaublich scharfen Beobachtungen, die mich strikt auf den Punkt fokussiert hielten, sowie für zahlreiche Vorschläge, die das Buch erheblich verbessert haben. Die Gutachter Stanislav Novoseletskiy und Lars Rosenberg Nielsen haben mich ebenfalls herausgefordert und gute Vorschläge zur Verbesserung des Inhalts und zur Klärung gemacht. Ich möchte auch Ole Kjeldsen dafür danken, dass er sein tiefes Wissen und seine Erfahrung mit der Cloud im Allgemeinen und Microsoft im Besonderen geteilt hat. Mogens Nørgaard hat sich mir für viele Stunden anregender Diskussionen über die Cloud, Daten und Sicherheit zur Verfügung gestellt. Durch sein intimes Wissen über die Geschichte und Technologie von Oracle hat er mir ein tieferes Verständnis vermittelt, das schwer zu gewinnen gewesen wäre aus öffentlich zugänglichen Ressourcen.

Im Laufe des letzten Jahrzehnts habe ich auch viel von Kollegen und anderen Bekannten gelernt, sowohl praktisch als auch theoretisch. Es sind leider zu viele, um sie hier zu erwähnen, aber seien Sie sicher, dass ich für all unsere Diskussionen dankbar bin.

Vor allem möchte ich meinem Vater danken, während dessen langer Krankheit und letztendlichem Tod dieses Buch geschrieben wurde. Er war immer für mich da. Ohne seine Liebe und Führung hätte ich dieses Buch nie schreiben können.

Es sollte beachtet werden, dass selbst wenn ich mit qualitativ hochwertiger Hilfe und Vorschlägen von all diesen Menschen beschenkt wurde, alles in diesem Buch meine Verantwortung ist und sie in keiner Weise für irgendwelche Mängel dieses Manuskripts verantwortlich gemacht werden können.

Einleitung

Seit meiner Kindheit habe ich eine Faszination für Wolken. Echte Wolken am Himmel, weiß und flauschig oder grau und düster, boten ein ständig präsentes Drama, das sich für den neugierigen Betrachter[1], der in den Himmel schaut, wie es wissbegierige Kinder zu tun pflegen. Vielleicht lag es daran, dass ich der ganzjährigen Bewölkung meiner Heimat Westdänemark ausgesetzt war mit ihrer reichen Vielfalt und Textur über die Jahreszeiten hinweg, aber ich fand Wolken immer geheimnisvoll und fesselnd.

Heute ist mein Interesse ungebrochen, obwohl die Wolken, die ich studiere, nicht mehr am Himmel, sondern irgendwo im Cyberspace sind, auch wenn die Beschäftigung mit Ihnen nicht das gleiche allgegenwärtige Drama bietet. Dieses Buch handelt vom Verständnis der Sprache und Logik des Cloud Computing, welche Technologien verfügbar sind und wodurch die Anbieter, die sie zur Verfügung stellen, charakterisiert sind, und wie die Wirtschaft und Sicherheit der Cloud und die tatsächliche Anwendung eine Organisation beeinflussen. Es ist ein Versuch, die Grundlagen für interessierte Leser mit wenig oder gar keinem technischen Hintergrund zu erklären und zu beschreiben, um einen Überblick darüber zu bekommen, was die Cloud ist, und um an intelligenten Diskussionen über die Art der Nutzung teilnehmen zu können.

Mein eigener Weg ins Cloud Computing folgte einem ungleichmäßigen Pfad. Mitte bis Ende der 2000er-Jahre tauchte die Cloud als eine interessante neue Technologie auf. Ich arbeitete im Bereich Unternehmensarchitektur und begann zu untersuchen, was dieses neue Ding zu bieten hatte. Die Cloud setzte sich als das bevorzugte Marketing-Schlagwort durch und nahm schnell eine Bedeutung an, die gleichwertig mit Feenstaub war, der, wenn er auf jede technologische Lösung gestreut wurde, sie magisch transformieren und sie auf jede erdenkliche Weise verbessern würde.

Einige Jahre später gründete ich mein eigenes Start-up, das ein Software as a Service (SaaS)-Produkt lieferte, das vollständig auf Cloud-Infrastruktur aufgebaut war, was die Kraft der Cloud demonstrierte. Es bestand keine Notwendigkeit, Server zu kaufen und Räume zu mieten, um sie aufzustellen und zu betreiben. Dies war für mich der erste Beweis, dass die Cloud – obwohl nicht

---

[1]Bei der Übersetzung von im Englischen nicht nach Geschlecht differenzierten Personenbezeichnungen wie „spectator", „user" u. Ä. wurde im Deutschen meistens die männliche Form „Betrachter", „Nutzer" etc. verwendet, um den Text kürzer und besser lesbar zu machen. Selbstverständlich sind damit Personen jeden Geschlechts gemeint.

reiner „Feenstaub" – definitiv die Zukunft war. Selbst wenn es nicht uneingeschränkt einfach war, war es doch nicht so schwierig wie noch vor einigen Jahren, ein Unternehmen von Grund auf und vollständig in der Cloud zu gründen.

Springen wir etwa ein Jahrzehnt vorwärts, da fand ich mich in den Vereinigten Staaten wieder, wo ich der Stadt New York dabei half, eine ehrgeizige neue Cloud-First-Strategie umzusetzen, wieder als Unternehmensarchitekt. Bei jeder neuen Entwicklung sollte zuerst geprüft werden, ob sie in der Cloud erstellt werden könnte. Dies war ein faszinierender Übergang zur Cloud, den viele moderne Unternehmen jeder Größe erleben. Diese Erfahrungen machten mich auf viele der Themen und praktischen Erkenntnisse aufmerksam, die die Inhalte dieses Buches bilden.

Im Laufe von mehr als einem Jahrzehnt hatte ich das Privileg, in gewissem Umfang mit allen fünf großen Cloud-Anbietern und einigen der kleineren zu arbeiten. Es ist interessant, die neu entstehenden Muster zu beobachten und wie sie alle etwas Wertvolles zu bieten haben.

Als Randbemerkung: Ich habe mich dazu entschieden, mich auf das zu konzentrieren, was ich die großen fünf Cloud-Anbieter nenne: AWS, Google Cloud Platform, IBM Cloud, Microsoft Azure und Oracle. Es gibt andere Anbieter da draußen, und ich ermutige Sie, diese selbst zu erkunden.

Die Trajektorie der Cloud seit Ende der 2000er-Jahre bis jetzt folgt dem sogenannten „Hype-Zyklus" der Beratungsfirma Gartner. Sie begann auf dem Gipfel der überzogenen Erwartungen und ging durch das Tal der Desillusionierung und ist nun auf dem Weg hinauf zur Hochebene der Produktivität. Es ist leicht, sich in den Hype hineinziehen zu lassen, aber um die transformative Kraft der Cloud bei der Eröffnung eines neuen Geschäfts oder beim Betrieb eines etablierten Geschäfts jeder Größe wirklich zu verstehen und zu schätzen, betrachten wir ein Gedankenexperiment, in dem wir dasselbe Geschäft im Jahr 2005 und im Jahr 2020 gründen.

Stellen Sie sich vor, Sie eröffnen einen Online-Shop. Zuerst benötigen Sie eine Website, um mit dem Verkauf zu beginnen. Wenn Sie klein anfangen wollen, können Sie zu Ihrem örtlichen Elektronikgeschäft gehen und ein paar PCs kaufen. Wenn Sie größer starten wollen, bestellen Sie ein Rack und Computer von einem Großhändler. Als Nächstes müssen Sie herausfinden, wo Sie diese Computer unterbringen können. Wenn Sie noch keinen freien Raum haben, müssen Sie diesen irgendwo mieten. Am Anfang kommen Sie vielleicht damit aus, aber schnell müssten Sie zusätzliche Maschinen kaufen und einen ähnlichen Raum irgendwo anders mieten, um einen Back-up-Standort zu haben, falls der erste ausfällt. Wenn Sie kein Back-up haben und es brennt oder der Raum wird überflutet, wäre Ihr gesamtes Geschäft mit den Computern weg. Apropos Feuer, vergessen Sie nicht, ein Feuerlöschsystem für Ihre Serverräume zu installieren, aber nicht mit den typischen Sprinkleranlagen, da Wasser Ihre Maschinen genauso beschädigen würde wie Feuer. Es handelt sich um hochspezialisierte Systeme auf Basis einer Mischung aus Gasen und Chemikalien. Dazu müssen Sie noch Feuerwehrübungen durchführen. Natürlich könnten Sie sagen, dass dies übertrieben und nicht notwendig ist, aber versuchen Sie mal, dem Risikokapitalfonds, dem Sie eine Investition von 5 Mio. Dollar vorschlagen, zu erklären, dass im Falle eines Brandes dessen gesamte Investition verloren gehen würde.

Ich denke, an diesem Punkt können Sie sehen, dass Sie sogar, bevor Sie anfangen können, Ihren Shop und Ihre Website aufzubauen, viel Zeit und Geld investieren müssen, um überhaupt erst zu beginnen. Wenn Sie bereit sind, müssen Sie Lizenzen für Software für den Webshop und andere unterstützende Geschäftsfunktionen wie Buchhaltung, Gehalt, Lagerverwaltung, Personalwesen und Marketing erwerben.

Wenn all das bezahlt ist, müssen Sie ein Team von Betriebsspezialisten einstellen und unterhalten, um all die Software, die Sie gerade gekauft haben, zu warten, zu aktualisieren und zu patchen.

Nicht nur, dass Sie hohe Anfangskosten für den Kauf von Hardware und Software haben, darüber hinaus haben Sie auch monatliche Kosten für die Anmietung von Rechenzentren und Betriebspersonal, noch bevor Sie überhaupt etwas verkaufen.

Vergleichen Sie dies nun mit der Gründung des gleichen Unternehmens im Jahr 2020. Die erste Entscheidung, die Sie jetzt treffen müssen, ist nicht, wo und welche Ausrüstung Sie kaufen möchten, sondern wie viel Verantwortung Sie für die Technologieplattform selbst übernehmen möchten. Sie könnten einfach zu einer Seite wie Shopify gehen und sie dort konfigurieren. Das ERP-System und andere Software zur Unterstützung bei Gehältern, einem Callcenter und Kundensupport sind ebenfalls sofort verfügbar und konfigurierbar. All dies wird in der Regel für eine feste monatliche Gebühr ausgeführt.

Wenn Sie mehr Kontrolle wünschen oder spezifischere Anforderungen haben, die von diesen Standardsystemen nicht erfüllt werden, könnten Sie immer noch die Server beschaffen, die Sie benötigen, aber das kann jetzt sofort von Cloud-Anbietern erledigt werden. Sie können oft sogar wählen, dass diese bereits mit der Geschäftssoftware vorinstalliert sind, die Sie verwenden möchten. Sie müssen keine Räume an mehreren Standorten mieten und Brandschutzsysteme installieren; Sie konfigurieren einfach Ihre Server so, dass sie sich in verschiedenen Rechenzentren des Cloud-Anbieters befinden. Auch gibt es in diesem Szenario keine Anfangskosten, und alles kann gegen eine monatliche Gebühr betrieben werden.

Welchen Weg Sie auch in der Cloud einschlagen, Sie können Ihr Unternehmen bei Ihrem morgendlichen Kaffee bei Starbucks gründen und es am Nachmittag über Mojitos bei California Pizza Kitchen in Betrieb nehmen, während Sie auf Ihr Hühnchen-Tequila-Fettuccine warten.

Dies gilt nicht nur für Online-Shops, sondern praktisch für jede Art von Unternehmen oder Organisation in jeder Größenordnung. Die Besonderheiten der Vorteile werden variieren und von verschiedenen Faktoren abhängig sein, aber das Potenzial ist für jeden Menschen vorhanden. Um jedoch von diesem Potenzial zu profitieren und es zu nutzen, ist es notwendig, die Cloud und ihre Funktionsweise zu verstehen. Dies ist es, was wir in diesem Buch tun werden.

- **Kap. 1, Grundlagen des Cloud Computing**, legt das Fundament für das Verständnis dessen, was die Cloud ist. Wir betrachten die Geschichte des Konzepts, um zu verstehen, wo es entspringt. Aber das Verständnis des Begriffs ist nicht dasselbe wie das Verständnis des Konzepts, weshalb wir untersuchen, wie man es am besten begrifflich fassen kann.

- **Kap. 2, Warum Cloud?**, bietet einen Überblick über die Zukunft des Cloud Computing und eine Darstellung der wichtigsten Treiber für Organisationen, um in die Cloud zu wechseln. Wirtschaftlichkeit ist ein häufiger Grund, aber auch Sicherheit, Agilität, Skalierbarkeit und Nachhaltigkeit sind weitere Treiber. Diese Treiber sind nicht für alle Organisationen gleichermaßen relevant, aber es ist für jeden etwas dabei.

- **Kap. 3, Die Genealogie des Cloud Computing**, ist eine Geschichte der verschiedenen technischen Entwicklungen, die zur heutigen Version der Cloud geführt haben. Die Spuren gehen tief in die Geschichte zurück und helfen, bestimmte Merkmale zu erklären, die auf den ersten Blick verwirrend erscheinen könnten.

- **Kap. 4 bis 8** stellen die Hauptakteure in der Cloud-Industrie vor: IBM, Oracle, Microsoft, Amazon und Google. Die überwiegende Mehrheit der Kunden wird Cloud-Lösungen von einem dieser fünf großen Cloud-Anbieter nutzen. Das Verständnis ihrer Geschichte, die Zielgruppen, Stärken und Schwächen ermöglichen es, eine gute Wahl der Passung zwischen einer Organisation und einem Anbieter zu treffen.

- **Kap. 9, Profile von Cloud-Anbietern**, vergleicht die fünf großen Cloud-Anbieter anhand von fünf Schlüsselparametern – Kundenorientierung, Vision, Produktverpackung, Endbenutzerziel und Cloud-Fokus – zur Analyse der wesentlichen Unterschiede.

Die Cloud beeinflusst viele verschiedene Bereiche, aber vier stechen hervor: Technologie, Sicherheit, Wirtschaftlichkeit und Arbeit. Die nächsten vier Kapitel gehen auf jeden dieser Punkte ein, um detaillierter zu beschreiben, wie die Cloud sie beeinflusst.

- **Kap. 10, Cloud-Technologie**, bietet einen Überblick über SaaS, PaaS und IaaS. Der Abschnitt über Infrastrukturdienste taucht in die erste der drei Hauptkategorien von Cloud-Diensten ein. Diese sind denen eines traditionellen Rechenzentrums am nächsten und besonders vielseitig. Wir sehen, wie die grundlegenden Funktionen eines Netzwerks – Rechenleistung und Speicher – zu einem Servicepaket geschnürt werden, das konsumiert werden kann. In dieser Kategorie besteht ein hohes Maß an Einheitlichkeit zwischen den Anbietern. Plattformdienste bieten besser integrierte und fokussierte Funktionen wie Datenbanken und Messaging-Lösungen, die von Anwendungen genutzt werden. Diese Angebote abstrahieren die grundlegenden Infrastrukturdienste und können ohne Bedenken hinsichtlich der meisten Betriebsprozesse wie Upgrades und Patches genutzt werden. Hier beginnt die Funktionalität etwas mehr zu divergieren. Wir konzentrieren uns auf einige Untergruppen. Software-Dienste betreffen die Kategorie, die den Endbenutzern am nächsten ist. Wir betrachten Beispiele dafür und schauen uns die Hauptunterkategorien an, in denen SaaS im großen Stil eingesetzt wird. Diese Kategorien unterscheiden sich am meisten zwischen den Anbietern und lassen wenig individuelle Anpassung zu.

- **Kap. 11, Sicherung der Cloud**, konzentriert sich auf die Hauptaspekte dessen, was es braucht, um die Cloud zu sichern. Wir betrachten das Thema aus einem ganzheitlichen, risikobasierten Blickwinkel und gehen die verschiedenen Klassen von Diensten und Funktionen durch, die Cloud-Plattformen normalerweise anbieten, um die Sicherheit in der Cloud zu erhöhen.

- **Kap. 12, Cloud-Ökonomie,** behandelt die Ökonomie der Cloud und wie sie angegangen werden muss. In diesem Kapitel betrachten wir die Möglichkeiten, die für das Management und die Optimierung der Ökonomie in der Cloud existieren. Es gibt verschiedene Funktionen, die es der Organisation ermöglichen, Einblick in und Kontrolle über die Ökonomie von Cloud-Implementierungen zu erlangen.

- **Kap. 13, Arbeiten mit der Cloud**, untersucht, wie die Cloud die Arbeit in einer traditionellen IT-Abteilung beeinflusst. Wir beschreiben, wie die Cloud den Arbeitsmarkt beeinflusst. Da die Cloud-Nutzung schnell zunimmt, verändert sie die im heutigen Arbeitsmarkt benötigten Fähigkeiten. Diese Fähigkeiten sind bereits knapp. Es entsteht eine Reihe neuer Anforderungen, und alte Rollen werden an die Cloud angepasst. Ein weiterer Punkt, den man im Auge behalten sollte, ist, dass traditionelle Rollen neu definiert werden, was Umschulungsmaßnahmen und den Einsatz der Mitarbeiter erfordert, um aus ihrer Komfortzone herauszukommen.

  Das letzte Kapitel hilft dem Leser, das Buch aus einem umsetzbaren Blickwinkel zu betrachten.

- **Kap. 14, Einführung der Cloud**, wird eine Reihe von Mustern zur Übernahme auf organisatorischer Ebene bereitstellen. Nicht alle Organisationen können wie die erfolgreichen Startups, die bisher die Agenda des Cloud Computing bestimmt haben, als Cloud-nativ hervorgehen. Viele Unternehmen sind bei ihrer Übernahme viel selektiver und eingeschränkter. Dieses Kapitel beschreibt, wie Organisationen die Cloud-Übernahme auf eine strukturierte und bewährte Weise angehen können. Das Ziel ist es, die gängigsten Wege zu beschreiben, wie Organisationen Cloud Computing angehen können.

Die Kapitel können der Reihe nach gelesen werden. Kap. 1 und 2 können als Grundlagenwissen für den technisch nicht affinen Leser betrachtet werden, der eine Einführung sucht. Diese Ausführungen vermitteln ein grundlegendes Verständnis der Cloud als Computerphänomen und die Auswirkungen der Schlüsselaspekte von Wirtschaft, Sicherheit und Arbeit mit der Cloud.

Die Kap. 3–10 bieten einen Überblick, der sich auf die technischen Aspekte der Cloud konzentriert und es Lesern mit Interesse an der Technik ermöglicht, sich in der modernen Welt des Cloud Computing zu orientieren. Kap. 11–14 können von Verantwortlichen jeglicher Ebene, die für das Management oder die Einführung von Cloud-Technologien verantwortlich sind, isoliert gelesen werden. Diese Kapitel führen die wichtigsten Themen ein, die für die Erstellung einer Strategie für das Cloud Computing relevant sind.

Grundlagen des Cloud Computing

In diesem Kapitel legen wir das Fundament für das Verständnis dessen, was die Cloud eigentlich ist. Wir beginnen mit der Betrachtung der Geschichte des Begriffs. Dann schauen wir uns an, wie wir ihn definieren können, um ein klareres Verständnis davon zu bekommen, was wir mit Cloud Computing meinen. Wir untersuchen auch verschiedene Möglichkeiten, die Cloud zu konzeptualisieren. Es wurde zum Beispiel vorgeschlagen, dass die Cloud ein Dienst oder eine Dienstleistung ist, was bestimmte wichtige Aspekte der Cloud hervorhebt, sie aber auch in anderer Hinsicht falsch charakterisiert. Das Kapitel versucht, ein Verständnis dafür zu schaffen, was es bedeutet, wenn wir über die *Cloud* sprechen.

© Der/die Autor(en), exklusiv lizenziert an APress Media, LLC, ein Teil von
Springer Nature 2024
A. Lisdorf, *Grundlagen des Cloud Computing*,
https://doi.org/10.1007/979-8-8688-0089-4_1

Die Geschichte des Begriffs „Cloud"

Viele Ideen kommen in der Cloud zusammen. Sie können aus mehreren Quellen zurückverfolgt werden, was wir in einem späteren Kapitel tun, aber die Herkunft des Begriffs „Cloud" an sich ist für viele Menschen ein wenig rätselhaft. Warum sollte eine Wolke eine Idee über Technologie vermitteln, die über ein Netzwerk zugänglich ist? Die Idee eines Kommunikationsnetzwerks geht dem Gespräch über die Cloud voraus. Erstmals wurde die Cloud in den 1990er-Jahren erwähnt, aber bereits davor war es schon üblich, dass Ingenieure den Begriff einer Wolke nutzten, um ein Netzwerk zu bezeichnen.

Warum eine Cloud?

Um zu verstehen, warum die Cloud eine Metapher zur Bezeichnung der technologischen Revolution wurde, die wir jetzt sehen, müssen wir uns ansehen, was ein Netzwerk eigentlich aus ingenieurtechnischer Sicht ist. Wenn Sie mehrere Computer in einem Netzwerk verbinden, geschieht dies über mehrere Knoten. Dies sind Computer oder andere elektronische Geräte, die die Fähigkeit haben, sich mit anderen Geräten oder Computern zu verbinden und den Kommunikationsverkehr zwischen Computern zu leiten. Jeder Knoten im Netzwerk tut wenig mehr, als Daten von einem Endpunkt zu empfangen und an einen anderen weiterzuleiten. Die uns vertrauten Funktürme, die wir sehen, wenn wir den Blick schweifen lassen, sind alle solche Knoten, die ein Netzwerk bilden, das unsere Handys zur Verbindung mit anderen Handys nutzen können.

Die Identität und Verbindungen dieser Knoten und die Art, wie sie den Verkehr leiten, sind nicht wichtig, um die Eigenschaften des Netzwerks zu verstehen. Wenn Sie beschreiben müssten, wie ein Handy in einem Diagramm mit einem anderen verbunden ist, wäre es unpraktisch, alle Funktürme zu dokumentieren, die das Netzwerk bilden, durch das diese Telefone kommunizieren.

Anstatt zu versuchen, all diese Details und Entitäten, die das Netzwerk bilden, zu erfassen, war eine Metapher nötig, um eine amorphe Sammlung von Maschinen zu symbolisieren. Was könnte ein besseres Symbol für etwas Amorphes sein als eine Wolke? Dies war auch relativ einfach von Hand zu skizzieren. Ingenieure kommunizieren oft Ideen, indem sie Skizzen auf Whiteboards oder auf Papier zeichnen. Eine Wolke zu zeichnen war eine bequeme und schnelle Möglichkeit zu illustrieren, dass etwas mit einem Netzwerk verbunden war, an das auch andere Dinge angeschlossen waren.

Die Herkunft des Begriffs „Cloud"

Die erste öffentliche Erwähnung der Cloud war, soweit wir wissen können, 1994 in einem *Wired*-Artikel von dem Autor und Journalisten Steven Levy. Der Beitrag handelte von einer Firma namens General Magic. Die Firma wurde von den Erfindern des Macintosh-Computers, Bill Atkinson und Andy Herzfeld, gegründet. Bis 1994 hatten sie vier Jahre lang versucht, eine ehrgeizige neue Kommunikationsplattform zu schaffen, die das Leben aller verändern sollte. Sie stellten sich vor, dass „viele verschiedene Bereiche auf eine elektronische Box konvergieren, die in Ihrer Tasche ist, die immer bei Ihnen ist, die Sie in irgendeiner Weise unterstützt". Offensichtlich wäre zu dieser Zeit keine „elektronische Box" in der Lage gewesen, umfangreiche Rechenarbeiten zu leisten, sodass dies auf einem Server geschehen musste, zu dem das Gerät über ein Netzwerk verbunden war. Das von General Magic vorgestellte Produkt hieß Telescript und war die Schnittstelle, die die Menschen zur Verbindung nutzten. Es war ein System, das alle Arten von verschiedenen Netzwerken in eine standardisierte Schnittstelle zu integrieren in der Lage war. Sie glaubten:

> *„Jetzt, anstatt nur ein Gerät zu programmieren, haben wir die gesamte Cloud da draußen, wo ein einziges Programm sich zu vielen verschiedenen Informationsquellen auf den Weg machen und eine Art virtuellen Dienst erstellen kann".*
>
> —Bill und Andy's Excellent Adventure II, Wired 1994

Es ist interessant, dass wir in diesem Zitat nicht nur das Wort „Cloud" sehen, sondern auch deutlich die Konturen des Konzepts der Cloud: die Fähigkeit, von jedem Gerät an jedem Ort auf Informationen und Funktionen zuzugreifen.

Die spezielle Technologie, die von General Magic angeboten wurde, setzte sich jedoch nicht durch. Obwohl die Gründer Visionäre auf dem Gebiet waren, stellte das Unternehmen den Betrieb ein und wurde zu Beginn der 2000er-Jahre liquidiert, bevor das Cloud Computing wirklich Fuß fasste. Das Wort „Cloud" wurde nicht sofort von der breiten Öffentlichkeit übernommen.

Erst 1996 nahm sich ein großes Unternehmen das Konzept und das Wort zu Herzen und baute eine Strategie darauf auf. Zu dieser Zeit waren das Internet und Browser wie Netscape im Kommen. Internetgeschäft war das heiße Ding. In einem Büropark am Stadtrand von Houston, Texas, entwickelte eine Gruppe von Führungskräften im Bereich Technologie eine neue Strategie für ihr Unternehmen, die genau auf dieser Annahme basierte.

Der Marketingleiter Steve Favoloro und der Technologe Sean O'Sullivan malten sich aus, Geschäftssoftware und Dateispeicherung ins Internet zu verlagern, und sie planten, wie ihr Unternehmen Compaq davon profitieren würde. Dies war der Beginn eines milliardenschweren Geschäfts mit dem Verkauf von Servern an Internetanbieter. Es ist ungewiss, welcher der beiden, Favoloro oder O'Sullivan, den Begriff prägte, aber er findet sich in einem internen Dokument mit dem Titel „Internet Solutions Division Strategy for Cloud

Computing" vom 14. November 1996. Obwohl der Begriff Cloud als Marketing-bemühung konzipiert wurde, entschied sich Compaq letztendlich gegen die Verwendung, teilweise aufgrund von Bedenken der PR-Abteilung.

Sean O'Sullivan ging noch weiter und gründete 1997 ein Onlinebildungsdienst-leistungsunternehmen, NetCentric. Er reichte sogar einen Markenantrag für den Begriff „Cloud Computing" ein, was für ihn heute praktisch gewesen wäre, wenn dieser durchgegangen wäre. Aber das tat er nicht.

Compaq profitierte stark von der Strategie, indem es Hardware verkaufte, um dieses neue Cloud-Ding und das Internet sowie „Proto-Cloud"-Dienste wie webbasiertes E-Mailing zu unterstützen. Darüber hinaus wurde der Cloud-Computing-Riese Salesforce 1999 gegründet. Dennoch setzte sich „Cloud" nicht wirklich als Bezeichnung durch.

Erst 10 Jahre später, im Jahr 2006, erreichte der Begriff seinen Höhepunkt er-reichte. Eric Schmidt führte ihn auf der Search Engine Strategies Confe-rence ein:

> „Was jetzt interessant ist, ist, dass es ein neues, aufkommendes Modell gibt, und Sie alle sind hier, weil Sie Teil dieses neuen Modells sind. Ich glaube nicht, dass die Leute wirklich verstanden haben, wie groß diese Chance wirklich ist. Es beginnt mit der Prämisse, dass sich die Datendienste und die Architektur auf Servern befinden sollten. Wir nennen es Cloud Computing – sie sollten irgendwo in einer ,Cloud' stehen".

–Gespräch mit Eric Schmidt, moderiert von Danny Sullivan

Hier wurde zum ersten Mal der volle Umfang des Begriffs vorgestellt. Große Technologieunternehmen, die sich später zu Schlüsselanbietern von Cloud-Diensten entwickeln würden, wie Amazon, Microsoft und IBM, begannen eben-falls, den Ausdruck zu verwenden. Im folgenden Jahr zementierte ein Artikel in der *New York Times* ihn in der öffentlichen Wahrnehmung mit der Überschrift: „IBM to Push ,Cloud Computing,' Using Data from Afar" in der Ausgabe vom 15. November 2007. Seit dieser Zeit ist die Verwendung des Begriffs, ebenso wie die Branche selbst, nur in eine Richtung gegangen: nach oben.

Die Geburt des Cloud-Computing-Konzepts

Die Verwendung der Bezeichnung „Cloud" begann als eine bequeme Möglich-keit, sich auf ein von Ingenieuren genutztes abstraktes Netzwerk zu beziehen. Als die Menschen erkannten, dass das Rechnen und die Speicherung von indi-viduellen Geräten auf zentralisierte Server verlagert werden würde, wurde die Abstraktion des Netzwerkzugriffs von diesen individuellen Servern zur Be-zeichnung für das gesamte Konzept. Ein weiterer wichtiger Aspekt ist, dass der Begriff aus einer Marketingperspektive konzipiert wurde und als allgemeiner

Ausdruck verwendet wurde, um sehr unterschiedliche Lösungen zu beschreiben, die alle eines gemeinsam hatten: die Nutzung des Internets. Heute ist „Cloud" ein so gängiger Begriff, dass wir über Cloud-Aktien sprechen, ihn beiläufig in Filmen erwähnen und häufig in Schlagzeilen im allgemeinen Nachrichtenstrom antreffen. „Cloud" ist zu einem Mainstreambegriff geworden, den die meisten Menschen in etwa kennen, aber um ein tieferes Verständnis des Konzepts und der Technologien zu erlangen, die diesem Begriff zugrunde liegen, müssen wir ihn eingrenzen und mit etwas mehr Präzision betrachten.

Definitionen von Cloud Computing

Während Definitionen keine Wahrheiten über die Welt sind, sind sie wichtige Quellen für das Verständnis, wie bestimmte Aspekte des Daseins konzeptualisiert werden.

Die IT-Beratungsfirma Gartner war eine der ersten, die Cloud Computing im Jahr 2008 definierte. Die Definition wurde seitdem leicht aktualisiert:

> *„Cloud Computing ist ein Stil des Rechnens, bei dem skalierbare und elastische IT-fähige Fähigkeiten als Dienstleistung mithilfe von Internettechnologien bereitgestellt werden."*

> —Gartner Glossar

Diese Definition weist auf einige der Schlüsselaspekte des Cloud Computing hin: Skalierbarkeit, Elastizität und Bereitstellung als Dienst über das Internet. Skalierbarkeit hebt auf die Eigenschaft der Cloud im Gegensatz zum On-Premise-Computing ab, dass das Hochfahren von Rechen- und Speicherkapazitäten sehr einfach ist. Sie müssen keine Maschinen bestellen, auspacken und an Ihr Rechenzentrum anschließen. Alles lässt sich leicht hochskalieren. Elastizität hingegen weist darauf hin, dass diese Skalierbarkeit in beide Richtungen geht: So wird auch herunterskaliert, wenn die Kapazität nicht mehr benötigt wird.

Später gehen wir tiefer auf die Bedeutung des Dienstleistungskonzepts im Cloud Computing ein. Diese Definition ist ziemlich offen und zeichnet die Konturen der Cloud, sagt uns aber nicht viel über die Details.

Eine präzisere und umfassendere Definition ist die des National Institute of Standards in Technology (NIST). Praktisch jede Darstellung der Cloud bezieht sich auf diese Definition, und sie ist zur de facto Standarddefinition dessen geworden, was Cloud ist und was nicht. Daher könnte es eine gute Idee sein, ihren Hintergrund genauer zu betrachten.

Einer der Schwerpunkte des NIST ist die Erstellung von Standards zur Förderung der Innovation, insbesondere für Regierungsbehörden. Unter der Obama-Administration gab es einen Schub für den Übergang von den kostspieligen

Hosting- und Lizenzierungsmodellen des vorherrschenden On-Premise-Computing zu dem Versprechen der günstigeren und flexibleren Cloud. Das kam jedoch nicht von selbst. Es war für Behörden ebenso wie für private Unternehmen zu der Zeit schwierig, althergebrachtes Hosting von Cloud Computing zu unterscheiden. Als die Definition fertiggestellt war, wurde der Zweck von dem NIST-Informatiker Peter Mell klar formuliert:

> *„Wenn Behörden oder Unternehmen diese Definition verwenden ..., haben sie ein Werkzeug, um zu bestimmen, inwieweit die Informationstechnologie-Implementierungen, die sie in Betracht ziehen, den Cloud-Eigenschaften und -Modellen entsprechen. Dies ist wichtig, denn durch die Annahme einer authentischen Cloud sind sie eher in der Lage, die versprochenen Vorteile der Cloud zu nutzen – Kosteneinsparungen, Energieeinsparungen, schnelle Bereitstellung und Kundenempowerment."*

–NIST-Pressemitteilung, Oktober 2011

Die Arbeit hatte mehr als drei Jahre lang über 15 Entwürfe hinweg stattgefunden. Die Struktur der Definition ist um 3 Abschnitte herum aufgebaut:

- *Wesentliche Merkmale* – Beschreibung von fünf Schlüsselmerkmalen, die das Cloud Computing definierten: On-Demand-Selbstbedienung, breiter Netzwerkzugang, Ressourcenpooling, schnelle Elastizität und gemessene Dienstleistung.

- *Servicemodelle* – Diese beschäftigten sich mit den verschiedenen Möglichkeiten, wie Cloud-Ressourcen genutzt werden könnten: Software as a Service (SaaS), Platform as a Service (PaaS) und Infrastructure as a Service (IaaS).

- *Bereitstellungsmodelle* – Diese Modelle handelten davon, wie die Cloud-Infrastruktur bereitgestellt werden könnte.

Obwohl dies das Grundvokabular der Cloud bildete und immer noch als Definition der Cloud verwendet wird, gibt es bestimmte Aspekte, die Zeugnis von der spezifischen Zeit und dem Kontext ablegen und heute möglicherweise nicht mehr so nützlich sind. Lassen Sie uns die 3 Abschnitte betrachten, um zu verstehen, was damit gemeint war und wie relevant sie heute sind.

Wesentliche Merkmale

Die wesentlichen Merkmale sollten die Eigenschaften sein, die eine Cloud-Lösung haben sollte. Wenn sie nicht die folgenden fünf Merkmale aufwies, wurde sie nicht als Cloud-Lösung betrachtet.

Selbstbedienung auf Abruf unterstreicht die Notwendigkeit, dass der Endnutzer in der Lage sein sollte, Rechenressourcen selbst bereitzustellen. Dies stand im Gegensatz zum damals üblichen Modell der Bereitstellung durch einen der großen Hostinganbieter oder vor Ort. Um damals eine Recheninfrastruktur bereitzustellen, war es notwendig, Server und Software von Anbietern oder Hostingunternehmen zu bestellen. Dies war ein langatmiger Prozess, der nicht mit dem Wunsch nach Agilität und Flexibilität in Einklang zu bringen war. Es sollte nicht notwendig sein, weitere Akteure einzubeziehen, wie es der Fall wäre, wenn man eine Bestellung aufgibt und darauf wartet, dass jemand sie ausführt. Alles sollte automatisch geschehen. Heute haben einige der größten Cloud-Anbieter Dienste, die auf Anfrage aktiviert werden müssen, was eine Weile dauern kann.

Breiter Netzwerkzugang bezieht sich in der Praxis im Grunde darauf, dass Dienste über das Internet verfügbar sind, da die meisten Cloud-Computing-Angebote öffentliche Clouds sind. Im Grunde sollte jeder mit einem Laptop, Tablet oder Handy in der Lage sein, auf die Rechenressourcen zuzugreifen. Dieses Merkmal schließt ein firmeninternes Rechenzentrum hinter einer Unternehmensfirewall aus. Der Netzwerkzugang muss nicht das Internet sein. Es könnten auch andere Arten von Verbindungen zur Cloud bestehen, die wir im Bereich IoT („internet of things", Internet der Dinge) zu sehen beginnen. Es ist auch üblich geworden, dass Cloud-Anbieter eine zugeordnete Glasfaserverbindung zwischen dem Kunden und dem Rechenzentrum des Anbieters bereitstellen. Einige Anbieter bieten ihre Cloud-Dienste auch in „Boxen" an, die vollständig von jeglichem Netzwerk separiert sind.

Ressourcenpooling hat mehr damit zu tun, wie man den Effekt erzielt. Hier soll festgehalten werden, dass im Cloud Computing mehrere Benutzer denselben Pool von Recheninfrastruktur nutzen. Sie bekommen nicht jeweils einen eigenen Computer. Sonst würde das Ziel der Energieeinsparung nicht erreicht. Dies ist immer noch wichtig, aber in der Praxis ist es durch Cloud-Anbieter möglich, Zugang zu einzelnen fest zugeordneten Maschinen zu erhalten, die manchmal als Bare Metal oder Dedicated Instance bezeichnet werden. Folglich ist dies in der Praxis kein wesentliches Merkmal.

Schnelle Elastizität mag zunächst etwas seltsam erscheinen, denn wie passen Elastizität und Siliziumcomputer zusammen? Offensichtlich geht es nicht darum, dass sich Computer um Ecken biegen lassen sollten. Die Bedeutung ist metaphorisch. Wenn ein Dienst wie eine Website plötzlich viel mehr Benutzer als üblich hat, zum Beispiel wegen eines Flash-Sales, muss er in der Lage sein, die Rechenleistung schnell hochzufahren, um dies zu bewältigen. Wenn der Verkauf vorbei ist, sollte er sich wieder verkleinern, wie ein elastisches Band, das sich dehnt und zurückzieht, wenn keine Kraft mehr ausgeübt wird. Hier ist es wichtig zu beachten, dass nicht alle Cloud-Dienste diese Eigenschaft automatisch mitbringen. Oft muss sie vom Kunden erstellt werden.

Gemessene Dienstleistung bedeutet im Grunde, dass der Kunde nur für das aufkommen sollte, was er nutzt, um nicht für eine Maschine zu bezahlen, die in einem Rechenzentrum ungenutzt herumsteht. Dies sollte für den Kunden transparent sein. In der Praxis kann die Einheit, die zur Messung verwendet wird, stark variieren. Es könnte Zeit, Speicher, Verarbeitungskapazität, Anzahl der Benutzer, Anzahl der Anweisungen oder jede andere messbare Eigenschaft sein, die für den Dienst relevant ist. Am häufigsten sind dies Zeit und Anzahl der Benutzer. In der Praxis machen es die Anbieter nicht immer so transparent, wie das NIST es gern hätte. Es kann sehr schwierig oder unmöglich sein, für einen Kunden die Korrektheit der Messung zu überprüfen.

Obwohl diese Merkmale vor einem Jahrzehnt hilfreich waren, um zwischen altmodischem Hosting und dieser neuen Cloud-Idee zu unterscheiden, sind die Grenzen heute stärker verwischt. In der Praxis sind diese Merkmale gute Richtlinien dafür, was man von den meisten Cloud-Lösungen heute erwarten kann, aber sie spiegeln nicht alle Aspekte des Cloud Computing wider. Es ist vielleicht besser, diese Merkmale als gemeinsame Charakteristika zu betrachten, die wir am häufigsten erwarten würden. Wenn zum Beispiel nur zwei davon zutreffen, würden wir uns schwer tun, den Dienst als Cloud-Dienst zu bezeichnen, aber wenn drei oder vier zutreffen, ist es klarer. Es ist auch wichtig zu verstehen, dass es der Lösung nicht unbedingt abträglich ist, wenn sie nicht alle Kriterien erfüllt. Zum Beispiel ist es viel günstiger, eine zugeordnete Objektkomponente für ein oder zwei Jahre zu reservieren. Auch der Anschluss über eine direkte Verbindung zum Rechenzentrum des Cloud-Anbieters anstatt über das Internet ist ein entscheidendes Stück Infrastruktur, das die Einführung von Cloud Computing vorantreibt. Diese Lösungen erfüllen nicht alle wesentlichen Merkmale.

Dienstleistungsmodelle

Die 3 Dienstleistungsmodelle sind in der modernen Cloud-Computing-Sprache Standard geworden, auch wenn die Grenzen zwischen ihnen verschwimmen. Sie alle basieren auf dem Dienstleistungskonzept, das wir später genauer betrachten.

- **Software as a Service (SaaS)** ist ein Modell, bei dem alles vom Anbieter verwaltet wird. Man kann nichts selbst programmieren, man konfiguriert es nur und nutzt es über einen Webbrowser. Gängige Beispiele sind Googles Dienste wie Docs, Kalender und Sheets oder Microsofts Office 365. Diese bieten dem Benutzer nur begrenzte Möglichkeiten zur Konfiguration der Software. Viele Unternehmensanwendungen fallen in diese Kategorie, wie SuccessFactors von SAP, Oracle HCM, ServiceNow, Zendesk und mehr.

- **Platform as a Service (PaaS)**ist etwas weniger eindeutig, und die Beispiele sind heterogener. Dieses Dienstleistungsmodell bezieht sich auf Plattformen, die vom Verbraucher zur Programmierung von Anwendungen genutzt werden können. Es ist möglich, Codes zu schreiben und den Dienst zu konfigurieren, der Anbieter verwaltet jedoch die zugrunde liegende Infrastruktur.

- **Infrastructure as a Service (IaaS)**ist die grundlegendste Form, bei der elementaren Rechenressourcen bereitgestellt werden und der Verbraucher die benötigte Software installiert und verwaltet. Dieses Modell bietet die größte Kontrolle, erfordert aber auch die meiste Arbeit.

Obwohl dies gute ideale Typen sind, gibt es neue Modelle, die irgendwo dazwischen liegen, zum Beispiel das sogenannte serverloses Computing oder Function as a Service (FaaS), das die Fähigkeit beinhaltet, ein Stück Code zu schreiben, das auf Basis von Triggern ausgeführt wird, wie einem Webserviceaufruf. Dies liegt irgendwo zwischen PaaS und SaaS. Ein weiteres Beispiel sind Container, die eine Ebene über dem Betriebssystem liegen und irgendwo zwischen IaaS und PaaS angesiedelt sind. Einige Arten von Software gibt es in allen Varianten, wie Datenbanken. Sie können eine Datenbank auf einer IaaS-Maschine installieren, dieselbe Datenbank als PaaS-Angebot nutzen und in einigen Fällen sogar als SaaS-Produkt. Es ist manchmal umstritten, ob es das eine oder das andere ist. Daher ist es wichtig, den betreffenden Dienst zu betrachten und zu bewerten, ob er die Bedürfnisse deckt oder ob er nur ein dekoratives Etikett besitzt.

Bereitstellungsmodelle

Es gibt verschiedene Möglichkeiten, Cloud-Infrastrukturen bereitzustellen oder, genauer gesagt, verschiedene Möglichkeiten, den Zugang zu ihnen zu ermöglichen. Die Bereitstellungsmodelle spezifizieren verschiedene Arten von Clouds.

- **Private Cloud** – Eine Private Cloud liegt vor, wenn die Cloud-Dienste auf einer privaten Infrastruktur angeboten werden. Obwohl dies sicherlich eine theoretische Option ist und einige Organisationen Fortschritte bei der Bereitstellung einer begrenzten Palette von Cloud-Diensten als Private Cloud für interne Entwickler gemacht haben, ist dies kein weit verbreitetes Modell und verfehlt die meisten, wenn nicht alle Vorteile der Cloud. Es ist im Grunde genommen nur eine andere Art, ein On-Premise-Rechenzentrum zu betreiben.

- **Community Cloud** – Eine Community Cloud liegt vor, wenn eine bestimmte Gemeinschaft von Verbrauchern sich zusammenschließt, um eine Cloud zu bauen, die sie ähnlich wie eine Private Club Cloud nutzen können. Dies ist auch eine theoretische Möglichkeit. Vor einem Jahrzehnt wurde viel häufiger darüber gesprochen, aber heute wird nur wenig Cloud Computing auf diese Weise angeboten. Ich konnte keine bestehenden groß angelegten Entwicklungen dieser Art feststellen. Wenn man die Definition ausdehnt, könnte man argumentieren, dass die sogenannten GovClouds der großen Cloud-Anbieter als Community-Clouds fungieren. Teile ihrer Cloud-Angebote sind speziell auf Regierungskunden zugeschnitten, sodass sie diese Beschreibung erfüllen könnten. Sie passen jedoch auch in die Beschreibung einer spezifischen Variante einer öffentlichen Cloud.

- **Öffentliche Cloud** – Eine öffentliche Cloud ist das gängige Modell, das wir alle kennen. Praktisch alle Cloud-Computing-Dienste werden heute nach diesem Modell bereitgestellt. Ein Benutzer kann darauf über das öffentliche Internet zugreifen und es nutzen. Der Unterschied zwischen jetzt und der Zeit, als die Definition erstellt wurde, ist vielleicht das gestiegene Ausmaß, die öffentliche Cloud mithilfe von Datenverschlüsselung während der Übertragung und im Ruhezustand vertraulich zu halten.

- **Hybrid Cloud** – Eine Hybrid Cloud ist eine Kombination aus zwei oder mehr dieser Modelle. Da die ersten beiden hauptsächlich theoretische Konstrukte sind, ist dieses Modell ebenfalls irrelevant, zumindest in seiner NIST-Formulierung. Die Idee einer Hybrid Cloud in einem anderen Sinne ist jedoch viel geläufiger, da die meisten Organisationen hybride Infrastrukturen mit mehreren Cloud-Anbietern und ihren eigenen (nicht-Cloud-) Rechenzentren betreiben. In gewisser Weise ist die Hybrid Cloud sehr weit verbreitet – nur nicht in der ursprünglichen Definition, die von NIST aufgesetzt wurde.

Auf dem Weg zu einem Konzept der Cloud

Wie aus den vorherigen Abschnitten zu ersehen ist, ist die Definition der Cloud nicht so eindeutig wie die eines Kohlenstoffatoms. Es gibt eine Reihe von Aspekten, die häufig mit Cloud-Produkten in Verbindung gebracht werden, aber in speziellen Fällen können einige von ihnen fehlen und trotzdem als „Cloud-basiert" gelten. Wir haben gesehen, dass die Merkmale eher häufig als wesentlich sind und dass es sich um eine sich verändernde Landschaft handelt. Anstatt eine klare Definition zu formulieren, die niemals Zustimmung finden wird, ist es besser, das Phänomen Cloud und den Markt, der ihre Entwicklung antreibt, zu verstehen, was das Thema des nächsten Kapitels ist. Im Rest dieses Kapitels konzentrieren wir uns auf einige Konzepte, die für das Verständnis dessen, was an der Cloud besonders ist und wie sie konzeptualisiert wird, von zentraler Bedeutung sind. Diese Konzepte sind Nutzen, Dienstleistung und Schichten.

Die Cloud als Dienstleistung

Mit der Bändigung der Elektrizität entstand das moderne Konzept einer Dienstleistung als Möglichkeit, einen Service für die Öffentlichkeit bereitzustellen. Es ist wichtig zu beachten, dass wir nicht über das wirtschaftliche Konzept des Nutzens als Maß für den Wert sprechen. Wir sprechen von einer öffentlichen Dienstleistung – wie Gas, Elektrizität und Wasser – die den Verbrauchern auf standardisierte Weise angeboten wird. Eine öffentliche Dienstleistung ist nicht unbedingt eine staatliche Institution. Sie kann (und ist es oft) komplett in privater Hand sein. Sie unterhält eine Infrastruktur, die ihren Verbrauchern einen öffentlichen Dienst bietet.

Die Idee, dass das Computing eine Dienstleistung sein könnte, entstand, wie so viele andere Schlüsselideen, in den 1960er-Jahren. John McCarthy, der 1961 beim MIT-Jubiläum sprach, sagte:

„(...) das Computing könnte eines Tages wie das Telefonsystem als öffentliche Dienstleistung organisiert werden... Die Computerdienstleistung könnte die Grundlage für eine neue und wichtige Industrie werden."

—Architekten der Informationsgesellschaft

Dies kann als Aufruf für das gesehen werden, was wir heute Cloud Computing nennen. In vielerlei Hinsicht ist diese Vision des Computing als Dienstleistung wahr geworden, aber in anderen Hinsichten ist es auch eine irreführende Metapher für das, was Cloud Computing ist und wie es funktioniert.

Es gibt keine klare Definition dessen, was eine öffentliche Dienstleistung ist. Die meisten Definitionen behaupten jedoch einfach, dass es sich um eine Organisation handelt, die der Öffentlichkeit einen grundlegenden Dienst bietet, und nennen dann die typischen Fälle wie Wasser, Gas, Elektrizität und Verkehr. Versuchen wir daher, einige Aspekte von traditionellen Dienstleistungen und Cloud Computing zu vergleichen.

Produkt

Wenn eine Dienstleistung Gas anbietet, ist Gas das, was Sie bekommen. Nicht mehr, nicht weniger. Ähnlich beim Wasser, Sie bekommen nur Wasser. Das angebotene Produkt ist undifferenziert, und der Verbraucher hat keine Auswahlmöglichkeiten. Man könnte sagen, dass es bei der Telefonie etwas anders ist. Dennoch, wenn Sie eine Handyverbindung kaufen, obwohl Sie verschiedene Tarife bekommen können, bekommen Sie nur eine undifferenzierte Verbindung. Der Unterschied in den Tarifen hängt mehr mit den Verbrauchsmustern als mit der Art des Dienstes zusammen, der eine einfache drahtlose Verbindung bleibt. Die Methode des Verbrauchs ist ähnlich einfach. Bei einer typischen Dienstleistung müssen Sie sich nur mit der Infrastruktur verbinden, und das Produkt beginnt zu fließen. Es wird nicht aufhören, bis Sie den Dienst einstellen oder vergessen, die Rechnungen zu bezahlen.

In der Cloud bieten einige einzelne Dienste ein ähnliches undifferenziertes Produkt wie Speicher an, aber die überwiegende Mehrheit der Dienste ist nicht undifferenziert. Sehr wenig beginnt einfach aus den Hähnen zu fließen, wenn Sie sich mit der Cloud verbinden. Selbst bei einem grundlegenden Infrastrukturdienst wie dem Computing müssen Sie sich für die Art der CPU („central processing unit"), den Speicher und das Betriebssystem entscheiden, und Sie müssen oft bereit sein, ein Upgrade durchzuführen, um die Kontinuität des Dienstes zu gewährleisten. Bei Platform as a Service gibt es noch größere Unterschiede: Eine MS SQL-Datenbank ist nicht dasselbe wie eine Oracle-Datenbank oder eine PostgreSQL-Datenbank, und diese sind sogar vergleichbare relationale Datenbanken, die sich noch mehr von anderen Datenbanken wie Graphdatenbanken unterscheiden.

Bei Software as a Service gibt es zwischen den Anbietern sehr wenige, wenn überhaupt, Ähnlichkeiten. SAP HR, ein HR-System, unterscheidet sich erheblich von Oracle HCM, das ebenfalls ein HR-System ist. Darüber hinaus kann jeder, der versucht hat, ein HR-System zu implementieren, bezeugen, dass der Dienst nicht einfach aus dem Hahn zu fließen beginnt, wenn Sie sich damit verbinden. Es wird oft Monate oder sogar Jahre dauern, bevor Sie es nutzen können, weil es konfiguriert werden muss und Daten migriert werden müssen.

Pfadabhängigkeit

In der Physik und Mathematik bezieht sich das Konzept der Pfadabhängigkeit auf ein System, dessen Zustand von der Geschichte dieses Systems abhängt. Wenn Sie eine Schüssel Wasser erhitzen, wird sie schließlich kochen, unabhängig davon, wie Sie sie erhitzt haben. Dies ist nicht pfadabhängig. Das Gleiche gilt für andere Dienstleistungen: Gas wird in Ihr Haus gelangen, wenn der richtige Druck vorhanden ist, unabhängig davon, wo es herkam oder wie es behandelt wurde. Dienstleistungen im Allgemeinen zeigen keine Pfadabhängigkeit, da der Zustand des Systems keine besonderen historischen Faktoren berücksichtigen muss.

Dies ist sehr selten bei Cloud Computing. Es könnte aber der Fall sein, wenn Sie etwas völlig Neues starten, zum Beispiel, wenn Sie eine neue Anwendung erstellen. Wenn Sie Ihr HR-System von einem Anbieter zu einem anderen übertragen, besteht eine Pfadabhängigkeit in der Konfiguration des Dienstes. Der Zustand des Systems spiegelt alle verschiedenen HR-Ereignisse wider, die im System stattgefunden haben, und ist daher pfadabhängig. Fast alle Systeme, die Daten in der Cloud enthalten, sind folglich pfadabhängig. Rein funktionale Systeme, wie Container oder einige virtuelle Maschinen, müssen jedoch nicht pfadabhängig sein, wenn Daten beispielsweise in einer Datenbank außerhalb gespeichert und leicht zu einem anderen Anbieter übertragen werden können. Dies ist ein Schlüsselaspekt, der die Grenzen der Cloud als Dienstleistung aufzeigt. Daten machen die Cloud pfadabhängig.

Übertragbarkeit

Die Tatsache, dass Dienstleistungen keine Pfadabhängigkeit aufweisen, wirkt sich positiv auf die Übertragbarkeit eines Dienstes aus. Dies ermöglicht es dem Verbraucher, zu jedem Anbieter zu wechseln, ohne zusätzliche Arbeit. Im Falle von Strom oder Mobilfunkabdeckung muss der Verbraucher in der Regel nur den Vertrag unterzeichnen und wird nie genau wissen, wann er oder sie zum neuen Anbieter gewechselt hat.

Die Cloud hingegen hat eine Pfadabhängigkeit für alle datentragenden Anwendungen. Es ist aufgrund dieser Pfadabhängigkeit notwendig, die Daten zum neuen Dienst zu migrieren. Dies ist tatsächlich ein Schlüsselparameter, der in viele Geschäftsmodelle von Anbietern eingebaut ist, vor dem Verbraucher oft zurückschrecken, nämlich die Anbieterbindung. Je größer die Anbieterbindung, desto weniger übertragbar ist der Dienst. Dies ist vielleicht einer der größten Kontraste zum Denken traditioneller Dienstleistungen und ihrer Geschichte als regulierte Staatsmonopole. Sie mussten leicht übertragbar sein, um den Wettbewerb aufrechtzuerhalten. Es gibt jedoch eine langsame Konvergenz hin zu einer höheren Übertragbarkeit bestimmter Arten von Dienstleistungen, insbesondere von On-Premise zur Cloud, aber auch zwischen Clouds. Dies funktioniert nur, wenn es eine Standardisierung und keine Pfadabhängigkeit gibt.

Konfiguration

Eine Dienstleistung wie Gas, Wasser und Strom benötigt keine Konfiguration. Sie wird nach den Spezifikationen angeboten, die im Dienstleistungsbereich üblich sind. Wasser und Gas haben einen bestimmten Druck und Strom eine bestimmte Spannung, und der Verbraucher muss nur Produkte kaufen, die diesen Spezifikationen entsprechen.

Dies ist jedoch sehr selten der Fall in der Cloud. Die meisten Dienste müssen auf die eine oder andere Weise konfiguriert werden. Selbst bei den einfachsten wie Speichern müssen Sie entscheiden, welche Art von Speicher Sie benötigen. Bei höherwertigen SaaS-Produkten nimmt die Konfiguration den Umfang der Entwicklung eines neuen Systems an, da so viele Parameter eingestellt werden müssen, bevor der Dienst betriebsbereit ist. Ein Kunde muss in der Regel für Monate einen Systemintegrator einstellen, um den Dienst für die Nutzung zu konfigurieren.

Servicekontinuität

Bei Dienstleistungen wird der Service nie verändert. Das Niveau der Spannung im Stromnetz bleibt gleich. Das Wasser bleibt Wasser und wird nicht zu rosafarbener Limonade oder Aperol Spritz. Der Verbraucher muss nie etwas tun, um sich anzupassen oder die Servicekontinuität zu gewährleisten. Die Dienstleistung wird ohne Abweichungen fließen.

Dies ist nicht der Fall in der Cloud. Da es sich um Software handelt, muss sie in einigen Fällen aktualisiert werden, was in unterschiedlichem Maße dem Verbraucher obliegt. In diesem Punkt ist Software as a Service besser, aber es werden ständig neue Funktionen verfügbar gemacht, oder das Design wird geändert, was erfordert, dass sich der Verbraucher anpasst. Andere Arten von Diensten veralten oft technisch und werden vom Anbieter eingestellt, was wiederum erfordert, dass der Verbraucher reagiert, um die Servicekontinuität zu gewährleisten. Dies geschieht tatsächlich viel schneller, als die meisten Organisationen gewöhnlich ein On-Premise-Rechenzentrum betreiben. Eine Datenbank oder Maschine wird schließlich laufen, bis sie ausgeschaltet wird, auch wenn der Support für das Produkt eingestellt wurde. Dies ist in der Cloud nicht unbedingt der Fall.

Regulierung

Versorgungsunternehmen sind oft stark reguliert, was die Spezifikationen für die erbrachten Dienstleistungen wie z.B. die Wasserqualität, die Preise oder die Regeln für die Übertragbarkeit, etwa im Falle von Mobilfunknetzen, betrifft. Der Grund dafür ist, dass sie oft zu natürlichen Monopolen tendieren, die verwaltet werden müssen, um einen wettbewerbsfähigen Markt aufrechtzuerhalten. Im Falle von Strom ist es nicht machbar, dass ein neuer Marktteilnehmer sein eigenes Netzwerk aufbaut, und dasselbe gilt für Wasser und Gas. Wenn das Netz einem einzigen Unternehmen gehört, könnte dieses sein Monopol ausnutzen, um die Preise zu erhöhen, was dem Verbraucher schaden würde.

Obwohl die Cloud nicht auf die gleiche Weise ein natürliches Monopol ist, kommt sie dem schon sehr nahe. Es ist nicht machbar, dass ein neuer Marktteilnehmer anfängt, die gleichen Dienste wie zum Beispiel AWS (Amazon Web Services) anzubieten, und die gleiche Infrastruktur aufbaut, die notwendig ist, um auf diesem Markt zu konkurrieren. Es gibt jedoch Wettbewerb von etablierten Unternehmen, auf die wir später eingehen werden, aber nichts hindert diese Handvoll Unternehmen daran, stillschweigend oder ausdrücklich einen bestimmten Preis zu vereinbaren, weil sie zusammen ein Monopol kontrollieren. Eine weitere Komplikation im Vergleich zu Dienstleistungen und Regulierung ist, dass Cloud Computing von Natur aus ein globales Phänomen ist und Dienstleistungen immer auf nationaler oder staatlicher Ebene reguliert wurden. Gleiches gilt für die Qualität des Dienstes. Der Verbraucher hat sehr wenig Macht, sich zu beschweren, da Cloud-Angebote oft auf Best-Effort-Basis angeboten werden. Folglich lässt der Mangel an Regulierung, den traditionelle Dienstleistungen haben, den Cloud-Nutzer schutzlos.

Ist die Cloud ein Versorgungsunternehmen? Oder eher wie ein Supermarkt?

Wie in Tab. 1.1 zu sehen ist, sind viele der Aspekte, die wir typischerweise mit einem Versorgungsunternehmen verbinden, und vielleicht das, was John McCarthy Anfang der 1960er-Jahre im Sinn hatte, nicht vergleichbar. Die Cloud

Tab. 1.1 Vergleich von öffentlichen Versorgungsunternehmen und der Cloud

Aspekt	Öffentliches Versorgungsunternehmen	Cloud
Produkt	Undifferenziert	Hauptsächlich differenziert, aber es existieren einige undifferenzierte Produkte
Pfadabhängigkeit	Keine Pfadabhängigkeit	Alle datentragenden Anwendungen sind pfadabhängig, einige funktionale sind es nicht
Übertragbarkeit	Leicht übertragbar	Meistens nicht leicht übertragbar
Konfiguration	Keine Konfiguration erforderlich	Konfiguration erforderlich, bevor ein Dienst verfügbar sein wird
Servicekontinuität	Verbraucher muss den Dienst nicht aktiv verwalten, um die Servicekontinuität zu gewährleisten	Kunde muss den Dienst aktiv verwalten, um die Servicekontinuität zu gewährleisten
Regulierung	Stark reguliert	Unreguliert

mag in einigen wenigen Fällen Eigenschaften aufweisen, die typisch für Versorgungsunternehmen sind, aber im Großen und Ganzen wäre es falsch und irreführend, die Cloud als ein Versorgungsunternehmen zu betrachten.

Das bedeutet nicht, dass die Cloud nicht wertvoll ist oder sich nicht mehr in Richtung eines Versorgungsunternehmens bewegen kann. Es bedeutet nur, dass, wenn jemand die Cloud als ein Versorgungsunternehmen bewirbt, es sinnvoll ist, kritisch zu sein und zu fragen, in welchem Sinne das gemeint ist. Denn im Großen und Ganzen ist die Cloud kein Versorgungsunternehmen.

Eine bessere Art, über die Cloud nachzudenken, ist die Vorstellung einer Form des Einzelhandels. In der Einzelhandelsbranche haben wir eine Handvoll sehr großer allgemeiner Einzelhändler und viele kleinere spezialisierte. Wenn wir über schnelllebige Konsumgüter nachdenken, ist ein weiteres Muster wichtig zu beachten. Wenn wir Lebensmittel einkaufen, gibt es eine Reihe von Produkten, die in den verschiedenen Supermärkten identisch sind: Milch, Eier, Speck, Orangensaft, Bohnen, Dosentomaten usw. Die genaue Auswahl unterscheidet sich von Land zu Land. Nicht nur die Produkte sind praktisch identisch (nur der Markenname unterscheidet sich), auch der Preis ist es. Dies sind die Grundnahrungsmittel, die Kunden in den Laden ziehen.

Einzelhändler verdienen in der Regel nicht viel, wenn überhaupt, an diesen Artikeln, sondern sie verdienen ihr Geld mit den anderen Produkten, die der Kunde auf dem Weg zur Kasse mitnimmt. Diese sind spezieller, wie veganes Paleo-Granola oder Speck-Eiscreme. Diese Produkte sind schwer zu vergleichen und daher für den Verbraucher in Bezug auf den Preis schwieriger zu bewerten. Folglich ist dies der Bereich, in dem der Laden den Großteil seines Gewinns macht.

Ähnlich gibt es in der Cloud Verbrauchergrundnahrungsmittel, insbesondere in der Welt der Infrastruktur als Dienstleistung: virtuelle Maschinen, Blob-Speicher und Blockspeicher. Diese werden mit sehr geringen, wenn überhaupt, Variationen über die verschiedenen Cloud-Anbieter hinweg und zu einem ähnlichen Preis angeboten. Dann gibt es die spezielleren Angebote wie Datenbanken, Sicherheit und Integrationssysteme. Da sie sich stärker unterscheiden, ist es schwierig, den Preis zu vergleichen, und vom Anbieter kann eine höhere Marge erzielt werden. Zufälligerweise wurde der moderne Cloud-Markt von einem Einzelhändler geschaffen, nämlich Amazon mit seinen Amazon Web Services. Nachfolgende Marktteilnehmer haben sich an dem gleichen Modell orientiert.

Wenn man genauer darüber nachdenkt, ist dies auch eine bessere Beschreibung dessen, was Cloud-Anbieter tun. Einzelhandel stammt ursprünglich vom altfranzösischen Wort *tailler,* was „ein abgeschnittenes Stück" bedeutet. Seine moderne Bedeutung ist „Verkauf in kleineren Mengen". Dies beschreibt genau, was Cloud-Anbieter tun. Sie kaufen in großen Mengen ein, zum Beispiel Server-Racks, und verkaufen den Zugang in kleineren Portionen als einzelne virtuelle Maschinen, wie vom Verbraucher benötigt. Für größere Systeme betreiben sie sie als Multi-Tenancy, wo eine Installation für mehrere Verbraucher verwaltet wird, die einen kleinen Teil der Gesamtsystemressourcen nutzen. Dies, glaube ich, ist ein viel besseres Konzept, als ein Versorgungsunternehmen im Kopf zu haben, wenn man sich mit der Cloud beschäftigt.

Die Cloud als Dienstleistung

Wie wir in unserer früheren Definition der Cloud gesehen haben, ist es üblich, verschiedene Segmente der Cloud als Dienstleistung zu bezeichnen: Infrastructure as a Service (IaaS), Platform as a Service (PaaS) und Software as a Service (SaaS). Neue Arten gewinnen ebenfalls an Bedeutung, wie zum Beispiel Function as a Service (FaaS) und Business Process as a Service (BPaaS). Dies ist keine banale Beobachtung. Schauen wir uns an, was wir unter „as a Service" verstehen, da es ein wichtiges Konzept für die Cloud zu sein scheint.

In der Wirtschaft gibt es eine grundlegende Unterscheidung zwischen Waren und Dienstleistungen. Die genaue Unterscheidung zwischen den beiden bleibt umstritten. In der klassischen Wirtschaftstheorie lag der Schwerpunkt auf den Waren als physischen Objekten, die einen Wert hatten und über die man Eigentumsrechte haben konnte. Eine Ware ist im Besitz des Eigentümers und könnte auf einem Markt gekauft und verkauft werden.

Adam Smith unterschied in *Der Wohlstand der Nationen,* veröffentlicht im Jahr 1776, zwischen zwei Arten von Arbeit: produktive und unproduktive. Produktive Arbeit führte zur Produktion von greifbaren Gütern, die gelagert und verkauft werden konnten. Dies trug zur Schaffung von Reichtum bei. Unproduktive Arbeit hingegen produzierte keine greifbaren Güter, sondern erbrachte eine Dienstleistung, die zum Zeitpunkt ihrer Erbringung verging.

Heute wird ein Dienst als etwas Immaterielles betrachtet, das nicht zu Eigentum führt. Es wird lediglich vom Käufer verbraucht. Einige Definitionen behaupten, dass eine Dienstleistung nichts mit etwas Physischem zu tun haben muss, aber das trifft nicht in allen Fällen zu, wie wir bei den Versorgungsunternehmen gesehen haben. Wasser ist tatsächlich physisch und kann auch tatsächlich besessen werden. Waren hingegen sind physisch und können besessen werden, können aber auch immateriell sein, wie zum Beispiel geistige Eigentumsrechte. Es gibt daher immer noch einige Überschneidungen.

Da die meisten Dienstleistungen, die wir in der Cloud sehen, automatisiert sind und nicht direkt von der Arbeit als klassische Dienstleistungen abhängen, müssen wir uns nicht mit den Diskussionen der klassischen Wirtschaft über die Frage beschäftigen, ob die Arbeit produktiv ist oder nicht oder ob sie zum Reichtum beiträgt. Der entscheidende Punkt bei einer Dienstleistung im Kontext der Cloud ist, dass sie etwas ist, das nicht besessen wird, sondern lediglich genutzt werden kann. Sie ist auch immateriell, da sie von Software und Daten abhängt, die über ein Netzwerk kommuniziert werden.

Die verschiedenen Arten von Dienstleistungen sind im Wesentlichen verschiedene Pakete von Funktionen, die dem Verbraucher angeboten werden. Infrastructure as a Service (IaaS) bietet beispielsweise die Funktionalität der Infrastruktur für den Verbraucher. Der Anbieter kümmert sich um alles, um den Dienst zu unterstützen. Dies ist ähnlich wie ein Restaurant, das alles Notwendige für die Bereitstellung der Mahlzeit zum Verzehr handhabt, wie Einkaufen, Zubereitung, den Raum und die Möbel. Der Verbraucher von IaaS besitzt die verbrauchte Infrastruktur nicht (obwohl Daten und Code auf dieser Infrastruktur besessen werden können, aber das ist etwas anderes). Der Verbraucher muss immer noch viele Dinge mit IaaS tun, weil es wie das Mieten eines leeren Computers ist. Der Verbraucher muss alle Anwendungen installieren und sie so konfigurieren, dass sie die benötigten Funktionen ausführen.

Am anderen Ende der Skala haben wir Software as a Service (SaaS), wo dem Verbraucher ein sauber verpacktes Produkt angeboten wird, der in Bezug auf Verwaltung, Installation oder Entwicklung von Software nichts tun muss. Dies ist auch etwas Immaterielles, ein Dienst, der nicht vom Verbraucher besessen wird. Es ist ein Paket von Funktionen, aber ein qualitativ anderes, das viel weniger Verantwortung seitens des Verbrauchers impliziert, um es funktionsfähig zu machen. Es impliziert auch viel weniger Flexibilität in Bezug auf die Funktionalität, da der Dienst nicht in demselben Maße angepasst werden kann. Es können keine speziellen Funktionen bereitgestellt werden, die einzigartig für den Verbraucher sind. Je konsequenter der Kunde von IaaS über PaaS zu SaaS wechselt, desto weniger Verantwortung hat er, aber er hat auch weniger Flexibilität. Daher müssen Unternehmen das richtige Serviceniveau finden.

Denken Sie daran wie an einen Urlaub. Einige Leute wollen maximale Flexibilität und kaufen nur die Tickets zum Zielort und gehen dann auf Erkundungstour. Vielleicht kennen sie das Gebiet bereits oder haben Freunde vor Ort, oder sie haben ein Zelt dabei, oder sie haben ein Hotel irgendwo anders reserviert. Dies ist ähnlich wie IaaS. Es ermöglicht definitiv Flexibilität, erfordert aber auch Verantwortung und Handlung.

Andere Leute kaufen vielleicht ein komplettes Paket mit Flug und Hotel und Transport vom Flughafen zum Hotel. Sie haben immer noch die Flexibilität, Restaurants am Zielort zu erkunden oder ein Auto zu mieten und irgendwo einen Ausflug zu machen. Das Reisebüro kümmert sich nur um die Reise und das Hotel, der Verbraucher um den Rest. Dies ist ähnlich wie PaaS.

Die letzte Art von Reisenden kauft das All-Inclusive-Paket, bei dem alle Ausflüge im Voraus geplant sind und alle Mahlzeiten im Zielhotel serviert werden. Der Verbraucher ist für nichts verantwortlich, und der Reisende muss nur mit guter Laune den Urlaub beleben und den Pool oder den Strand besuchen oder die ganze Nacht Karaoke singen. Es wird nicht möglich sein, plötzlich zum Bungee-Jumping zu gehen oder den Inka-Pfad zu erwandern mit diesem Modell. Dies ist ähnlich wie SaaS.

Die Cloud als Konzept der Ebenen

Im Allgemeinen ist das Konzept der Ebenen in der Technologie wichtig. Es handelt sich um eine Abstraktion, die keine echte physische Grundlage hat, aber Funktionen in handhabbare Teile einteilt und verkapselt. Ein Beispiel ist das Modell Open Systems Interconnection (OSI) für die Kommunikation zwischen Computersystemen. Es wird als Referenz für die Kommunikation über Computernetzwerke und daher auch die Cloud verwendet. Es besteht aus 7 Ebenen:

- Schicht 1: Physische Ebene – Übertragung von rohen Bitströmen in einem physischen Medium.

- Schicht 2: Datenverbindungsebene – die Verbindung zwischen den beiden Knoten.

- Schicht 3: Netzwerkebene – bietet die Funktionalität zur Übertragung von Datensequenzen.

- Schicht 4: Transportebene – Bietet die Funktionalität zur Steuerung und Aufrechterhaltung der Qualität einer Verbindung

- Schicht 5: Sitzungsebene – Steuerung des Datenaustauschs in einer Sitzung zwischen zwei Computern.

- Schicht 6: Darstellungsebene – bietet eine Zuordnung zwischen der Anwendungsebene und den darunter liegenden Ebenen.

- Schicht 7: Anwendungsebene – die Schicht, die dem Endbenutzer am nächsten ist.

Damit etwas übertragen werden kann, muss es durch die physische Schicht gehen. Es gibt keinen Weg daran vorbei. Aber es ist für den Endnutzer unpraktisch, die Nachricht in Bitfolgen zu kodieren. Daher umhüllen die verschiedenen Ebenen einen bestimmten funktionalen Bereich, der mit den darüber und darunter liegenden Ebenen kommunizieren kann. Es gibt keinen natürlichen oder physischen Grund dafür, aber um produktiv zu arbeiten, hat sich dies als hilfreich erwiesen.

Die Schichtung ermöglicht auch eine Arbeitsteilung. Ein Webentwickler kann sich nur auf die Funktionen und Befehle konzentrieren, die in Ebene 7 angeboten werden, und muss nichts über die anderen Ebenen wissen. Der

Elektroingenieur, der Teile für ein Mobiltelefon entwirft, muss die Ebenen 1 und 2 kennen, während der Ingenieur, der Routingsoftware entwirft, die Ebenen 3 und 4 kennen muss.

In der Cloud, die auf diesen Kommunikationsebenen aufbaut, ist die Situation ähnlich, obwohl es keinen allgemein gültigen Standard wie das OSI-Modell gibt, der die Verantwortlichkeiten und Protokolle für die verschiedenen Ebenen definiert. Eine gängige Betrachtungsweise ist die Folgende: IT wird oft im Kontext der Erklärung der Cloud verwendet:

1. Netzwerk – Verbindung der physischen Eigenschaft zu anderen Netzwerken und dem internen Netzwerk des Rechenzentrums.

2. Speicher – die für die Datenspeicherung notwendige Funktionalität.

3. Server – Maschinen mit einer CPU („central processing unit"), die Daten verarbeiten können.

4. Virtualisierung – eine Virtualisierung der Maschinenressourcen.

5. Betriebssystem – das angebotene Betriebssystem für höhere Funktionalität.

6. Middleware – Software, die Anwendungen Funktionen über die des Betriebssystems hinaus bietet.

7. Laufzeitumgebung – die Funktionalität, ein Programm auszuführen.

8. Daten – Darstellung von binären Informationen in einem von Programmen lesbaren Format.

9. Anwendungen – die Programme, die die Funktionalität definieren.

Wie zu sehen ist, ist dieses Modell bei Weitem nicht so stringent und sequenziell wie das OSI-Modell. Warum steht zum Beispiel Ebene 8 (Daten) nicht über Ebene 2 (Speicher)? Und warum ist der Speicher niedriger platziert als der Server? Man könnte denken, dass Speicher und Daten parallel platziert sein könnten. Der Zweck des Ebenenmodells ist jedoch weitgehend der gleiche wie beim OSI-Modell: die Abgrenzung von Verantwortungsbereichen und Arbeitsteilung.

Wiederum sollte sich ein Anwendungsprogrammierer nur mit der Anwendungsebene beschäftigen. Der Betriebsprofi wird sich mit den Ebenen 6 und 7 beschäftigen, und die Infrastrukturprofis mit den Ebenen 2–5. Netzwerkspezialisten konzentrieren sich auf Ebene 1. Jede dieser Gruppen kann sich nur auf ihren Bereich konzentrieren und ignorieren, was in den anderen

Ebenen passiert. Betriebsspezialisten müssen nichts über die Anwendungsebene wissen, um ihre Arbeit zu erledigen.

Das ist die Stärke des Layering im Cloud Computing, das eine erhöhte Arbeitsteilung und Spezialisierung ermöglicht hat. Die ersten Programmierer mussten Meister aller Ebenen sein, um ein Ergebnis zu erzielen. Jetzt ist es dank des Layering und teilweisen Standardisierung der Ebenen möglich, unabhängig von anderen umgebenden Ebenen zu arbeiten. Dies wird besonders wichtig für die Cloud, da Cloud-Anbieter die Verantwortung übernehmen und eine Ebene als Dienstleistung anbieten. Dies ermöglicht es den Verbrauchern zu wählen, auf welcher Ebene sie die Vorteile der Cloud nutzen möchten.

Da jede Ebene als Dienstleistung angeboten wird, können wir die hier beschriebene Erkenntnis nutzen. Um im o.g. Beispiel zu bleiben: Einige sind abenteuerlustige Rucksacktouristen, die große Flexibilität wünschen und das Know-how haben, um niedrigere Ebenen zu verwalten. Andere wollen nur etwas Sonne und Curacao-Drinks an der Bar und entscheiden sich für die höheren Ebenen, wenn es um den Konsum geht. Die richtige Ebene hängt vom Kontext ab, auf den wir später im Buch zurückkommen. Im Moment ist es wichtig, die Natur der Wahl zu verstehen.

Zusammenfassung

In diesem Kapitel haben wir gesehen, wie eine Abstraktion, die zum Skizzieren technischer Lösungen verwendet wurde, dazu führte, dass die Wolke zum Symbol für Cloud Computing wurde. Dieses Symbol wurde breiter aufgegriffen und für den Aufbau neuer Geschäftsmodelle verwendet, die sich auf das Internet konzentrierten. Es wurde als Marketingbegriff konzipiert, der ein Jahrzehnt brauchte, um sich in der breiteren Bevölkerung durchzusetzen. Aber als er sich durchgesetzt hatte, wurde er schnell zu einem dominierenden Konzept.

Die Definitionen der Cloud entstanden in einem Kontext, in dem potenzielle Kunden Unterstützung benötigten, um im Markt zu navigieren und herauszufinden, was echtes Cloud Computing ist. Die NIST-Definition hat einen Großteil des Vokabulars geprägt, das wir heute rund um das Cloud Computing verwenden, aber bestimmte Aspekte passen nicht mehr exakt zum Cloud-Markt.

Wir haben gesehen, dass eine Reihe von Konzepten wichtig bei der Frage war, wie wir die Cloud begrifflich fassen. Eine alte und hartnäckige Version stellte die Cloud als eine Art Dienstleistung dar. Bei genauerer Betrachtung stellte sich jedoch heraus, dass dies ein bisschen weit hergeholt ist. Ein besserer Weg, die Cloud zu betrachten, ist als eine Form des Einzelhandels.

Das Konzept der Cloud als Dienstleistung, das aus den frühesten Definitionen stammt, bleibt wichtig. Obwohl Cloud Computing sich etwas von einem klassischen ökonomischen Konzept einer Dienstleistung unterscheidet, weist es auf wichtige Aspekte der Cloud hin – dass sie auf Konsum basiert und keinen Besitz der Rechenressourcen beinhaltet.

Schließlich haben wir gesehen, wie das Konzept des Layering der Cloud geholfen hat, Spezialisierungsbereiche zu entwickeln, um die Arbeitsteilung zwischen verschiedenen Gruppen von Spezialisten zu unterstützen. Die Bereitstellung von Ebenen als Dienstleistungen hat die Entwicklung in der Cloud angekurbelt, wo Verbraucher das ihnen genehme Maß an Flexibilität/ Verantwortung wählen können.

Warum Cloud?

Jetzt, da wir ein festeres Verständnis dafür haben, was die Cloud ist, ist es leichter zu sehen, warum sie so wichtig ist. Die Cloud verändert die Computerindustrie und wird dies auch weiterhin tun. In der Zukunft werden wir vielleicht über On-Premise-Datenzentren sprechen, wie wir es heute über Mainframes tun, als Relikte der Vergangenheit, die definitiv gut genug funktionieren, aber hauptsächlich verwendet werden, weil es zu schwierig war, sie vollständig aufzugeben. Einige Anwendungen werden wahrscheinlich im On-Premise-Datenzentrum bleiben, wie sie es auf dem Mainframe getan haben, aber niemand wird neue Datenzentren bauen, es sei denn, er hat sehr spezielle Gründe. Die Cloud wird der Standardort sein. In diesem Kapitel ermitteln wir, warum die Cloud die Zukunft ist. Wir sehen, wie der Markt bereits schnell in Richtung Cloud geht, und betrachten auch die Hauptdtreiber des Cloud Computing.

Die Cloud ist die Zukunft

Sogar Unternehmen, die die Größe haben, um ein wettbewerbsfähiges On-Premise-Datenzentrum wie Netflix zu betreiben, sind zur Cloud gewechselt. Einige wie Spotify, die in der Cloud hätten starten können, dachten zunächst, ein On-Premise-Datenzentrum sei notwendig, gaben aber auf und wechselten zur Cloud. Für viele ist dies ein emotionales Thema. Man sollte nicht vergessen, dass die Mehrheit der IT-Mitarbeiter ihren Fachbereich nicht mit der Cloud, sondern mit On-Premise-Technologien und dem Betrieb eines Datenzentrums verbindet, auf den wir in einem späteren Kapitel zurückkommen werden.

A. Lisdorf, *Grundlagen des Cloud Computing*,
https://doi.org/10.1007/979-8-8688-0089-4_2

Das Gleiche galt für die Fahrer von Pferdekutschen, die bekanntlich vom Automobil verdrängt wurden. Viele Argumente könnten und wurden zugunsten des Pferdes gegen das Auto vorgebracht. Die Gefahr, die vom Automobil ausgeht, war eines davon und zählt übrigens auch zu den Hauptargumenten gegen die Cloud, worauf wir in einem späteren Kapitel zurückkommen. Dies war real genug. Frühe Automobile waren gefährlich, aber ein Großteil der Gefahr war darauf zurückzuführen, dass sich das Verhalten der Fußgänger mit dem Aufkommen dieser neuen Technologie nicht änderte. Die Anfangszeit des Automobils erforderte eine Veränderung in der Nutzung der Technologie und in der Anpassung der Menschen daran. Es ist ein Prozess, und er ist noch nicht abgeschlossen.

Wenn wir uns die Prognosen zur Cloud-Nutzung ansehen, ist jedoch klar, dass die Cloud, wie das Automobil, gekommen ist, um zu bleiben. Eine Gartner-Umfrage unter IT-Führungskräften im Jahr 2019 ergab, dass die Cloud etwa 10 % des gesamten IT-Budgets ausmachte. Das bedeutet, dass die Cloud bereits Mainstream ist, aber noch viel Wachstumspotenzial hat, und dieses Wachstum ist schnell. Gartner prognostiziert, dass der gesamte Cloud-Markt von 197 Mrd. Dollar im Jahr 2018 auf 355 Mrd. Dollar im Jahr 2022 wachsen wird. Die erwartete durchschnittliche jährliche Wachstumsrate beträgt 16 % im Vergleich zu 7 % für die traditionelle IT. Die Cloud gehört auch zu den drei Bereichen, in denen globale CIOs ihre Ausgaben erhöhen werden.

Wenn wir uns die verschiedenen Segmente in der Cloud ansehen, ist das SaaS-Segment dasjenige mit dem schnellsten Wachstum. Es wird erwartet, dass es sich in dem 5-Jahres-Zeitraum von 2018 bis 2022 fast verdoppelt, von 86 Mrd. Dollar auf 151 Mrd. Dollar laut Gartner. Das zweithöchste Wachstum wird im IaaS-Segment erwartet, von 32 Mrd. Dollar im Jahr 2018 auf 74 Mrd. Dollar im Jahr 2022. Obwohl diese Zahlen aus der Zeit vor der COVID-19-Pandemie stammen, hat sich der Bedarf an Cloud-Anwendungen verstärkt, und es wird erwartet, dass die Geschwindigkeit noch zunehmen wird.

Treiber für die Cloud-Akzeptanz

Um die Gründe für diesen Wandel besser zu verstehen, schauen wir uns an, was die Akzeptanz der Cloud antreibt. Da die Cloud eine neue Art von Technologie ist, muss sie mit bestehenden Alternativen konkurrieren. Eine dieser Alternative besteht darin, ein On-Premise-Datenzentrum zu betreiben. Das ist ähnlich wie das Betreiben eines eigenen Generators im Vergleich zum Bezug von Strom von einem Versorgungsunternehmen. Es könnte sicherlich Gründe dafür geben, aber die meisten Organisationen haben wenig Nutzen davon. Wie wir jedoch früher gesehen haben, ist es nicht so einfach, von einem lokalen Datenzentrum zur Cloud zu wechseln, wie es wäre, von einem lokalen Generator zur Stromversorgung eines Versorgungsunternehmens zu wechseln. Es ist viel unübersichtlicher, und daher muss der Anreiz stärker sein. Verschiedene

Organisationen haben unterschiedliche Prioritäten, aber die meisten werden einen der folgenden Punkte als Schlüsseltreiber für die Akzeptanz der Cloud gegenüber On-Premise-Lösungen haben.

Wirtschaftlichkeit

Es ist offensichtlich, dass wirtschaftliche Bedenken die Haupttreiber für die Einführung der Cloud sind. Dies gilt sowohl für die Anbieter- als auch für die Verbraucherseite der Gleichung. Beide profitieren von einer gesteigerte Nutzung der Cloud.

CAPEX zu OPEX

Ein häufig zitierter Satz ist, dass die Cloud den Nutzern hilft, von CAPEX zu OPEX zu wechseln. Das bedeutet, dass Kosten von Investitionsausgaben (CAPEX), also anfänglichen Vorabinvestitionen, zu Betriebsausgaben (OPEX), also laufenden Kosten, verlagert werden. Wenn Sie eine Menge Ausrüstung kaufen, um die zukünftige Nachfrage nach Rechenressourcen zu stützen, passiert so Einiges.

Zunächst einmal bindet der Wechsel Kapital, das für andere Investitionen in der Organisation hätte ausgegeben werden können. Dies beeinflusst den Cashflow eines Unternehmens, eine der wichtigsten Kennzahlen, anhand derer Unternehmen von Investoren und Aktionären gemessen werden. Je besser der Cashflow, desto besser die Bewertung des Unternehmens. Der Grund dafür ist nicht trivial. Wenn ein Unternehmen kein Geld mehr hat und seine Rechnungen nicht bezahlen kann, könnte es in Konkurs gehen, egal wie viele Server es gekauft hat und wie vielversprechend die darauf befindliche Software ist.

Ein weiterer Punkt ist, dass ein Server das ist, was man einen abschreibungsfähigen Vermögenswert nennt. Das bedeutet, dass der Server im Laufe der Zeit an Wert verliert. Wir kennen diese Dynamik bei Autos. Der Grund, warum Privatpersonen dazu neigen, Autos zu leasen, ist derselbe Grund, warum Unternehmen sich für die Cloud entscheiden, anstatt in die Hardware zu investieren: Wir haben wenig Verwendung für Vermögenswerte, von denen wir wissen, dass sie mit der Zeit an Wert verlieren. Dies gilt nicht für alle Arten von Vermögenswerten. Immobilien zum Beispiel sind nicht dasselbe. Sie könnten an Wert gewinnen, und wenn sie an Wert verlieren, wird es selten so schnell stattfinden oder auf so einem niedrigen Stand enden wie bei Servern. Ein vor fünf Jahren gekaufter Server ist praktisch wertlos, und es gibt keinen großen Markt für Vintage-Computer.

Die Kosten sind in der Cloud besser vorhersehbar. Es gibt in der Regel eine Art monatliche Gebühr, obwohl diese bei einigen Arten von Cloud-Diensten mit dem Verbrauch variieren kann. Aber vergleichen Sie dies mit der alten Welt der IT, die von Kapitalinvestitionen angetrieben wurde. Projekte werden ständig verzögert, und die Budgetierung ist eine jährliche Übung, also weiß niemand, ob das Geld im nächsten Jahr noch da sein wird. Menschen in der IT-Branche kennen den Wahnsinn am Jahresende, das diesjährige Budget für etwas Zufälliges auszugeben, das im nächsten Jahr nützlich sein könnte oder auch nicht. Dann kommt das nächste Jahr, das Projekt wird möglicherweise ganz abgesagt, und die Investition hat sich als verschwendet erwiesen. Dies ist eine bekannte Dynamik.

Betriebsausgaben lassen sich auch leichter an Veränderungen auf dem Markt anpassen. Wenn ein Unternehmen plötzlich einen Abschwung erlebt und Einnahmen verliert, ist ein Cloud-Modell, das auf monatlichen Gebühren fußt, die auf dem Verbrauch basieren, leichter zu skalieren als ein CAPEX-Modell, bei dem das Kapital zu Beginn eines mehrjährigen Zeitraums gebunden wurde. In der Cloud skalieren die Kosten leichter mit der Aktivität des Unternehmens.

Ein subtilerer Beweggrund für den Wechsel zu einem OPEX ist, dass geringere Kapitalinvestitionen zwangsläufig zu geringeren Schulden führen. Und niedrigere Schulden in einem Unternehmen verbessern seine Kreditwürdigkeit, was bedeutet, dass es in der Lage ist, benötigtes Kapital zu einem niedrigeren Preis zu sichern. Folglich kann die Investition in die Cloud aus wirtschaftlicher Sicht als Teil eines Circulus virtuosus gesehen werden.

Gesamtbetriebskosten

Obwohl der Wechsel von CAPEX zu OPEX für die meisten privaten Unternehmen an sich ein Gewinn ist, gilt dies nicht für alle Arten von Organisationen. Regierungsorganisationen arbeiten nach anderen Prämissen als private Unternehmen. Die Regierung ist nicht auf die gleiche Weise besorgt über Cashflow oder abschreibungsfähige Vermögenswerte, da sie nicht nach der Logik der Bilanzierung arbeitet. Regierungsorganisationen haben oft den umgekehrten Wunsch, die Verpflichtungen der Zukunft zu senken und alles im Voraus zu bezahlen und sich nicht mehr darum zu kümmern. Es war üblich, große Kapitalbudgets statt Betriebsbudgets zu vergeben. Dafür gibt es mehrere Ursachen; ein häufiger Grund ist, dass keine politische Verwaltung mit hohen operativen Ausgaben in Verbindung gebracht werden möchte, da dies von der Öffentlichkeit als unnötiger Mehraufwand angesehen wird. Investitionen hingegen lassen sich besser als visionär und sinnvoll verkaufen. Leider lässt sich dies nicht gut auf das Cloud-Modell des Verbrauchs übertragen.

Folglich müssen andere wirtschaftliche Gründe für die Investition in die Cloud vorhanden sein. Einer davon sind die Gesamtbetriebskosten. Glücklicherweise ist es tatsächlich möglich, die Betriebskosten mit der Cloud zu senken, sogar im Vergleich zum traditionellen On-Premise-Modell. Der Grund dafür ist, dass Käufer oft auch einen jährlichen Support und einen Upgrade-Plan dazu kaufen müssen, auch wenn ein IT-Vermögenswert, ob Hardware oder Software, im Voraus bezahlt wird. Dies liegt in der Regel im Bereich von 10 % bis 20 % des ursprünglichen Kaufpreises. Der Preis vieler Cloud-Dienste übertrifft sogar diese Zahl. Ich habe an Projekten für die öffentliche Hand teilgenommen, die Kosteneinsparungen von 80 % bis 90 % ohne jegliche Kapitalausgaben erzielten – einfach durch den Wechsel zur Cloud.

Skaleneffekte

Der letzte wirtschaftliche Treiber sind Skaleneffekte, und dies gilt für die Angebotsseite. Die Grundidee ist, dass die Kosten für die Hinzufügung einer Einheit der Infrastruktur mit der Anzahl der bereits verwalteten Einheiten sinken. Diese Regel gilt auch für andere Arten von Infrastruktur wie Straßen, Telefon, Gas usw. Die Gründe sind vielfältig, aber um es einfach auszudrücken, schauen wir uns das Beispiel eines Start-ups an. Wenn das Unternehmen 10 Server kauft, benötigt es einen Vollzeitmitarbeiter, um diese Server zu verwalten. Die ersten 10 Server kommen mit den Kosten eines Vollzeit-IT-Spezialisten aus. Diese Personen sind schwer zu rekrutieren, weil sie bereits auf dem Markt knapp sind und das Unternehmen möglicherweise einen Personalvermittler einstellen muss, was zusätzliche Kosten verursacht. Wenn etwas Unvorhergesehenes mit den Servern passiert, muss das Unternehmen möglicherweise Berater beauftragen, um das Problem zu beheben.

Vergleichen Sie dies nun mit Amazon Web Services (AWS). Wenn AWS 100 zusätzliche Server kauft, müsste das Unternehmen trotzdem keinen zusätzlichen IT-Spezialisten einstellen. Man würde auch wahrscheinlich einen erheblichen Großhandelsrabatt erhalten. AWS braucht definitiv keinen Personalvermittler, weil die Leute Schlange stehen, um für das Unternehmen zu arbeiten. Wenn etwas Unvorhergesehenes mit einem der Server passiert, hat AWS wahrscheinlich bereits einen internen Spezialisten, da das gleiche Problem viel häufiger auftritt, wenn man Tausende von Servern betreibt, und es daher sinnvoll ist, einen Spezialisten für diesen speziellen Zweck einzustellen.

Sicherheit

Obwohl dies nicht der größte Treiber ist, kann er ein mächtiger sein. Viele denken, dass die Cloud im Vergleich zu On-Premise unsicher ist, aber jüngste Fortschritte bei der Sicherung der Cloud und Veränderungen im Risiko ändern diese Auffassung. Wer ein Rechenzentrum hat, das vollständig von der umgebenden Welt abgeschnitten ist, hat vielleicht das Gefühl, mehr Kontrolle zu haben. Aber das ist selten, wenn überhaupt, der Fall. Die heutige Welt ist per

Definition vernetzt. Mitarbeiter können von zu Hause aus auf das Unternehmenssystem zugreifen, und das Unternehmen hat eine Internetseite. Dies macht das gesamte System anfällig für die ständig neu auftretenden Bedrohungen aus aller Welt.

Mit Bedrohungen Schritt halten

Ein Unternehmen, das auf sein eigenes Rechenzentrum angewiesen ist, muss ständig alle sich entwickelnden Bedrohungen und Angriffe im Auge behalten, 24/7. Dies ist kostspielig und schwierig. Eine lokale IT-Sicherheitsabteilung muss mit Spezialisten besetzt sein. In der Cloud sind einige Bedrohungen leichter zu mildern. Schauen wir uns ein paar Beispiele an.

Der klassische Distributed Denial of Service (DDoS-Angriff) ist, wenn eine Anzahl von Maschinen, die in einem sogenannten Bot-Netzwerk gesteuert werden, beginnen, mehrere Anfragen an eine Website zu senden. Dies kann den Verkehr um das 100- oder 1000-Fache erhöhen, was nur sehr wenige Websites verkraften können. Die Folge ist, dass die Website offline genommen wird und Kunden keine Bestellungen aufgeben oder Kontakt mit dem Unternehmen aufnehmen können. In der Cloud sind solche Angriffe leichter zu mildern. Es gibt Systeme, die infizierte Maschinen erkennen und sich recht erheblich skalieren können, um mit der erhöhten Nachfrage fertig zu werden.

Informationen sicher aufbewahren

In Bezug auf die Informationssicherheit verlangt die jüngste Gesetzgebung, unter anderem von der EU in Form der DSGVO, dass Unternehmen die personenbezogenen Daten (PII) viel besser kontrollieren. Cloud-Anbieter bieten nun Systeme an, die Berichte erstellen und Orte identifizieren, an denen diese Informationen auf internen Ressourcen gespeichert sein könnten, und sie können auch protokollieren, wer wann auf die Informationen zugegriffen hat. Es besteht darüber hinaus die Möglichkeit, andere Schwachstellen in den Systemkonfigurationen automatisch zu erkennen, die sonst nur durch eine umfangreiche Prüfung festgestellt worden wären.

Verschlüsselung wird nun standardmäßig in der Cloud angeboten, ist aber schwieriger auf On-Premise einzurichten. Verschlüsselung erfordert Schlüssel, und diese erfordern ein angemessenes Management, damit das System sicher ist. Solche Systeme sind selten auf On-Premise vorhanden, aber leicht in der Cloud verfügbar und in die Dienste integriert. Das Identity and Access Management (IAM), das sicherstellt, dass nur authentifizierte und autorisierte Benutzer auf Systemressourcen und Daten zugreifen können, ist standardmäßig in der Cloud integriert, muss aber auf On-Premise parallel gepflegt werden.

Wie zu sehen war, gibt es viele Gründe, warum Sicherheit ein Treiber für die Cloud ist. Anbieter haben eine viel bessere Chance, mit aufkommenden Bedrohungen Schritt zu halten und geeignete Methoden zu ihrer Abschwächung zu entwickeln.

Resilienz

Für die meisten Unternehmen ist die Geschäftskontinuität ein zentrales Anliegen, und da die Geschäftsabläufe zunehmend an die IT gebunden sind, wird Resilienz zu einer Schlüsselmotivation. Wenn eine Organisation sicherstellen muss, dass ihre Vorgänge nicht im Angesicht einer Natur- oder anderen Katastrophe zum Erliegen kommen, muss sie die Resilienz ihrer IT-Arbeitsvorgänge gewährleisten.

Die klassischen Naturkatastrophen wie Überschwemmungen, Erdbeben, Hurrikane oder Vulkanausbrüche haben das Potenzial, ein Rechenzentrum vollständig zu zerstören. Damit dies nicht geschieht, muss ein Unternehmen mindestens einen Back-up-Standort einrichten. Dieser Standort muss genau die gleiche Systemkonfiguration wie der primäre Standort haben, und es muss einen automatischer Fail-over geben, wenn der primäre Standort ausfällt. Dies ist nicht nur teuer, sondern auch schwierig zu implementieren. Um effizient zu bleiben, muss das Unternehmen regelmäßig Übungen durchführen, bei denen das primäre Rechenzentrum heruntergefahren wird und das sekundäre Rechenzentrum übernimmt. Viele Unternehmen haben solch komplizierte Set-ups, dass die Übung an sich weit entfernt von einem trivialen Risiko ist.

In der Cloud wird dieses Szenario in einigen Fällen praktisch auf wenige Klicks reduziert, die sogar eine bessere geografische Redundanz bieten, als für das Unternehmen allein machbar war. Darüber hinaus können dies auf der Ebene des einzelnen Servers durchgeführt werden. Wenn ein Unternehmen sicherstellen will, dass ein Erdbeben im Rechenzentrum im Westen der USA die Kontinuität nicht beeinträchtigt, kann es einfach ein Failover auf eine Region im Osten der USA veranlassen. Es ist nicht notwendig, die Verbindung zu sichern und Übungen durchzuführen. Es ist nicht einmal notwendig, dass das gesamte System läuft. Es ist möglich, eine Vorlage der virtuellen Maschinen anzugeben, die im Falle eines Serverausfalls hochfahren sollten. Dies spart Kosten und Energie für das Unternehmen.

Ein weiteres Beispiel dafür, wie die Cloud für Resilienz genutzt werden kann, sind Back-ups. Es ist nicht trivial, ein Back-up- und Wiederherstellungs-Set-up auf On-Premise zu betreiben. Maschinen müssen dem Netzwerk hinzugefügt und getestet werden. In der Cloud betragen die Speicherkosten für die Back-ups ein Bruchteil der On-Premise-Kosten, und Back-ups können mit wenigen Klicks erweitert werden. Folglich starten einige Kunden nur wegen der Back-ups mit der Cloud.

Skalierbarkeit

Skalierbarkeit ist einer der offensichtlichsten Vorteile und einer, der für schnell wachsende Unternehmen von besonderer Bedeutung ist. Wir haben bereits gelernt, dass es wirtschaftlich gesehen große Investitionen erfordert, um ausreichende Systemressourcen bereitzustellen. Der Kostenfaktor ist nur ein Aspekt, ein weiterer ist, die Gerätschaften schnell genug und an den richtigen Standorten zu bekommen, um sich der Nachfrage anpassen zu können. Besonders in einem globalen Kontext kann dies eine Herausforderung sein.

Websites sehen erfahren natürliche Spitzen im Aufkommen. Vielleicht führt das Unternehmen einen Abverkauf durch, oder es hat einen erfolgreichen Werbespot ausgestrahlt, der viel Interesse geweckt hat. Vielleicht ist etwas viral gegangen, das die Nutzer dazu veranlasst hat, die Website zu besuchen. Da die Reaktionsfähigkeit der Website ein Schlüsselfaktor ist, ist es notwendig, geografisch nahe bei den Kunden zu sein. Für ein kleines Start-up mit globalen Ambitionen ist es nicht machbar, Rechenzentrumsoperationen auf allen Kontinenten aufzubauen, aber mit Content Delivery Networks ist dies wieder mit nur wenigen Klicks möglich. Dies gilt nicht nur für Unternehmen. Städte möchten vielleicht auch sicherstellen, dass eine lokale Katastrophe wie ein Hurrikan ihre Website nicht lahmlegt, weil die Bewohner Informationen wollen. Dies kann leicht mit der Cloud skaliert werden.

Ein weiteres Beispiel ist, dass ein traditioneller Datenbankadministrator eines Rechenzentrums ständig die für eine Datenbank verfügbare Speicherkapazität überwachen und sie erhöhen oder die Daten auf einen anderen Server verschieben muss, wenn er voll ist. Mit Cloud-basierten Datenbanken ist das nicht mehr notwendig. Sie skalieren sich fast unendlich von selbst, abhängig vom jeweiligen Dienst. Es ist auch möglich, bei Bedarf automatisch auf Hunderte von Servern zu skalieren. Deshalb ist Skalierbarkeit ein wichtiger Treiber für viele Unternehmen.

Fokus

Da der Cloud-Anbieter einen Großteil des Managements der IT-Infrastruktur übernimmt und da das Management einer IT-Infrastruktur nicht das Geschäft ist, in dem die meisten Unternehmen tätig sind, kann die Cloud es einem Unternehmen ermöglichen, seine Energie auf seine Kernkompetenzen zu konzentrieren. Heute wollen die meisten Unternehmen auch keine eigenen Gebäude, Straßen und Kraftwerke bauen, u.a. weil dies selten Aspekte sind, die einen Wettbewerbsvorteil bieten.

In der Geschäftsstrategie wird viel Aufmerksamkeit darauf gelegt, den Wettbewerbsvorteil eines Unternehmens zu identifizieren und zu pflegen. Dies ist etwas, das dieses Unternehmen besser kann und will als seine Konkurrenten.

Für Apple ist dies zum Beispiel das Design von benutzerfreundlichen Produkten, nicht die Herstellung der Produkte. Deshalb entwirft Apple seine Produkte in seinem Hauptsitz in Kalifornien und lagert die Produktion an ein anderes Unternehmen aus, Foxconn in China, dessen Wettbewerbsvorteil nicht das Design, sondern die Herstellung von Elektronikprodukten ist.

Auf die gleiche Weise, wie Apple keinen Wettbewerbsvorteil in der Herstellung ihrer Produkte hat, haben die meisten Unternehmen keinen Wettbewerbsvorteil in der Verwaltung ihrer eigenen IT-Infrastruktur. Die Nutzung der Cloud ermöglicht es Unternehmen, sich auf das zu konzentrieren, was sie am besten können.

Agilität

Die Bedeutung der Fähigkeit, schnell auf sich ändernde Marktbedingungen zu reagieren, wurde während der COVID-19-Pandemie deutlich, als plötzlich Cloud-Lösungen noch stärker in den Fokus rückten. Da sich alle Mitarbeitenden in Quarantäne befanden, war die einfachste Art zu arbeiten in der Cloud, da diese einen universellen Zugang bietet.

Elastizität bedeutet, dass der Verbrauch nicht nur bei Bedarf ausgeweitet wird, sondern auch, dass er sich reduziert, wenn der Bedarf wieder weg ist. Anderenfalls wäre es notwendig, weiterhin für Systemressourcen zu bezahlen, die nicht mehr benötigt werden.

Diese Dynamik ist in einem On-Premise-Datencenter schwer umzusetzen, da die Server oder die Softwarelizenzen nicht zurückgegeben werden können, sobald sie nicht mehr benötigt werden. Unternehmen, die große Auslastungsspitzen oder eine ungleichmäßige Nutzung erwarten, haben einen besonders hohen Bedarf an Elastizität, da diese es ihnen ermöglicht, nicht kontinuierlich für die Spitzenlast zu bezahlen.

Ein weiterer wichtiger Aspekt der Agilität ist, dass Systemressourcen bei Bedarf auf Abruf verfügbar sind. Wenn eine bestimmte Datenbank benötigt wird, sollte nicht zuerst der Vertrieb der Softwarefirma kontaktiert werden müssen, um ein Angebot einzuholen, es zu kaufen und dann zu installieren. In der Cloud wird all dies auf die Suche danach auf der Website des Cloud-Anbieters und dann auf das Anklicken reduziert. Lizenzen sind in der nutzungsabhängigen Abrechnung des Dienstes enthalten.

Mit dieser Art von Nutzung ist es auch einfacher, Innovationen zu fördern. Wenn es sich nur um ein Experiment, einen Proof of Concept handelt, können Systemressourcen bereitgestellt und genutzt werden. Sobald sie nicht mehr benötigt werden, können sie werden, und es müssen keine weiteren Zahlungen geleistet werden. Dies macht Innovation und Experimentieren viel günstiger.

Nachhaltigkeit

Ein seltener, aber aufstrebender Treiber ist, dass die Cloud in Bezug auf den Energieverbrauch nachhaltiger ist. Dafür gibt es verschiedene Gründe. Zunächst einmal kann ein Cloud-Anbieter eine viel bessere Auslastung der Ressourcen gewährleisten.

Wenn Sie einen Computer einschalten, läuft seine CPU, egal ob sie genutzt wird oder nicht. Meistens sind CPUs im Leerlauf und tun nichts. In einem Unternehmen, in dem die Menschen von 9 bis 17 Uhr arbeiten, werden die Rechenressourcen nur in diesem Zeitrahmen genutzt und in der Regel zu keinem Zeitpunkt voll ausgelastet. Das bedeutet, dass ein traditioneller Server, der 24/7 läuft, dreimal so viel Energie verbraucht, wie benötigt wird. In der Cloud ist es mit Elastizität und gebündelten Ressourcen möglich, eine viel bessere Auslastung zu erreichen, da mehrere Kunden die gleichen Maschinen nutzen können. Wenn die Auslastung sinkt, werden die Maschinen abgeschaltet und bei erhöhter Nutzung wieder hochgefahren.

Ein weiterer Grund, warum die Cloud nachhaltiger ist, ist, dass es einfacher ist, einen effizienten Energieverbrauch in größere Rechenzentren zu integrieren. Die Energie für die Kühlung kann um bis zu 40 % reduziert werden. Überschüssige Wärme kann aufgefangen und für Warmwasser genutzt werden. Da Rechenzentren auch eine erhebliche Fläche einnehmen, ist es möglich, Solarzellen zur Energiegewinnung aufzustellen. Microsoft hat zum Beispiel gelobt, bis 2030 klimaneutral zu sein, was bedeutet, dass sie mehr saubere Energie produzieren werden, als sie verbrauchen.

Zusammenfassung

Wie wir sehen können, sind die Investitionen in die Cloud bereits erheblich, und sie wachsen mehr als doppelt so schnell wie Investitionen in andere Arten von Informationstechnologie. Der Markt konvergiert in Richtung Cloud als Standardmodell. Die Gründe dafür unterscheiden sich je nach Art der Organisation.

Wirtschaftlich gesehen ist die Möglichkeit, von einer Kapitalbindung vorab zu laufenden Kosten zu wechseln, für private Unternehmen attraktiv. Die Gesamtbetriebskosten werden für jedes Unternehmen attraktiv sein, sie sind aber besonders wertvoll für die öffentliche Hand, die ihre Kosten senken möchte, während die Größenvorteile sicherstellen, dass Cloud-Anbieter kontinuierlich günstigere Cloud-Dienste anbieten können, wenn das Volumen steigt.

Die Cloud ermöglicht auch eine erhöhte Kontrolle der Sicherheit und die Minimierung von Risiken. Aufgrund der Einrichtung moderner Cloud-Plattformen ist es möglich, die Widerstandsfähigkeit der IT-Infrastruktur einer Organisation im Vergleich zu einer On-Premise-Einrichtung zu erhöhen.

Die Skalierung von Systemressourcen und, zusammen mit der Agilität des Cloud-Verbrauchs, macht sie attraktiv für Unternehmen, die ungleichmäßige Nutzungsmuster oder Bedarfe an technologischer Innovation haben.

Die Tatsache, dass viel Kapital freigesetzt wird und die Arbeit an der IT-Infrastruktur überflüssig wird, ermöglicht es Unternehmen, sich auf ihren Wettbewerbsvorteil zu konzentrieren. Die meisten Unternehmen haben keinen Bedarf, ein Rechenzentrum zu betreiben, und können sich daher durch die Nutzung der Cloud auf ihre Kernkompetenzen konzentrieren.

Ein letzter aufkommender Treiber ist die Nachhaltigkeit, da professionelle Cloud-Anbieter viel wahrscheinlicher ein Rechenzentrum betreiben, das Energie effizient nutzt und es sogar selbst mit Wind- oder Solarenergie versorgen kann.

Es gibt viele Treiber, und verschiedene werden für verschiedene Organisationen attraktiv sein, aber obwohl die Cloud bereits Mainstream ist, scheint sie immer noch auf weiteres Wachstum ausgerichtet zu sein.

Die Genealogie des Cloud Computing

Das Konzept der Cloud und ihre Anwendungsmöglichkeiten zu verstehen, ist essenziell, aber es ist auch wichtig, die technischen Innovationen zu verstehen, die zu dem geführt haben, was wir heute als Cloud bezeichnen. Die Absicht dieses Kapitels ist es, einen Überblick über die Geschichte der Schlüsselkomponenten der Cloud zu geben, um besser zu verstehen, warum sie entwickelt wurden und wie sie die heutige Cloud-Computing-Landschaft geprägt haben.

Was wir heute als Cloud bezeichnen, ist das Ergebnis mehrerer verschiedener Stränge technischer Entwicklungen. Viele davon reichen zeitlich weit zurück und haben überraschende Ursprünge. Selbst wenn man nicht historisch interessiert ist, hilft es, viele der aktuellen Merkmale zu verstehen, wenn man ihren Ursprung kennt. Daher werden wir diese verschiedenen Bereiche in der gleichen Weise durchgehen wie eine Genealogie. Wir werden Beziehungen nachverfolgen und sehen, wie sich Schlüsselaspekte historisch entwickelt haben.

Der erste Bereich bezieht sich auf die Entwicklung des modernen digitalen Computers. Der zweite hat mit den Schnittstellen zu diesem Computer zu tun. Der dritte beschreibt, wie diese Computer verbunden sind, um ein Netzwerk zu bilden, und der vierte geht auf die Software ein, die die Grundlage für das moderne Cloud Computing bildet. Dies ist keine umfassende technische Analyse, vielmehr zielt die Zusammenstellung darauf ab, Schlüsselaspekte und Entwicklungen hervorzuheben.

Ursprünge des Computers

Zu rechnen bedeutet, etwas zu berechnen, und diese Berechnungen werden mittels eines Computers durchgeführt. Menschen haben seit Tausenden von Jahren Maschinen benutzt, die ihnen bei Berechnungen helfen. Bereits im 3. Jahrtausend v. Chr. existierte das, was heute als Abakus bekannt ist, eines der ältesten bekannten Rechenwerkzeuge. Der Abakus arbeitet vollständig mechanisch und verwendet ein System von Perlen, die auf Schnüren aufgereiht sind, um Zahlen darzustellen. Er kann für Multiplikation, Addition und andere arithmetische Funktionen verwendet werden.

Rechenmaschinen

Während der Abakus ein Beispiel für ein einfaches manuelles Werkzeug ist, wurden andere, komplexere Maschinen zur Berechnung entwickelt. Einer der beeindruckendsten und vielleicht älteste bekannte Analogcomputer ist der Antikythera-Mechanismus. Er wurde 1901 in einem antiken römischen Schiffswrack vor der Küste der griechischen Insel Antikythera gefunden, daher der Name. Er wird traditionell auf das erste oder zweite Jahrhundert v. Chr. datiert. Er bestand aus mehr als 30 Zahnrädern und konnte die Position des Mondes, der Sonne, von Sonnenfinsternissen und Mondphasen zu verschiedenen Zeiten berechnen. Es ist das älteste bekannte Beispiel für einen Computer dieser Komplexität. Es wird sogar angenommen, dass er die elliptische Umlaufbahn des Mondes berechnet hat. Die Erkenntnis, dass der Mond und andere Planeten elliptische Umlaufbahnen haben, wurde später vergessen und erst fast zwei Jahrtausende später im 17. Jahrhundert von Johannes Kepler wiederentdeckt. Die technische Raffinesse, mit der der Antikythera-Mechanismus konstruiert worden war, wurde ebenfalls bis zum 17. Jahrhundert vergessen, als einige Menschen Maschinen erfanden, die rechnen konnten. Zu ihnen gehörten der französische Mathematiker Blaise Pascal und, basierend auf Pascals Design, Johann Gottfried Leibniz.

Das Binärparadigma

Leibniz war ein Zeitgenosse und intellektuelles Gegenstück zu Sir Isaac Newton, er war ein Genie, das die Infinitesimalrechnung in Zusammenarbeit/Wettbewerb mit Newton erfand, und gilt als Pfeiler der modernen Mathematik. Er ist auch in gewisser Weise der Vater der Idee des modernen Computers, da er der erste war, der über einen binären Computer nachdachte – eine Maschine, die auf der Basis von Einsen und Nullen rechnen konnte. Dies geschah vor der Beherrschung der Elektrizität, sodass jede praktische Anwendung mechanisch und stark eingeschränkt war.

Mit dem binären Ansatz zur Berechnung war es möglich, allgemeine Lösungen zu erstellen. Alle bisherigen Rechenmaschinen waren für spezifische Zwecke gedacht, wie die Berechnung der Position von Planeten, Addition und Multiplikation. Mit einem binären Ansatz war es möglich, darüber hinaus zu gehen.

Erst mit Charles Babbage in den 1830er-Jahren wurde eine umfassendere Maschine entworfen, die von diesem Wissen profitieren konnte. Seine Analytical Engine wurde jedoch nie gebaut und wurde erst später realisierbar, als die Elektrizität richtig nutzbar gemacht wurde.

Digital vs. Analog

Die erste wirklichbinäre Maschine war kein Computer, sondern ein Kommunikationsgerät, nämlich der von Samuel Morse bekannt gemachte Telegraph, der auf früheren Arbeiten anderer Forscher aufbaute. Mit dem Aufkommen der Elektrizität war es möglich, diskrete Impulse durch einen Draht zu senden, die von einem Elektromagneten am anderen Ende registriert werden konnten.

Bis zum Telegraphen arbeiteten alle vorherigen Maschinen analog. Mit dem Telegraphen traten wir in das „digitale" Zeitalter ein. Das Wort digital wurde jedoch erst 100 Jahre später verwendet. Es wurde während des Zweiten Weltkriegs von einem weiteren Pionier der Informatik, George Stibitz von den Bell Telephone Laboratories, erfunden. Die Technik beruhte auf einem Ersatz für den Begriff „Impuls" und bedeutete, dass die Berechnung auf elektrischem und nicht auf mechanischem Wege erfolgte.

Röhren, Transistoren und integrierte Schaltkreise

Die ersten digitalen Computer wurden mit Vakuumröhren gebaut. Sie waren praktisch, weil sie binäre Logik und Boole'sche Funktionen mit Elektrizität implementierten. Der erste solche digitale Computer war der Z3, konstruiert von dem Deutschen Konrad Zuse während des Zweiten Weltkriegs, aber er wurde während des Kriegs zerstört. Eine Replik wurde 1961 gebaut. Mitte der 1930er-Jahre erschuf Zuse den Z1 ursprünglich als mechanischen Computer und unabhängig von früheren Forschungen anderer, mit denen er erst später vertraut wurde. Er wechselte zu Radioröhren und baute einen Prototyp, den Z2, um die Finanzierung für den Z3 zu sichern, der in den 1940er-Jahren in Betrieb genommen wurde.

Die Verwendung von Vakuumröhren für den digitalen Computer führte zu Maschinen, die das Volumen eines ganzen Zimmers einnahmen. Dies war der Fall beim ENIAC, der 1945 an der University of Pennsylvania gebaut wurde. Es war der erste elektrische Universalcomputer, der Turing-vollständig war, ein Maß für das Wesen eines Computers. Dies führte schließlich zum kommerziellen Mainframe in Form des UNIVAC im Jahr 1951.

Mit der Erfindung von Halbleitern, die kleiner, effizienter und haltbarer waren, wurde es möglich, einen kleineren digitalen Computer zu bauen. Die ersten Mainframes wurden mit Vakuumröhren konstruiert, man wechselte jedoch zu Halbleitern.

Mit integrierten Schaltkreisen war es möglich, noch kleinere Computer zu bauen. Dieses Prinzip wurde in dem sogenannten Minicomputer in den Mitte der 1960er-Jahre angewendet, der kleiner und billiger war als ein kompletter Mainframe. Dies ermöglichte Forschungseinrichtungen den Kauf. Während der Mainframe immer ein Produkt für wenige ausgewählte Unternehmen war, wurde der Minicomputer von rund 100 verschiedenen Unternehmen produziert. Der Minicomputer mit seiner breiteren Attraktivität und Nutzung war entscheidend für die Entwicklung vieler der Kerntechnologien und Ansätze des modernen Computing und Cloud Computing, zum Beispiel im Bereich der Betriebssysteme, wie noch zu sehen sein wird.

Der Mikroprozessor

Mit seinem Aufkommen in den frühen 1970er-Jahren war der Mikroprozessor ein Game-Changer in der Informatik. Dies war im Wesentlichen ein Computer auf einem Chip, der es ermöglichte, Computer noch weiter zu verkleinern und eine Entwicklung hin zu immer schnelleren Verarbeitungsgeschwindigkeiten einzuleiten. Mit dem Mikroprozessor wurde es machbar, Computer für den persönlichen Gebrauch zu bauen. Es war die Geburt des Personal Computers. Ohne ihn hätten wir heute keinen PC, keinen Apple-Computer oder die Commodores, Amstrads und Ataris, an die sich einige von uns aus unserer Kindheit und Jugend erinnern können. Der Personal Computer ist das primäre Medium, das heute zum Zugriff auf die Cloud verwendet wird.

Der Mikroprozessor bedeutete auch, dass leistungsstarke Maschinen, so-genannte Server, entwickelt werden konnten. Sie wurden in Racks gestellt und in Rechenzentren für Unternehmenszwecke verwendet. Der Mikroprozessor war auch der Kern der Webserver, die das frühe kommerzielle Internet an-trieben und es noch heute tun.

Die nachhaltigste Wirkung ist, dass mit dem PC das Computing zu etwas wurde, an dem jeder Mensch teilnehmen konnte, und dies beschleunigte die Innovation. Während frühe Hobbyisten wie Steve Wozniak mehr daran inter-essiert waren, die Hardware zu bauen, entwickelte sich der egalitäre und tei-lende Geist der frühen Pioniere zu Open Source, wo Entwickler weltweit kostenlos ihr Wissen beisteuerten und Software entwickelten, die jeder nut-zen konnte. Dies hat auch einen enormen Einfluss auf die Cloud gehabt, wie noch zu sehen sein wird.

Der Ursprung von Schnittstellen

Ein Computer zu haben war nur die halbe Lösung. Die andere Hälfte betraf die Art, wie man damit interagiert. Die frühesten Analogcomputer waren ver-gleichsweise einfach, da der Funktionsbereich auf einen speziellen Zweck be-schränkt war. In diesem Fall spiegelte die Schnittstelle diesen speziellen Zweck wider. Für einen universellen Computer, der auf Binärcodes basiert, wird dies zu einem komplexeren und dringlicheren Anliegen. Das Problem war, wie man steuert, was der Computer tut.

Von der Lochkarte zum Terminal

Um diese Entwicklung zu verstehen, müssen wir bis zum Anfang des 19. Jahr-hunderts zurückgehen. Joseph Marie Jacquard stammte aus einer Familie von Webern und entwickelte ein System, mit dem Webstühle Muster nach Karten mit gestanzten Löchern weben konnten. Der Webstuhl verwendete diese Kar-ten, um das Weben zu steuern. Dies ist das erste Beispiel für die mechanische Steuerung eines Prozesses, aber auch für einen externen Speicher, da die Kar-ten genau das waren: Speicher.

Dies war ein Vorläufer, auch wenn die Details dazu nicht bekannt sind, zum Beitrag des amerikanischen Erfinders Herman Hollerith. Er entwickelte eine Methode, die Informationen über die US-Volkszählung von 1890 in Karten mit gestanzten Löchern speichern konnte. Auf dieser Methode basierend erfand Hollerith Maschinen, die Informationen zählen und verarbeiten konnten.

Die Verwendung von Lochkarten wurde zur bevorzugten Methode für die Interaktion mit dem Digitalcomputer. Ein Bediener speiste die Karten, die vom

Programmierer gestanzt (codiert) worden waren, in den Computer ein. Die erste Generation der Großrechner funktionierte auf diese Weise. Dies ist auch der Ursprung des Begriffs *Batchverarbeitung,* da eine solche Aufgabe aus der Eingabe einer Reihe von Karten in den Computer bestand.

In den 1960er-Jahren wurde das Teletype für Minicomputer entwickelt. Es hatte eine Standardtastatur mit einigen zusätzlichen Zeichen, am bekanntesten das @, das wir heute alle als Teil einer E-Mail-Adresse kennen. Die Tastatur wurde somit zur Standardmethode für die Interaktion mit einem Computer.

Timesharing und das Client/Server-Paradigma

Es wurde schnell unpraktisch, dass ein einzelner Bediener einen ganzen Stapel übernimmt und dann zum nächsten wechselt. Es wurde üblicher, Terminals zu verwenden, um auf den Hauptrechner zuzugreifen, und damit entstand die Möglichkeit des Timesharing. Die Idee war, dass der Bediener, der die Karten einspeiste, nicht mehr benötigt wurde, stattdessen konnte der Programmierer den Code direkt über ein Terminal in den Computer einspeisen und die Rechenzeit mit anderen teilen, die ebenfalls darauf zugriffen.

Dies erwies sich als eine mächtige Idee: Man musste nicht mehr physisch am Hauptrechner sein und die Karten dem Bediener übergeben. Man konnte Daten von einer viel einfacheren Maschine aus eingeben. Dies ist auch der Ursprung des Client/Server-Paradigmas. Die Idee ist, dass eine zentrale Einheit, der Server, den Großteil der Rechenarbeit übernimmt, während der Client nur als Schnittstelle zur Übertragung von Informationen zum und vom Server dient. Das bedeutet im Umkehrschluss, dass der Client nicht alles lokal ausführen muss. Man brauchte keinen Hauptrechner im Raum, um den Hauptrechner zu nutzen.

Dies hatte grundlegende Auswirkungen auf die Cloud und ist die Grundvoraussetzung für jegliches Cloud Computing. Die Tatsache, dass man das Rechnen und Speichern nicht lokal auf dem eigenen Gerät durchführen muss, ist ein Schlüsselmerkmal der Cloud. Die Art und Weise, wie Browser und E-Mail funktionieren, folgt diesem Modell. Der Browser sendet einfach Anweisungen und erhält Ergebnisse. Er führt selbst sehr wenig Rechenarbeit durch.

Fernverbindungen

Das Client/Server-Modell führte zur Entwicklung eines standardisierten Protokolls namens Telnet, das noch heute in Gebrauch ist. Eingeführt im Jahr 1969, steht Telnet für Teletype-Network und war eine virtuelle Implementierung des Teletype. Dieses Protokoll ermöglicht es, auf einen Computer irgendwo in einem Netzwerk zuzugreifen. Telnet bot eine Befehlszeilenschnittstelle zum entfernten Computer, die über ein Fenster mit Text in groben Zeichen arbeitete. Dies ist immer noch eine Standardmethode, mit der viele Programmierer mit der Cloud interagieren. Bei einigen Cloud-Anbietern ist es die einzige Art der Interaktion.

Das Telnet-Protokoll war jedoch nicht verschlüsselt und daher anfällig für Abhöraktionen. Deshalb musste ein neuer Standard entwickelt werden. Dies war das Secure-Shell-Protokoll (SSH), das eine verschlüsselte Möglichkeit bot, sich über ein Client/Server-Modell mit einem entfernten Computer zu verbinden. Auf dem Computer, auf den zugegriffen wird, musste ein Server installiert werden. Auf dem zugreifenden Computer, der Anweisungen senden und empfangen sollte, musste ein Client installiert werden. Heute ist dies bei jedem Cloud-Anbieter immer noch die am weitesten verbreitete Methode, um auf virtuelle Maschinen in der Cloud zuzugreifen.

Eine weitere zu erwähnende Methode zur Herstellung von Fernverbindungen ist die Remote-Desktop-Verbindung (RDP). Diese war in das Windows-Betriebssystem integriert worden. Sie folgt einem Protokoll namens RDP und ermöglicht es, im Grunde genommen in einen anderen Computer zu schauen, genauso wie man es bei dem eigenen lokalen Computer tun würde. Es gibt andere Versionen des gleichen Prinzips, die auf Virtualisierungssoftware basieren, die auf dem Markt angeboten werden, aber die Grundidee ist die Remote-Desktop-Verbindung.

Der Ursprung der Kommunikation

Gegen Ende der 1960er-Jahre wurde klar, dass Computer auch ein mächtiges Vehikel der Kommunikation sein könnten. Es wäre nicht nur praktisch, sich aus großer Ferne in einen Computer einzuloggen, sondern auch das Kommunizieren und der Datenaustausch zwischen Computern hatten großes Potenzial. Daher begann das Rennen um die Bereitstellung der Mittel für diese Kommunikation. Obwohl wir es gewohnt sind, das Telefon zum Verbinden mit dem Internet zu nutzen, war dies tatsächlich kein Modell, das funktionierte. Telefonleitungen waren zu dieser Zeit analog und funktionierten über Leitungsschaltung, das heißt, die Betreiber mussten einen Anruf physisch mit dem Empfänger verbinden. Dieses Modell eignete sich nicht gut für die digitale Kommunikation, die von Computern benötigt wurde.

Die Idee eines Netzwerks von Computern, die Daten frei austauschen, wird in der Regel dem amerikanischen Informatiker und Psychologen J.C.R. Licklider zugeschrieben. In einem Memo von 1963 verwendete er den Begriff *Intergalactic Computer Network*, um die Ideen zu beschreiben, die er für ein Netzwerk von Computern im Kopf hatte.

ARPANET und TCP/IP

Licklider arbeitete in der Advanced Research Projects Agency des US-Verteidigungsministeriums, wo er andere davon überzeugte, dass dieses Netzwerk wichtig war. Die Hauptsorge auf dem Höhepunkt des Kalten Krieges war die Bedrohung durch die nukleare Vernichtung. Das Netzwerk, das Licklider im Sinn hatte, würde auch dann noch funktionieren, wenn einige der Computer im Netzwerk zerstört würden.

Dies war der Beginn der Schaffung von ARPANET, einem amerikanischen Verteidigungsprojekt, das Computer in einem Proto-Internet miteinander verband. Zwei Schlüsselprobleme mussten gelöst werden, um ein Netzwerk zu haben, in dem Informationen automatisch zwischen Computern fließen könnten. Das erste war, dass ein Computer oder ein anderer Knotenpunkt im Netzwerk eine Adresse haben und in der Lage sein musste, Informationen in eigenständigen Paketen mit anderen Adressen auszutauschen. Dies wurde mit dem Internet Protocol (IP) gelöst, das uns zu dem Begriff „IP-Adresse" verhalf, der immer noch das Herzstück aller Internet- und Cloud-Kommunikation ist.

Eine weitere Aufgabe bestand darin, die Kommunikation zwischen zwei Computern im Netzwerk kontrollieren zu können. Es war wichtig sicherzustellen, dass alle in einem Paket gesendeten Daten empfangen wurden, bevor das nächste Paket gesendet wurde. Dies wurde durch das Transmission Control Protocol (TCP) ermöglicht, unabhängig vom Inhalt der Daten. Das TCP/IP-Protokoll war also für ARPANET entwickelt worden, wurde jedoch zur Grundlage der Kommunikation im Internet. Es unterstützt heute jegliche Kommunikation in der Cloud.

World Wide Web

Es ist eine Sache, dass Computer kleine Datenpakete senden, die unverständlich sind, und eine andere, eine höhere Ebene zu besitzen, die Menschen zur Kommunikation durch Computer nutzen können. Hier kommt das World Wide Web (WWW) ins Spiel. Tim Berners-Lee war ein britischer Forscher, der bei der Europäischen Organisation für Kernforschung (CERN) in Genf (Schweiz) arbeitete. Die ursprüngliche Idee kam von einem Projekt, das eine Methode nahelegte, mit der Forscher Informationen leicht untereinander teilen und aktualisieren konnten. Ende der 1980er-Jahre war das CERN der größte Knotenpunkt im Internet in Europa, und Berners-Lee hatte die Idee, es zu einem World Wide Web zu verbinden. Er veröffentlichte die erste Website im Dezember 1991. Das World Wide Web basiert auf 3 Schlüsselelementen: URL, HTTP und HTML.

URL steht für Uniform Resource Locator. Während die IP-Adresse selbst eine eindeutige Position einer Ressource ist, ist es unpraktisch, sich eine zehnstellige Dezimalzahl zu merken und zu kommunizieren. Stattdessen verwendet die URL oder Webadresse eine Syntax, um nicht nur der Knoten, der die Webseite enthält, zu beschreiben, sondern auch, wo auf dem Knoten das Dokument zu finden ist. Dies machte es möglich, eine Webdomäne in Unterdomänen zu strukturieren, die über die URL zugänglich sind. Dies schaffte die Möglichkeit, Text auf einem anderen Computer genau lokalisieren zu können, ohne zuerst eine Verbindung zum Computer herstellen und dann eine Suchfunktion durchlaufen zu müssen, um die richtige Seite im Verzeichnis des Computers zu finden.

Eine URL besteht aus einem Domain-Typ (.com), der den Datenverkehr zu einer bestimmten Domain dieses Typs leitet (lisdorf.com), und wenn nichts weiter angegeben ist, wird die Homepage angezeigt. Wenn Sie bereits wissen, dass Sie zu einer bestimmten Unterseite gehen möchten, kann dies auch angegeben werden (lisdorf.com/blog).

Das Hypertext Transfer Protocol (HTTP) überträgt Informationen zwischen Computern. Auch dies wird auf einer niedrigeren Ebene vom TCP-Protokoll gehandhabt, aber es wäre auch sehr komplex, einzelne kleine Datenpakete zu schreiben und an andere Computer zu senden. Stattdessen übersetzt HTTP dies aus einer höheren Sprache, die Menschen leichter verstehen können, in die niedrigere Ebene, die Computer verstehen. Das Prinzip basiert auf einem einfachen Anforderungs-Antwort-Modell, bei dem eine Anforderungsnachricht gesendet wird. Eine kurze Liste von Befehlen ist in der Spezifikation enthalten, wie GET, POST und DELETE. Dies ermöglichte es einer Person, ein Dokument auf einem anderen Computer im Netzwerk abzurufen und zu ändern.

Dieses Dokument musste in HTML (Hypertext Markup Language) geschrieben werden. Dieses Format basiert auf Markierungen oder Codes, die bestimmen, wie das Dokument den Benutzern angezeigt wird. Ein Webbrowser interpretiert diese Codes und zeigt das Dokument dem menschlichen Endbenutzer an. HTML umfasst eine Vielzahl von Bausteinen wie Bilder, Text und Links zu anderen Dokumenten. Es mag so aussehen, als ob die Technik auf Forschung und Text ausgerichtet war, aber sie hat sich als flexibel erwiesen. Sie hat sich an neue Elemente wie interaktive Blöcke, Medien und Zahlungsmethoden angepasst, auch wenn das System dafür nicht konzipiert wurde. HTML ist immer noch die Grundlage von allem, was wir heute auf Webseiten in der Cloud sehen.

Der Ursprung der Software

Der Computer, seine Schnittstellen und die Kommunikation sind alle nichts ohne die Software. Wie oben ausgeführt, wurde der moderne Computer mit dem Gedanken an allgemeine Rechenzwecke gebaut. Die Software ermöglicht es, dass aus den allgemeinen technischen Eigenschaften des Computers spezielle Zwecke entwickelt werden können. Das grundlegendste Software-programm ist das Betriebssystem.

Betriebssysteme

In den Anfangstagen des Computers musste jedes Programm zusammen mit seinen Eingabedaten kompiliert und ausgeführt werden. Ein Programm zu kompilieren bedeutet, die Anweisungen des Programms in Maschinencode zu übersetzen. Konnte zum Beispiel ein Programm die Flugbahnen von Projektilen berechnen? Konnte man die Parameter, wie Gewicht, Kraft und dergleichen, in das Programm eingeben, das dann die Ausgabe liefert (wenn es nicht misslang, was oft der Fall war)?

Jedes neue Programm erforderte das Zurücksetzen des Computers und das Neustarten mit einem neuen Programm inkl. seinen Eingaben. Viele der gleichen Variablen mussten für jedes Programm definiert werden, wie zum Beispiel die Verwendung von Speicher, das Ausdrucken der Ergebnisse und dergleichen. Dies war repetitiv, und da alle Informationen auf Karten gespeichert waren, wurde eine Bibliothek von Karten mit dem Kauf eines Mainframes für diese peripheren Funktionen mitgeliefert. Heute würden wir sie Treiber nennen. Diese Bibliothek von gemeinsamen Funktionen, die Programme nutzen konnten, war der Vorläufer des Betriebssystems. Heute finden Bibliotheken immer noch weite Verbreitung in der Programmierung, um Listen von gemeinsamen Funktionen zu erstellen, die von einem Programm aufgerufen werden können, anstatt sie jedes Mal schreiben zu müssen.

Ein Betriebssystem ist daher ein Stück Software, das eine Reihe von Funktionen bereitstellt, die Programme nutzen können. Das erste Betriebssystem wurde 1956 von GM für einen IBM-Mainframe entwickelt. Das nächste Problem war, dass Betriebssysteme nicht, wie wir es heute gewohnt sind, über verschiedene Geräte hinweg ähnlich waren. Sie wurden auf das individuelle Gerät oder den Gerätebereich zugeschnitten. Erst 1960 machte IBM den Sprung, ein Betriebssystem für alle seine Geräte (OS/360) zu entwickeln, was zu der Zeit eine große Aufgabe war, da sich Computer stark unterschieden. Einige hatten zum Beispiel mehr Speicher als andere, die zuverlässige Funktion musste jedoch über die gesamte Spezifikationspalette hinweg sichergestellt werden.

Gleichzeitig entwickelte AT&T Bell Labs gegen Ende der 1960er-Jahre ein Betriebssystem für den Minicomputer. Es hieß UNIX und war kostenlos erhältlich. Es wurde in der Programmiersprache C geschrieben, was es auf jeden Computer portierbar machte, der ein Programm in C kompilieren konnte, was zu der Zeit eine ziemlich standardmäßige Funktion für Minicomputer war. Der Minicomputer hatte eine breitere Benutzergruppe, insbesondere in der Forschungswelt, sodass dies zu seiner Verbreitung beitrug und viele Innovationen anregte. Zum Beispiel entwickelte die University of California in Berkeley die Berkeley Software Distribution (BSD), die der Vorfahr der meisten modernen Open-Source-Betriebssysteme sowie von macOS X ist, das auf Apple-Computern läuft.

Vielleicht war dessen größter Einfluss die Inspiration für ein weiteres Open-Source-Projekt für auf Mikroprozessoren basierende Computer, genannt Linux. Es war Anfang der 1990er-Jahre entwickelt worden und wurde bei vielen Anbietern zum Standard, die ihre eigene Version davon anboten. Es war jedoch ein anderes Betriebssystem für den Personal Computer, das einen frühen Vorsprung erlangte und für Jahrzehnte de facto der Standard für auf Mikroprozessoren basierende Computer war. Es hieß DOS (Disk Operating System).

Eine kleine Firma von jungen und geekig aussehenden Männern wurde beauftragt, das Betriebssystem für IBMs neuen Personal Computer zu liefern. Die Firma sollte zu einem der Giganten der Cloud werden und hieß Microsoft. Ihre Lösung, DOS, ermöglichte es den Benutzern, Befehle zum Laden und Starten von Programmen einzugeben. Dies geschah in der traditionellen konsolenartigen Schnittstelle mit einem schwarzen Bildschirm und einfachem Text. Mit dem Erfolg des PCs erfuhr auch DOS eine weite Verbreitung.

Erst mit der Veröffentlichung von dessen Nachfolger, Windows genannt, im Jahr 1985 erhielt das Betriebssystem eine benutzerfreundliche Oberfläche mit Fenstern, die verschiedene auf dem Gerät laufende Programme enthielten. Macintosh war zwar das erste System, das diese Funktionen einführte. Da es jedoch an die von Apple hergestellten Maschinen gebunden war und anderen Hardwareherstellern nicht zur Verfügung stand, wurde das Betriebssystem Windows in seinen aufeinanderfolgenden Versionen de facto zum Standard für den Personal Computer und für die meisten Server, die Rechenzentren betrieben.

Dies war das Bild für ein paar Jahrzehnte, bis die Open-Source-Gemeinschaft es schaffte, ein funktional äquivalentes System in Linux zu produzieren, das kostenlos war. Dies wurde zum Grundbetriebssystem für den frühen Cloud-Pionier Amazon und ist seitdem bei der Cloud geblieben. Heute betreibt sogar Microsoft genauso viele Linux-Server wie Windows-Server.

Virtualisierung

Betriebssysteme laufen auf der Maschine vor Ihnen, und die Cloud benötigt Zugang zu Computing-Ressourcen auf Abruf, was bedeutet, dass Sie in der Lage sein müssen, auf Maschinen zuzugreifen, die nicht direkt vor Ihnen stehen. Wie schon ausgeführt, ermöglichen die SSH- und RDP-Protokolle den Benutzern den Zugriff auf ein Gerät über ein Netzwerk, aber das ist immer noch nur eine Maschine, die eingerichtet, eingesteckt und konfiguriert werden muss.

Aus diesem Grund wurde die Virtualisierung entwickelt. Sie ermöglichte es, mehrere „virtuelle" Computer auf einem Gerät laufen zu lassen oder auf ein anderes Gerät zu verschieben, wodurch das Betriebssystem nicht nur unabhängig von der Art des Gerätes, sondern auch von jedem individuellen Gerät gemacht wurde.

Dieses Modell wurde in On-Premise-Rechenzentren ausgiebig genutzt, ist aber ein noch größerer Game-Changer in der Cloud. Plötzlich konnte jeder Zugang zu einem Betriebssystem erhalten, das die benötigten Computing-Ressourcen über das Internet in wenigen Minuten bereitstellte, ohne ein Gerät kaufen und installieren zu müssen. Auf das Betriebssystem konnte auf die gleiche Weise zugegriffen werden wie auf die internen virtuellen Geräte, das heißt über RDP oder SSH.

Container

Zugang zu einem Betriebssystem zu haben, ist sehr bequem, aber oft werden Programme geschrieben, die nur einen Bruchteil der Funktionalität eines Betriebssystems nutzen, und schließlich will man nur das Programm ausführen. Hier kommen sogenannte Container ins Spiel. Ein Container ist eine weitere Ableitung auf einem Betriebssystem, die verpackt und herumgeschoben werden kann, sogar über Cloud-Anbieter hinweg. Container können sehr schnell nach vordefinierten Spezifikationen hochgefahren und genauso schnell wieder heruntergefahren werden. Sie sind nicht nur ein beliebter Weg, um Programme in der Cloud zu implementieren, sondern werden auch hinter den Kulissen für viele der Funktionen verwendet, die Cloud-Anbieter bereitstellen.

Ein Beispiel dafür ist die Möglichkeit, einen Code zu schreiben, der ausgeführt wird, ohne dass ein Programm bereitgestellt werden muss. Dies ist die ultimative Abstraktion, bei der im Prinzip nur der Code zu verschiedenen Cloud-Anbietern auf der Grundlage von Preis oder Vorlieben verschoben werden könnte. Dies wird manchmal als Function as a Service (FaaS)bezeichnet, da es dem Anbieter ermöglicht wird, einen Service anzubieten, bei dem der Verbraucher nur die Funktion schreiben muss. Um alle anderen Aspekte der Infrastruktur kümmert sich der Anbieter.

Ein neues Paradigma hebt die Abstraktion auf eine Ebene, auf der nicht einmal mehr der Code geschrieben werden muss. Dies ist das sogenannte „No-Code"-Paradigma, bei dem Funktionen angeboten werden und der Benutzer sie einfach nur konfigurieren muss.

Wie man sehen kann, entsprach die Entwicklung aufeinanderfolgenden Abstraktionsebenen. Zuerst wurde das Gerät vom Betriebssystem abstrahiert, dann wurde das Betriebssystem von der speziellen Art des Gerätes abstrahiert, dann wurde das Betriebssystem über Geräte hinweg abstrahiert, was dazu führte, dass Anwendungen vom Betriebssystem in Containern abstrahiert wurden, und schließlich wurde der Code von der Anwendung oder sogar der Code insgesamt abstrahiert.

Datenbanken

Während das Betriebssystem für allgemeine Zwecke gedacht ist und Benutzern erlaubt, jede Art von Programm darauf auszuführen, gibt es auch andere Arten von spezialisierter Software, die zu verstehen wichtig ist. Da ein Großteil der modernen Datenverarbeitung den Zugriff auf und die Manipulation von Daten betrifft, war die Entwicklung eines speziellen Systems zur Handhabung dieser Daten ein zentrales Anliegen. Die Großrechner und Minicomputer hatten alle Speicher und konnten auf diesen über verschiedene Versionen von Dateisystemen zugreifen. Es war schwierig, die Daten in diesen Dateien zu manipulieren und schnell zu durchsuchen, und daher notwendig, ein Programm zur Verfügung zu haben, das alle Dateien durchsuchte, wenn ein bestimmter Datenpunkt benötigt wurde.

Deshalb wurde die Datenbank als spezialisierte Softwarekomponente zur Speicherung und Abrufung von Daten erfunden. Obwohl die Ideen hinter der relationalen Datenbank, die ursprünglich in formalen mathematischen Begriffen von E.F. Codd im Jahr 1970 beschrieben wurden, bahnbrechend waren, ist es wichtig zu bedenken, dass das relationale Modell nicht die erste oder einzige Art von Datenbank war, die entwickelt wurde. Es wurde jedoch fast synonym mit Datenbank ab den 1980er Jahren. Eine der großen Cloud-Plattformen, Oracle, entstand aus der relationalen Datenbanktechnologie.

Mit dem Aufkommen des Internets und verschiedenen Programmiermethoden gab es eine Wiederbelebung verschiedener neuer Arten von Datenbanken. Sie sind in vielen Fällen speziell für die Cloud und die Arten von Programmierproblemen, die das Internet bietet, entwickelt worden. Viele davon wurden Open Source gemacht und als ähnliche Dienste über die verschiedenen Anbieter angeboten. Der Datenbankmarkt ist heute einer der größten in der Cloud.

Die Datenbank ist eine Plattform, die für einen bestimmten Zweck genutzt werden kann, in diesem Fall für die Datenspeicherung und den Zugriff. Nach dem Vorbild der Datenbank haben sich andere Plattformen entwickelt, die das Modell Plattform-as-a-Service (PaaS-Modell) definieren. Beispiele hierfür sind Messaging, Anwendungsentwicklung und Integration.

Geschäftssoftware

Eine wichtige Entwicklung in der Software war standardisierte oder Commercial Off the Shelves (COTS-Software). Dies sind Programme, die auf jedem Computer installiert werden können, auf dem das Betriebssystem läuft, für das sie programmiert wurden. Bevor dies zum Standard wurde, musste ein Unternehmen Softwareentwickler einstellen, um maßgeschneiderte Anwendungen für alle Geschäftsfunktionen zu schreiben. Ursprünglich war das sogenannte Materials Resource Planning (MRP) bei Betrieben beliebt, die herausfinden mussten, wie viel von den verschiedenen Materialien benötigt wurde, um die Produktion aufrechtzuerhalten, und dabei nicht viel Geld für überschüssige Lagerbestände zu verschwenden.

Diese Software entwickelte sich zum sogenannten Enterprise Resource Planning (ERP), das breiter konzipiert war. Ein früher Pionier auf diesem Gebiet war das deutsche Unternehmen SAP. Statt ein maßgeschneidertes Programm anzubieten, bot SAP ein Standardprogramm an, das konfiguriert und bei Bedarf angepasst werden konnte. Eine Schlüsselinnovation von R/3 von SAP war es, die Software in funktionalen Modulen zu erstellen, die separat gekauft werden konnten, aber bei Bedarf zusammenarbeiten konnten. Solche Module stützten eine komplette Geschäftsfunktion. Dies war die Innovation, die SAP vorantrieb. Beispiele hierfür sind Finanzbuchhaltung, Controlling, Materialwirtschaft und Personalwesen. Ein Unternehmen konnte dann eine ERP-Lösung aus den Modulen zusammenstellen, die es benötigte, anstatt ein umfassendes maßgeschneidertes System zu erstellen, das alles leisten konnte.

Dieser Ansatz ist zum Standard geworden. Andere Pioniere wie PeopleSoft und Siebel konzentrierten sich stärker auf HR (Human Resources) und CRM (Crew Resource Management), behielten aber den modularen Ansatz bei. Dies hat den Weg für moderne Software as a Service (SaaS) geebnet, die in der Regel noch stärker auf eine oder wenige bestimmte Geschäftsfunktionen wie Gehaltsabrechnung, Kundenservice, Talentmanagement usw. fokussiert ist.

Zusammenfassung

In diesem Kapitel wurde eine Auswahl technischer Entwicklungen diskutiert, die zusammen die Grundlage des modernen Cloud Computing bilden. Cloud Computing hängt von 4 parallelen Entwicklungssträngen ab, die häufig interagieren (siehe Abb. 3.1).

Die Hauptlinie ist der *Computer,* wo die Idee einer binären Universalmaschine allmählich die mechanischen, speziellen Maschinen übernahm. Mit der Erfindung der Vakuumröhre wurde es machbar, den analogen mechanischen Ansatz zu verlassen und Computer auf elektromechanischen binären Funktionen zu bauen. Dies führte zu den ersten Großrechnern. Die anschließende

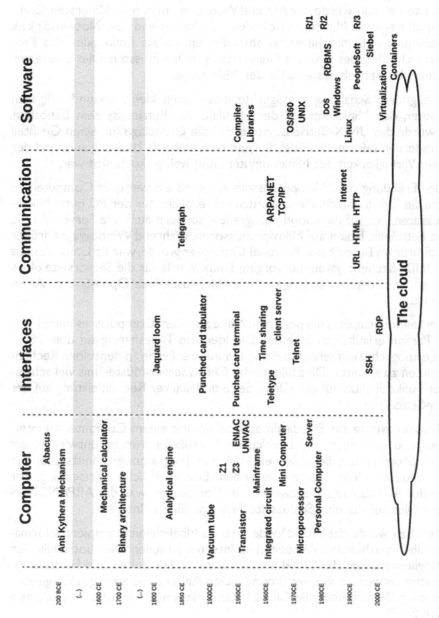

Abb. 3.1 Die Genealogie der Cloud

Erfindung des Halbleiters ermöglichte es, den Großrechner zu verkleinern und zuverlässiger zu machen.

Die erste Möglichkeit, mit der Maschine zu interagieren, rührte vom Erfolg der Lochkarte her und wurde zur Art und Weise, wie man mit den ersten Computern interagierte. Mit dem Erfolg des Mainframes kam die Notwendigkeit, die verschiedenen Maschinen zu abstrahieren, sodass Entwickler das Programm nicht für jedes einzelne Gerät neu erstellen mussten. Dies führte zur Erfindung des Betriebssystems für den Mainframe.

Die integrierte Schaltung ermöglichte einen noch kleineren und billigeren Computer, den Minicomputer, der ebenfalls ein Betriebssystem benötigte. Dies wurde das UNIX-Betriebssystem, das die Grundlage für einen Großteil der modernen Informatik bildet. Es fand eine weite Verbreitung aufgrund der höheren Verfügbarkeit des Minicomputers und weil es kostenlos war.

Mit der Erfindung des Mikroprozessors entstand ein weiterer Computertyp, der für die Cloud entscheidend werden sollte. Nicht nur der PC nutzt Mikroprozessoren, um auf die Cloud zuzugreifen, sondern auch die Server, die die Cloud betreiben, laufen auf Mikroprozessoren. Während Windows ein früher Marktführer im Bereich der Personal Computer wurde, war es Linux, das aus dem UNIX-Betriebssystem hervorging. Linux wurde für die Serverseite übernommen, da es eine zuverlässige und flexible, kostenlose Open-Source-Alternative ist.

Früh erkannte man, dass die physische Nähe zu einem Computer es immer nur einer Person erlaubte zu arbeiten. Die Idee des Timesharing auf dem Mainframe ermöglichte es mehreren Personen, aus der Ferne an denselben Rechenressourcen zu arbeiten. Dies bildete das Client/Server-Muster, mit viel schwächerer Funktionalität auf der Client-Seite und starker Rechenleistung auf der Server-Seite.

Die Tastatur wurde zur Standardmethode, um mit einem Computer zu interagieren, und verdrängte die Lochkarten. Protokolle wurden entwickelt, um eine Tastaturschnittstelle (oder effektiv jede Programmierschnittstelle) mit einem anderen Computer zu verbinden. Eine natürliche Fortsetzung war daher der Aufbau eines Netzwerks von Computern, was das ARPANET erreichte. Dies lieferte eine Schlüsseltechnologie für das Internet.

Parallel dazu wurde das World Wide Web als Möglichkeit konzipiert, Informationen über textbasierte Webseiten im Internet zu teilen. Dies bot schließlich die Möglichkeit, dass die Cloud außerhalb von militärischen und Forschungskontexten entwickelt werden konnte. Das Anbieten dieser grundlegenden Computing-Dienste über die Cloud bildete die Kategorie Infrastructure as a Service (IaaS).

Eine weitere parallele Entwicklung bestand darin, diskrete Softwaremodule zu schreiben, die von verschiedenen Programmen wie Datenbanken genutzt werden konnten. Diese wurden schließlich über die Cloud verfügbar gemacht und bildeten die Kategorie Platform as a Service (PaaS), wo mehr Datenbanken und ähnliche Komponenten, die von Anwendungen genutzt werden, verfügbar wurden.

Unternehmenssoftware wurde standardisiert, weil es für Unternehmen kostspielig war, ihre eigenen Anwendungen zum Enterprise Resource Planning zu entwickeln. Diese Systeme boten eine modulare Einrichtung mit einzelnen Anwendungen, die zusammenarbeiten sollten, aber separat gekauft und betrieben werden konnten. Eine Geschäftsfunktion konnte ihr eigenes standardisiertes Softwaremodul haben. Dies wurde die Grundlage für die letzte große Kategorie der Cloud: Software as a Service (SaaS).

IBM

IBM (International Business Machines Corporation) ist eines der renommier-
testen Unternehmen in der Technologiebranche. In vielerlei Hinsicht könnte
man argumentieren, dass IBM die Computerindustrie *erschaffen* hat und viele
der damit verbundenen Standards. Würde man ein Unternehmen als entscheidend für die Entstehung der modernen Datenverarbeitung benennen,
wäre IBM ein ernsthafter Anwärter. Noch erstaunlicher ist die Tatsache, dass
das Unternehmen bereits eine Geschichte von mehr als 100 Jahren hat, weit
mehr als das Zeitalter des Computers! In diesem Kapitel betrachten wir, wie
die Geschichte von IBM dessen Kultur bestimmt hat und wie sie ihren Ansatz
zur Cloud beeinflusst hat. Auf der Grundlage dieser Erkenntnisse ist es möglich zu verstehen, welche Art von Unternehmen IBM ist und wie man die
Cloud dort angeht.

Die Geschichte von IBM

Die Geschichte von IBM geht nicht nur auf die Cloud-Computing-Ära zurück,
sondern auf die Datenverarbeitung im Allgemeinen. Alles begann im Jahr 1911
mit einem Unternehmen namens CTR, was für Computing – Tabulating – Recording stand. Dieses Unternehmen entstand aus der Fusion von drei anderen
Unternehmen zu einer Einheit.

Geschäftsgeräte bauen

Um die Umstände zu verstehen, unter denen das Unternehmen gegründet wurde, müssen wir uns die Ära, in der dies geschah, vor Augen führen. Zunächst ist es wichtig zu bedenken, dass dies die Zeit der Erfinder und Unternehmer war, manchmal in ein und derselben Person verkörpert, wie es bei Thomas Edison der Fall war. Üblicherweise war der Erfinder jemand, der mit einer Art Maschine herumhantierte, und ein begabter Unternehmer verstand es, diese Maschine zu vermarkten. Dies ist das Modell, das alle drei Unternehmen verkörperten, die CTR bildeten.

Zweitens erlebten gegen Ende des 19. Jahrhunderts die Finanzmärkte einen Aufschwung und zogen viel Aufmerksamkeit von Investoren aller Art auf sich. Es war einfacher geworden, Aktien zu kaufen und zu verkaufen. Es wurde üblich, eine Reihe von Unternehmen im gleichen Geschäftsbereich zu kaufen und sie zu einem Trust zusammenzuschließen und dann zu einem Preis über der kombinierten Marktkapitalisierung an der Börse zu platzieren. Man dachte, dass die Unternehmen aufgrund von Synergien und Skaleneffekten mehr wert sein würden.

Charles Flint war einer dieser einfallsreichen Finanziers. Er schuf viele interessante Unternehmen dieser Art. Zum Beispiel gründete er die United States Rubber Company, die schnell ihr Marktsegment dominierte. Dies fand statt, bevor die heutigen Regulierungen in Kraft traten. Flint stellte sich vor, dass etwas Ähnliches im Fall von CTR durchführbar wäre.

Das erste Unternehmen, das er kaufte, war die Bundy Manufacturing Company aus Binghamton, New York, die als International Time Recording bekannt wurde. Ihr Produkt war ein Gerät zur Erfassung der Ankunfts- und Abfahrtszeiten der Mitarbeiter. Dieses System wurde über ein Jahrhundert lang in Fabriken eingesetzt und ist der Ursprung des Ausdrucks „ein-" bzw. "ausstempeln".

Das zweite Unternehmen war die Computing Scale Company aus Dayton, Ohio, das Tischwaagen lieferte, die es den Angestellten ermöglichten, schnell den Preis von Waren zu berechnen.

Das dritte und letzte Unternehmen war auch das, das am bekanntesten wurde, obwohl es zunächst nicht den Verkauf oder den Fokus in dem neu gegründeten Unternehmen dominierte. Es war die Firma von Herman Hollerith, die als Tabulating Machine Company bekannt wurde. Hollerith hatte ein System zur Verwendung von Lochkarten zur Datendarstellung und -tabellierung erfunden. Die Maschine war viel schneller beim Aggregieren und Zählen auf der Grundlage von Eingaben von Karten als bei manueller Arbeit. Der Hintergrund war die US-Volkszählung. Im Jahr 1880 hatte die Volkszählung fünf verschiedene Variablen erfasst, aber der Kongress wollte mehr aufnehmen. Aufgrund der wachsenden Bevölkerungszahl in Amerika hatte es acht Jahre gedauert, den

Bericht fertigzustellen. Hollerith war ein smarter junger Ingenieur, der von der Verwendung von Lochkarten im Zusammenhang mit dem Weberhandwerk gehört hatte. Auf dieser Grundlage erfand er seine Tabelliermaschine. Er sicherte sich die ersten Patente im Jahr 1884 und begann bald darauf, die Maschinen zu verkaufen.

Ein Bereich, den CTR von der Tabulating Machine Company übernahm, war dessen Geschäftsmodell, das auf dem Leasing der Maschinen an die Kunden und dem Verkauf der Karten basierte. Dies war ein lukratives Geschäft, und die einfachen kartonierten Karten machten 5–10 % des Umsatzes des Unternehmens aus.

Diese drei Unternehmen basierten auf einer relativ klaren Idee, sie konzentrierten sich auf den Einsatz von Maschinen zur Unterstützung bei der Datenverarbeitung. Aber sie befanden sich geografisch weit voneinander entfernt und hatten ein unterschiedliches Kundenklientel. Um all diese Dinge zusammenzubringen, stellte Flint im Jahr 1914 Thomas Watson Sr. ein. Er kam von National Cash Registers (NCR), das zu der Zeit eines der visionärsten Unternehmen war und Manager für viele andere Unternehmen stellte. NCR war einer der ersten Hersteller von Registrierkassen und baute eine beeindruckende Verkaufsmannschaft auf. Vieles von dem, was Watson bei IBM einbrachte, stammte ursprünglich von dort. Er konzentrierte das Unternehmen auf Verkauf und technologische Innovation und brachte die Verkäufer, die bei den Kunden waren, zusammen mit den Ingenieuren und den Fabrikarbeitern, um sicherzustellen, dass die Innovation die Kundenbedürfnisse kannte und die Produktionsfähigkeiten nutzen konnte.

Watson wollte, dass seine Verkaufsmannschaft eine dauerhafte Beziehung zu den Kunden aufbaut und nach und nach mehr Lösungen verkauft. Dies wurde durch eine spezifische Belohnungsstruktur gestützt, bei der das Verkaufsziel des Verkäufers nicht darauf basierte, was sie verkauften, sondern auf dem "Gesamtwert" des Kunden. Wenn ein Kunde etwas Neues kaufte, aber andere Produkte stornierte, sank der "Gesamtwert", und es gab keine Bonuszahlung. Die IBM-Geräte waren teuer, und nur Unternehmen mit einem großen Datenverarbeitungsvolumen kauften sie. Das bedeutete, dass IBM zwar nur einige hundert Kunden hatte, diese Kunden aber zu den größten Unternehmen und Regierungsbehörden gehörten.

Bis in die 1920er-Jahre hinein konsolidierte CTR langsam seine Position und kaufte Wettbewerber auf, um Patente zu kontrollieren. Dies war ein früher Schwerpunkt, der das Unternehmen in Kartellrechtsfälle verwickelte. Der Fokus auf Innovationen zielte auch darauf ab, Patente zu sichern, von denen viele nie in neuen Funktionen oder Produkten resultierten. Dieses Vorgehen bewirkte, dass die Implementierung von Innovationen in Produkten verzögert wurde, da erst die Patente gesichert werden mussten, bevor das Unternehmen bereit war, sie zu vermarkten. Dennoch wurde eine stetige Reihe von Innovationen bis in die 1930er-Jahre vermarktet. Dies sicherte dem Unternehmen eine dominante Marktposition von etwa 80–90 %. Gleichzeitig wuchs das internationale Geschäft, und Tochtergesellschaften wurden auf der ganzen Welt eröffnet. Dies führte zur Umbenennung des Unternehmens in International Business Machines, was eine gute Beschreibung dessen war, was es tat.

Der Fokus des Unternehmens unter Watson war es, Kunden durch den Einsatz von Geräten zu stärken. Er sagte zu neuen Verkäufern: „Wir stellen Geschäftsleuten hoch effiziente Geräte zur Verfügung, die deren Firmen Geld sparen", und das Gesamtziel des Unternehmens war es, „die vitalen Anforderungen der Industrie besser zu bedienen – das Bedürfnis, Zeit, Bewegungen und Geld zu sparen."

Eine Konsequenz der Arbeitsweise von IBM war, dass Geräte vor Ort beim Kunden aufgestellt wurden. Diese Räume wurden manchmal als IBM-Räume bezeichnet; es waren die gleichen Räume, in denen später Mainframes aufgestellt wurden. So forcierte IBM die Schaffung von Rechenzentren, noch bevor der Computer erfunden wurde. IBM trieb auch das Outsourcing-Modell voran, da sie Dienstleistungen für kleinere Kunden anboten, die es sich nicht leisten konnten, eigene Geräte zu mieten.

Die Anfänge des Computers

Thomas Watson Jr., der Sohn von Thomas Watson Sr., war einer der ersten bei IBM, der bis Ende der 1930er-Jahre das Potenzial des Computers erkannte. IBM legte großen Wert darauf, die besten Leute von Top-Universitäten anzuwerben, und hatte bereits gute Beziehungen zur Columbia-Universität. Zu dieser Zeit versuchte IBM, eine enge Beziehung zu Harvard aufzubauen. Howard Aiken, ein Harvard-Physiker, versuchte, eine elektromechanische Rechenmaschine auf der Grundlage der Ideen von Charles Babbage zu bauen, konnte aber keine Finanzierung von der Universität erhalten. IBM bot an, mit Aiken zusammenzuarbeiten und die Entwicklung der Maschine zu sponsern. Die Zusammenarbeit führte zum Mark I, der von IBM gebaut und Anfang der 1940er-Jahre nach Harvard geschickt wurde. Es wird gemunkelt, dass Harvard „vergessen" hat, Thomas Watson Sr. für die Präsentation vom Bahnhof abzuholen, und dass aus diesem Grund IBM in der Pressemitteilung nicht erwähnt wurde. Dies verärgerte Watson Sr. und veranlasste IBM, mit Entschlossenheit in den Computermarkt einzutreten.

Obwohl IBM im Zweiten Weltkrieg an den meisten anderen Fronten stark engagiert war, war ihre Elektronikabteilung nicht am Kriegseinsatz beteiligt und hatte Zeit, an einem Ableger des Mark I-Projekts zu arbeiten. Dies resultierte im 603-Rechner und seinem Nachfolger, dem 604. Dieser war viel kleiner als andere Geräte und konnte auch rechnen. Er verkaufte sich gut und läutete die

Ära der elektronischen Datenverarbeitung für IBM ein. Sie arbeiteten anschließend mit der University of Pennsylvania am ENIAC-Computer, einem der ersten Computer der Welt, zusammen, allerdings nur als Teilelieferant. Im Gegensatz zu vielen anderen Technologieunternehmen war IBM an keinen Regierungsprojekten im Zusammenhang mit dem Computer beteiligt. Sie mussten nach dem Krieg Personal von Universitäten und der Armee anwerben, um ihr Engagement im Computerbereich zu verstärken.

IBM war also ursprünglich nicht der Marktführer in der Computerindustrie. Tatsächlich war der UNIVAC, der aus der Arbeit mit dem ENIAC an der University of Pennsylvania hervorging, ein früher Marktführer im Computermarkt. Er wurde schließlich von Remington Rand, einem der großen Konkurrenten von IBM, aufgekauft. IBM hatte jedoch zwei Vorteile. Erstens hatten sie ein neues Forschungszentrum in Poughkeepsie gegründet, das eine Zusammenarbeit förderte, welche Innovationen hervorbrachte. Zweitens hatten sie bereits eine enge Beziehung zu ihren Kunden aufgebaut und konnten ihnen durch diese Kooperation liefern, was sie brauchten. Andere frühe Computerhersteller kamen aus dem Wissenschafts- und Regierungsbereich, aber IBM hatte durch das Tabelliermaschinengeschäft bereits feste Beziehungen zu den meisten großen Unternehmen.

IBM besaß auch ein Verständnis für die Zusammenarbeit mit Universitäten und spendete etwa 100 Computer an Universitäten, um die Verantwortlichen dazu zu bringen, den Studenten das Programmieren beibringen zu lassen. In den 1950er-Jahren begann IBM, den Computermarkt stetig stärker zu dominieren. Ein Meilenstein war die Arbeit von IBM mit dem Massachusetts Institute of Technology (MIT) und der US-Armee an der Entwicklung des SAGE-Systems, das das erste geografisch verteilte Echtzeit-Computersystem war, das 23 verschiedene Computer in ganz Amerika umfasste.

Erhöhte Investitionen in F&E führten zum ersten transistorbasierten Computer im Jahr 1960 und zu einem höheren Marktanteil, aber die Entwicklung des S/360 sicherte die Dominanz von IBM. Der S/360-Mainframe war mehr als nur ein Computer. Es war eine Reihe von Computern. Er war der erste, der das gleiche Betriebssystem auf 6 verschiedenen Maschinen hatte. Dies bedeutete, dass Programme leicht auf neue und größere Geräte verschoben werden konnten, wenn Kunden ein Upgrade benötigten. Diese Produktlinie etablierte IBM als das unbestritten führende Computerunternehmen mit 80–90% des weltweiten Marktes. Aufgrund von Vergleichen in einem langwierigen Kartellverfahren wurde es anderen Unternehmen möglich, Software für den IBM-Mainframe zu schreiben und Peripheriegeräte zu liefern.

Die Kommodifizierung der Datenverarbeitung und der Niedergang von IBM

Mit dem Aufkommen der integrierten Schaltung gewann der Minicomputer aufgrund seiner geringeren Größe und seines günstigeren Preises an Beliebtheit. Es wurde viel darüber diskutiert, ob IBM diesen Markt verpasst hat, aber tatsächlich stellte IBM mit dem AS/400 auch den meistverkauften Minicomputer überhaupt. Allerdings kam IBM nie auch nur annähernd an die Monopolstellung heran, die sie mit dem Mainframe hatten. Der Unternehmensgewinn war ebenfalls nicht der gleiche. Schließlich entwickelte IBM die nächste Computerrevolution in Form des Personal Computers. Dies legte den Grundstein für die Aktivitäten eines weiteren bekannten Anbieters im Bereich Cloud Computing: Microsoft.

Von den 60er-Jahren an enthielt fast jede Computerorganisation und Normungsgruppe mindestens einen Vertreter von IBM. Sie förderten nicht nur Innovationen, sondern trieben auch die Verbreitung des Systems bei anderen Unternehmen, Kunden und der Regierung voran. Dies war der Fall bei der relationalen Datenbank, die einem weiteren der großen Cloud-Computing-Anbieter, Oracle, zugute kam.

Der Wechsel zu Dienstleistungen, Software und Hosting

Leider basierte der Erfolg von IBM auf kontinuierlichem Wachstum. Als der Markt begann sich zu verändern, konnte das Unternehmen sich nicht anpassen. IBM hatte von Anfang an eine ausgeprägte Unternehmenskultur, in der von den Mitarbeitern erwartet wurde, dass sie ihr ganzes Leben lang bei IBM blieben. Das bedeutete, dass IBM lieber Talent umschichtete, als Personal zu entlassen. Dies wurde Ende der 1970er- und 1980er-Jahre zum Problem, als die Margen schrumpften. Die Datenverarbeitung wurde zur Massenware, und die Anforderungen der Kunden änderten sich. Dies führte dazu, dass IBM Defizite ausweisen musste.

Dies führte zu einer Neudefinition von IBM von einem Produktunternehmen zu einem Dienstleistungs- und Softwareunternehmen. IBM war schon immer ein verkaufsorientiertes Unternehmen, und der Verkauf war der einzige Weg zur CEO-Position. Obwohl F&E ein wichtiger Schwerpunkt von IBM war, konnte kein Ingenieur hoffen, CEO zu werden. Das bedeutete, dass IBM seinen Fokus auf das legte, was es am besten konnte: seinen Kunden das zu liefern, was sie in Bezug auf die Datenverarbeitung benötigten. Wenige Unternehmen auf der Welt waren allgegenwärtiger oder hatten eine bessere Verbindung zu seinen Kunden.

Der Dienstleistungssektor wurde zum Hauptweg, auf dem IBM sich neu erfand. Durch professionelle Dienstleistungen halfen sie ihren Kunden, ihre Systeme zu integrieren.

Während IBM nie davor zurückschreckte, Konkurrenten im Hardwarebereich aufzukaufen, begann das Unternehmen Mitte der 90er-Jahre mit dem Kauf von Softwareunternehmen, um in diesen Markt einzutreten. Obwohl IBM viele verschiedene Softwareprodukte anbot, war dies nie eine bedeutende Einnahmequelle. Dies kann darauf zurückgeführt werden, dass IBM nur Software für seine eigene Hardware, den Mainframe, verkaufte. Aber als die Rentabilität und der Absatz von Hardware im Allgemeinen und Mainframes im Besonderen zu sinken begannen, musste IBM anderswo nach Einnahmen suchen. IBM erkannte, dass das Netzwerk und das Internet wichtig werden würden, und suchte nach Software in diesem Bereich. Zu dieser Zeit war Lotus bereits ein erfolgreiches Unternehmen, und IBM erwarb diese Firma – zum ersten Mal in seiner Geschichte durch eine feindliche Übernahme. Es stellte sich als ein milliardenschweres Geschäft für IBM heraus und generierte große Synergien mit dem Geschäft für professionelle Dienstleistungen.

Dies setzte einen Präzedenzfall für den Kauf von Softwareunternehmen, die der Dienstleistungszweig integrieren konnte. IBM kaufte nicht nur irgendeine Art von Software; sie hielten sich von solchen Unternehmensanwendungen fern, wie sie SAP und Oracle verkauften, vielleicht weil sie ein riesiges Geschäft damit betrieben, diese Systeme für Kunden zu integrieren. Stattdessen konzentrierte man sich auf sogenannte Middleware, die Software, die zur Entwicklung von Anwendungen und zur Verknüpfung von Anwendungen verschiedener Anbieter verwendet wurde. Diese Art von Software entspricht Platform as a Service (PaaS) in der Cloud.

Ein weiterer sehr profitabler Bereich für IBM war ihr Hostinggeschäft. Viele ihrer Kunden zogen es vor, sich nicht selbst mit den Systemen auseinandersetzen zu müssen. Anstatt zu versuchen, hochspezialisierte Softwarespezialisten für eine bestimmte Aufgabe zu finden, war es einfacher, IBM das Ganze managen zu lassen. So wuchs Outsourcing zu einem großen Geschäftszweig für IBM.

Der Einstieg in die Cloud

Die IBM Cloud entstand aus dem Hostinggeschäft. Sie ging im Jahr 2013 an den Start, als IBM den IaaS-Spezialisten SoftLayer übernahm. Ihr Angebot war flexibler als das der Konkurrenten AWS, Azure und Google und ähnelte mehr dem Hosting, da der Kunde mehr Freiheit hatte, das Angebot anzupassen. Im Jahr 2014 stellte IBM sein PaaS-Angebot vor: Bluemix. Es war auf der Soft-Layer-Technologie aufgebaut. Diese beiden Marken machten wenig Fortschritte im Wettbewerb mit AWS und Azure. Im Jahr 2017 wurden sie zur IBM Cloud zusammengefasst. Im folgenden Jahr übernahm IBM Red Hat, das größte

Open-Source-Unternehmen der Welt. Dies war die größte Übernahme von IBM und half, Synergien im Cloud-Angebot zu schaffen, indem die Hybrid-Cloud-Lösungen gefördert wurden.

Das Profil von IBM

Obwohl IBM eine weit längere Geschichte hat als die meisten Unternehmen im Technologiesektor, ist es dennoch möglich, einen Roten Faden durch das Unternehmen zu erkennen. In diesem Abschnitt betrachten wir einige Erkenntnisse, die zeigen, welche Art von Unternehmen IBM ist und wie IBM sich dem Cloud Computing nähert.

Auf der Grundlage der Geschichte von IBM ist es möglich, einige Einblicke zu gewinnen, wie man gehandelt hat und wahrscheinlich weiterhin handeln wird. Dies zu wissen, ist zusätzlich zur Kenntnis des aktuellen Angebots nützlich, damit tatsächliche und potenzielle Kunden verstehen können, was sie erwarten können.

Wiederkehrende Einnahmen statt Verkäufe

Ursprünglich bevorzugte IBM es, Ausrüstung zu vermieten, anstatt sie zu verkaufen. Verkaufsboni wurden nicht danach berechnet, wie viel verkauft wurde, sondern danach, wie sehr der Verkäufer die jährlichen wiederkehrenden Einnahmen bei IBM durch eine Kunden erhöhte. Dies setzte sich mit dem Hosting fort, wo IBM einer der größten Anbieter ist und weltweit über 60 Rechenzentren betreibt. Software-Support funktioniert ähnlich. Der Wechsel zu einem auf Beratung basierenden Dienstleistungsunternehmen hat dies etwas verändert, aber IBM ist immer noch ein wichtiger Akteur in der Software- und Hostingbranche.

Bevorzugung von Großkunden

Während seiner Geschichte hat IBM teure Produkte mit hohen Margen verkauft, was bedeutet, dass das Unternehmen sich auf die größten Verbraucher konzentriert, da nur sie sich IBM-Produkte leisten können. Das bedeutet, dass nur wenige Unternehmen eine noch größere Präsenz unter den größten Unternehmen der Welt haben als die IBM-Kunden. IBM hat die Fähigkeit kultiviert, mit dieser Art von Kunden zu kommunizieren und zu interagieren. Umgekehrt bedeutet dies auch, dass IBM wenig Verständnis oder Wertschätzung für die Bedürfnisse kleinerer Unternehmen hat. Dies zeigt sich in der Einführung von Bluemix, das auf dieses Segment abzielte: Es kam nie richtig in Gang.

Entwicklung, Marktbeherrschung durch Patente

IBM hat sich historisch auf die Entwicklung von geistigem Eigentum und dessen Schutz konzentriert. Dieser Instinkt, einen Markt zu kontrollieren und zu dominieren, hat IBM in der Vergangenheit gut gedient, wurde aber in jüngster Zeit in Frage gestellt. IBM gehört jedoch immer noch zu den 3 Unternehmen, die weltweit die meisten Hardware- und Softwarepatente besitzen. Dieser Fokus könnte zu der Tatsache beigetragen haben, wie langsam man die Idee der Cloud angenommen hat, wo Open-Source-Software viel weiter verbreitet ist. Die jüngste Übernahme von Red Hat, dem weltweit größten Open-Source-Unternehmen, signalisiert eine Veränderung in dieser Hinsicht.

Langfristige Beziehung zu Kunden

IBM hat von Anfang an darauf geachtet, Beziehungen aufzubauen und die Bedürfnisse der Kunden zu verstehen. Zum Beispiel war eine der Schlüsselmetriken für Manager bei IBM in den 60er- und 70er-Jahren die Überwachung der Zeit, die die Manager mit Kunden verbrachten, unabhängig davon, ob sie im Vertrieb oder in der Technik tätig waren. Kunden wurden auch zu Schulungen in IBM-Einrichtungen gebracht. Dies war eine treibende Kraft in der Unternehmensentwicklung. Es war der Grund, warum IBM von Tabelliermaschinen zum Computer wechselte und warum der PC entwickelt wurde, der den Industriestandard dafür setzte, wie dieser aussehen sollte.

Ganzheitlicher Fokus

IBM war historisch gut darin, über Computing-Lösungen ganzheitlich nachzudenken. Seit seinen Tabellierzeiten hat man sich auf Kundenschulungen, Außendienst, Allianzen mit Universitäten zur Entwicklung neuer und relevanter Computing-Fähigkeiten und -Lösungen konzentriert und darauf geachtet, dass Kundenfeedback in die F&E einfloss und dass diese wiederum in die Fertigung integriert wurde. Deshalb hat IBM viele der uns bekannten Computerstandards gesetzt.

Setzen von Standards

Von Anfang an war IBM an der Entwicklung und Definition von Standards im Computing beteiligt. Die Mitgliedschaft in Branchenorganisationen und die Teilnahme an Standardisierungsprojekten wurden immer gefördert. Der SQL-Standard (Structured Query Language), der heute in der Datenverwaltung allgegenwärtig ist, ist auf die Beteiligung von IBM zurückzuführen. Historisch gesehen wiesen die meisten Standardisierungsarbeitsgruppen mindestens einen Vertreter von IBM auf.

Engagement für Forschung

IBM hat immer stark in die Forschung investiert und besitzt heute mit 12 Laboren auf 6 Kontinenten eine der größten Forschungsabteilungen der Welt. Jedes Jahr werden Milliarden von Dollar in die Forschung neuer Technologien investiert, wie zum Beispiel künstliche Intelligenz (KI), Quantencomputing und Blockchain. Bisher haben fünf IBM-Mitarbeiter den Nobelpreis für Arbeiten in den Bereichen Halbleiter, Rastertunnelmikroskope und Supraleitung erhalten. Obwohl IBM stark in Forschung und Patente involviert war, sind sie nicht immer gut darin, Produkte auf den Markt zu bringen. Dies gilt auch für KI, wo IBM die ersten waren, die ein Programm entwickelten, das den Schachgroßmeister Garry Kasparov schlagen und sogar die Spielshow *Jeopardy!* gewinnen konnte, aber dennoch daran scheiterten, den KI-Markt zu erobern.

Schneller Nachfolger

Während IBM historisch gesehen der Treiber hinter wichtigen Veränderungen im Computing war, waren sie selten an der Spitze ihrer Go-to-Market-Strategie. Sie zogen es vor, Produkte erst dann auf den Markt zu bringen, wenn sie die Patente hatten. Ihre größten Erfolge wie der Mainframe und der PC zeigen dieses Muster: Sie waren nicht die ersten, die den Mainframe oder den PC erfanden. Sie waren besser darin, sie an die Bedürfnisse ihrer Kunden anzupassen und dies auf eine umfassende Weise zu tun, wodurch sie de facto Industriestandards setzten. Ein weiteres Beispiel für etwas, das sie nicht ausnutzten, ist die relationale Datenbank.

Allgegenwärtige Präsenz

IBM hat sich von Anfang an als Akteur in der globalen Politik gesehen. Im Laufe seiner Geschichte hat IBM Beziehungen zu Kunden aller Art und praktisch überall auf der Welt gepflegt. Es ist kein Zufall, dass der Firmenname das Wort „international" enthält und das alte Logo eine Weltkugel war. Die Tatsache, dass IBM Beziehungen zu großen Unternehmen auf der ganzen Welt hatte, war ein Schlüsselfaktor dafür, dass der IBM-Mainframe dominant werden konnte.

Zusammenfassung

IBM ist einer der hellsten Sterne, wenn man die Geschichte berücksichtigt. Das Unternehmen hat immer wieder neue Branchen und Standards etabliert. Mit einem starken Fokus auf die Bedarfe der Kunden wurde ein Großteil der Innovationen von IBM eher durch die Wünsche des Marktes angetrieben, und nicht so sehr durch Vision hinsichtlich der Bedürfnisse des Marktes. Die enge und aufmerksame Beziehung zu ihren Kunden hat das Unternehmen bei einigen Gelegenheiten dazu veranlasst, ihre Strategie massiv zu ändern, um ihren Kunden weiterhin das zu bieten, was sie brauchten. Im Vergleich zu seinen Wettbewerbern hat IBM jedoch nicht die gleiche Agilität und den Ethos der Experimentierfreudigkeit und Marktschaffung. Einige Konkurrenten, wie Oracle und Microsoft, waren für ihren Erfolg in kritischem Maße von IBM abhängig. Ein Schatz an Patenten und der anhaltende Fokus auf Grundlagenforschung könnten IBM in absehbarer Zukunft im Spiel halten.

Dieses Kapitel legte dar, wie IBM sich aus einer bunten Mischung von Unternehmen entwickelte, die auf die eine oder andere Weise Geräte für Geschäftskunden produzierten. Der Fokus auf ein ganzheitliches Verständnis und die Bedienung seiner Kunden trieb IBM voran und schuf so den modernen Computer und viele der in der Tech-Branche verwendeten Standards. Obwohl IBM spät in die Cloud-Industrie eintrat, ist das Angebot von IBM eine Fortsetzung von dessen Fokus auf Möglichkeit für Kunden, eigene Computing-Lösungen zu erstellen.

Oracle

Die Oracle Corporation ist seit Jahrzehnten ein Softwareriese. Von ihren Anfängen als amerikanischer Datenbankanbieter bis hin zu einem multinationalen
Unternehmenssoftware-Giganten ist Oracle eines der am stärksten polarisie-
renden Unternehmen in diesem Markt. In diesem Kapitel betrachten wir die
Geschichte von Oracle und wie sie das Unternehmen und sein Cloud-Angebot geprägt hat. Oracle ist eines der wenigen Unternehmen, die öffentlich
eine Anti-Cloud-Haltung vertreten haben, aber historisch gesehen wichtige
technische Entwicklungen vorangetrieben haben, die wir heute mit der Cloud
in Verbindung bringen.

Die Geschichte von Oracle

Oracle wurde im Sommer 1977 von Larry Ellison, Bob Miner und Ed Oates
gegründet. Es hieß ursprünglich Software Development Laboratories, und das
Unternehmen arbeitete hauptsächlich an Programmierberatung für andere
Unternehmen. Ihr erstes kommerzielles Produkt war eine Datenbank. Die
drei Hauptakteure hatten bei einem Unternehmen namens Ampex an Datenmanagement gearbeitet. Larry Ellison arbeitete unter Bob Miner und baute
eine Datenbank namens CODASYL auf dem PDP-11-Minicomputer auf. Um
aus dem Beratungsgeschäft auszusteigen, beschlossen sie, ihre eigene Datenbank zu konstruieren. Sie recherchierten die technische Literatur und stießen
auf die Arbeiten des britischen Informatikers Edgar Frank Codd über die relationale Datenbank aus den frühen 70er-Jahren. Das relationale Datenbank-
modell ermöglichte ein viel flexibleres und schnelleres Speichern und

Abrufen von Daten als die damals vorherrschenden Optionen, nämlich das Dateisystem oder die hierarchische Datenbank. Codd war bei IBM angestellt und hatte daran gearbeitet, das Datenmanagement auf dem Mainframe-Computer zu verbessern. IBM setzte seine Entwürfe jedoch zunächst nicht um, da dessen bestehende IMS-Datenbank viel Umsatz einbrachte.

Anfänge der Datenbank

Obwohl Ellisons Mitbegründer skeptisch gegenüber diesem neuen Ansatz waren, stimmten sie zu, das System nach dem relationalen Modell zu bauen. Sie hielten es für zu riskant, es für den Mainframe zu erreichten, da IBM diesen Markt stark dominierte. Stattdessen beschlossen sie, ihr System für den Mini-computer zu konstruieren, der anhaltend beliebt war. Der Firmenname wurde in Relational Software, Inc. geändert. Die CIA beauftragte die Firma und finanzierte die erste Version der Datenbank. Der PDP-11-Minicomputer wurde in Regierungskreisen stark genutzt, insbesondere im Bereich des Geheimdienstes. Der Minicomputer war besser für verdeckte Operationen geeignet und konnte auf Schiffe, U-Boote oder Flugzeuge transportiert werden, was mit den riesigen Mainframes nicht möglich war. Darüber hinaus war das relationale Modell mit seinem flexiblen Zugang zu Daten besser für die Geheimdienstarbeit geeignet. Innerhalb von 6 Monaten nach der Veröffentlichung der ersten Version ihrer Datenbank, die Oracle genannt wurde, konnte RSI mehrere Verträge mit der NSA, der CIA und dem Geheimdienst der US-Marine abschließen. Die erste Version wurde in Assembly gebaut und funktionierte nur auf dem PDP-11. Die nächste Version wurde in der Programmiersprache erstellt, die das Low-Level-Computing C beherrschte. Dies machte die Datenbank portabel für jeden Minicomputer mit UNIX-Betriebssystem. Da diese Datenbank das Hauptprodukt des Unternehmens wurde, änderte es den Firmennamen in Oracle.

Oracle war nicht das einzige Unternehmen, das die Idee einer relationalen Datenbank verfolgte. Die University of California in Berkeley betrieb ein Forschungsprojekt namens Ingres (Interactive Graphics Retrieval System). Es handelte sich, ähnlich wie bei Oracle, um das Produkt einer Verteidigungs-geheimdienstfinanzierung und konkurrierte mit Oracle, dem anderen der beiden einzigen hardwareunabhängigen relationalen Datenbankunternehmen. Bis zur ersten Hälfte der 1980er-Jahre galt Ingres bei vielen als das bessere Produkt. In der zweiten Hälfte des Jahrzehnts verlor Ingres jedoch Marktanteile an Oracle aufgrund verschiedener Faktoren. Erstens war die Oracle-Verkaufs-abteilung, auf die wir zurückkommen werden, sehr effektiv bei der Gewinnung von Verträgen. Zweitens baute Oracle seine eigene Sprache namens QUEL. Seit 1973 hatte IBM eine andere Sprache namens Serial Query Language (SQL) gefördert. Als das American National Standard Institute (ANSI) einen Standard für relationale Datenbanken festlegte, gewann SQL, da es von IBM stark gefördert wurde. Dies bedeutete, dass die Ingres-Datenbank umgeschrieben werden musste, um SQL zu nutzen.

Das Ingres-Forschungsprojekt wurde Mitte der 1980er-Jahre eingestellt, aber es brachte andere Unternehmen in der Datenbankindustrie hervor, die Oracle später heimsuchten. Sybase wurde von einem der Entwickler von Ingres gegründet und war in späteren Jahren Oracles Hauptkonkurrent. Die ersten Versionen von Oracles größtem kommerziellem Konkurrenten heute – MS SQL Server – wurden von Sybase lizenziert. Die Open-Source-Datenbank PostgresSQL, die heute als größte unternehmensweite Open-Source-Datenbank mit Oracle um die Vorherrschaft konkurriert, geht ebenfalls auf die Ingres-Datenbank zurück. PostgresSQL ist heute eine der größten Datenbanken in der Cloud.

Nachdem Ingres besiegt wurde, verbrachte Oracle die nächsten Jahre im Wettbewerb mit Sybase und Informix. Sybase bot einige Funktionen an, wie z. B. Lesekonsistenz und gespeicherte Prozeduren, die Oracle nicht hatte. Diese wurden in den folgenden Jahren in die Datenbank integriert, was zur Programmiersprache PL/SQL führte, die es der Datenbank ermöglichte, mehr anwendungsähnliche Funktionen zu übernehmen und die heute noch in Unternehmen weit verbreitet ist. Im Laufe der Jahre erlangte Oracle durch die Konzentration auf Clustering wieder die technische Führung. Dies wurde schließlich als Oracle RAC vermarktet. IBM baute eine relationale Datenbank für den Mainframe namens DB2, die aufgrund der höheren technischen Spezifikationen des Mainframes sehr schnell und effizient war. Mit der Clustering-Technologie konnte Oracle jedoch um die Jahrtausendwende zeigen, dass der Einsatz von kostengünstigen Geräten in einem Cluster sogar eine bessere Leistung bietet.

Oracles Ursprünge als reines Softwareunternehmen waren zu dieser Zeit recht untypisch. Das einzige große Unternehmen, das die gleiche Strategie verfolgte, war Microsoft. Diese Konzentration auf Software bedeutete, dass es keine Produktion oder Lieferkette gab, was den Weg für eine der härtesten Verkaufsabteilungen der Welt ebnete.

Die gefürchtete Oracle-Verkaufsabteilung

Larry Ellison verfolgte eine Strategie, die von den meisten nachkommenden Unternehmen im Silicon Valley kopiert wurde, nämlich das Hyperscaling-Wachstum, um Marktdominanz zu erreichen. Zu diesem Zweck wurde der Fokus auf den Aufbau einer Verkaufsabteilung gelenkt, die verkaufte, egal was dafür nötig war. Einer der Vorteile eines reinen Softwareunternehmens wie Oracle ist, dass es, sobald die Software entwickelt ist, nicht sehr viel kostet, sie zu produzieren. Es fallen nur Vertriebskosten an, die vernachlässigbar sind, da es sich um ein digitales Produkt handelt. Das bedeutet, dass der Preis nicht durch die Herstellungskosten, sondern dadurch bestimmt wird, was der Markt dafür zu zahlen bereit ist.

Mit einer Vorliebe für aggressive Verkäufer mit hohem Testosteronspiegel, die in Cowboy-Manier alles für hohe Verkaufszahlen tun würden, wuchs Oracle viele Jahre lang um 100 % pro Jahr. Ellison konzentrierte sich auf die Produktentwicklung und ließ den Verkauf gern von jemand anderem antreiben. Da der Verkauf das Wachstum und die Produktentwicklung voran brachte, war dies etwas, das Ellison gut gefiel. Die Rechtsabteilung unterhalb des Verkaufs anzusiedeln, war jedoch keine nachhaltige Strategie. Oracle-Verkäufer neigten dazu, Software zu einem stark reduzierten Preis zu verkaufen, um Verkaufsziele zu erreichen und Boni zu erhalten. Zusätzlich wurden immer kreativere Verträge erstellt. Da die Rechtsabteilung dem Verkauf unterstellt war, gab es niemanden, der die Verträge überprüfte. Dies führte um 1991 fast zum Untergang des Unternehmens. Eine alarmierende Anzahl von Kunden zahlte nicht. Eine Umstrukturierung des Managements und Vertragsprüfungen führten zu massiven Abschreibungen von Verträgen. Einige Verträge hatten nicht einmal ein festgelegtes Datum, bis zu dem die Zahlung fällig war, und einige Kunden stimmten nicht einmal zu, dass sie akzeptiert hatten, das zu kaufen, was der Verkäufer genannt hatte.

Deshalb war die Oracle-Verkaufsabteilung so gefürchtet, nicht zuletzt von Larry Ellison selbst. Änderungen wurden vorgenommen, und das Unternehmen überlebte und reifte, aber die Kultur unverständlicher Verträge, undurchsichtiger Verkäufe, die zukünftige Bedürfnisse betreffen, und unzufriedener Kunden hat sich bis in die Cloud fortgesetzt. Heute ist Oracle der einzige der großen Cloud-Anbieter mit einer Preisstruktur, die stark auf einem undurchsichtigen System von Vorschüssen und Rabatten basiert, die auf Verpflichtungen für zukünftige Nutzung basieren.

Es passierte fast erneut um die Jahrtausendwende herum, dass unter Ray Lane der Verkauf wieder begann, die Strategie des Unternehmens zu dominieren. Alles drehte sich um die Notwendigkeit, den nächsten Verkauf zu tätigen, anstatt ein bahnbrechendes Produkt zu konstruieren. Larry Ellison übernahm wieder und lenkte das Unternehmen klar in Richtung Internet und Unternehmensanwendungen.

Das Internet und die Zukunft der Informatik

Es ist ein großes Rätsel, wie Oracle es verpasst hat, der unbestrittene Marktführer im Bereich Cloud Computing zu werden. Niemand erkannte die Bedeutung des Internets im Allgemeinen und der Unternehmensanwendungen im Besonderen klarer als Larry Ellison. Vor der Dotcom-Blase konzentrierte sich Ellison auf das Internet als die Zukunft der Informatik. In Wahrheit hatte Oracle keinen anderen Grund, dies zu tun, da sie eines der vier Unternehmen waren, die das Wachstum des Internets vorantrieben, zusammen mit Sun Microsystems, das die Server produzierte, Cisco Systems, das die Router produzierte, und Intel Corporation, das die Mikroprozessoren produzierte. Das Internet war noch ein verbraucherorientierter Ort, aber jedes große Unternehmen, von Amazon über eBay bis Yahoo, betrieb Oracle-Datenbanken zur Unterstützung ihrer Websites.

Vielleicht war es ein Teil seines Streits mit Microsoft, der Ellison von einem günstigen Netzwerkcomputer träumen ließ, dessen Preis ein Fünftel vom Preis eines PCs kosten sollte. Dieser Computer sollte nur einen Browser haben, und alle Rechen- und Datenabrufvorgänge würden auf Servern im Internet durchgeführt. Ein solcher Computer wurde sogar in der angestrebten Preisklasse gebaut, aber leider fiel der Preis des PCs in den gleichen Bereich, und er setzte sich nie durch. Wenn das bekannt klingt, dann deshalb, weil genau das dem Google Chromebook 15 Jahre später passierte. Konzeptionell gibt es keinen Unterschied; es war ebenfalls ein günstiger Computer mit einem minimalen Betriebssystem, das das Internet über einen Browser zugänglich macht.

Dies war das erste Beispiel dafür, wie Oracle die Cloud verpasste und dem Markt zu weit voraus war. Das andere war Video-on-Demand. Oracle gelang es zur gleichen Zeit, ein Produkt zu produzieren, das Video-on-Demand über das Internet ermöglichen konnte. Es wurde Kunden als Test mit ein paar Netzwerkanbietern weltweit angeboten und war recht erfolgreich, aber wieder einmal setzte dieses System sich erst ein Jahrzehnt später durch, als Netflix genau dasselbe tat.

Eine Anwendung, um Ihr Geschäft zu führen

Ellison hatte früh erkannt, dass das Datenbankgeschäft begrenzt war. Er dachte, dass Oracle, das allgemein gut darin war, Daten zu verwalten, seine Fähigkeiten im Umgang mit Geschäftsdaten entwickeln sollte, insbesondere durch den Aufbau von Geschäftsanwendungen. Der unbestrittene Marktführer in diesem Bereich war das deutsche Unternehmen SAP. Ihr S/3-Produkt, das Anfang der 1990er-Jahre auf den Markt kam, war eine Suite von Modulen, die die wichtigsten Funktionsbereiche eines Unternehmens unterstützten. Oracle hatte Schwierigkeiten, in diesen Markt einzusteigen, da der Vertrieb es gewohnt war, nur mit Personen aus dem Technikbereich zu sprechen, die ihre Datenbankprodukte kauften. Anwendungen wurden in der Regel von Mitarbeitern der C-Ebene gekauft, mit der Oracle nicht viel Erfahrung hatte. Das Anwendungsprodukt kam nicht zustande und wurde immer wieder verschoben. Dies führte indirekt zur zweiten großen Krise des Unternehmens um das Jahr 2000 herum.

Als Ergebnis davon wurde Ellison gezwungen, die Anwendungsentwicklung zu übernehmen. Dies schien ein ziemlicher Zufall zu sein. Ellison, der sich bereits dem Internet verschrieben hatte, setzte die gesamte Anwendungsstrategie auf das Internet und machte sie Kunden über einen Webbrowser zugänglich. Wer genau zuerst auf diese Idee kam, ist möglicherweise umstritten, da People-Soft's Version 8 im Jahr 2000 veröffentlicht wurde, ebenso wie das Produkt eines anderen Wettbewerbers, Siebel Systems. Beide konzentrierten sich darauf, über das Internet zugänglich zu sein. Beide waren starke Konkurrenten auf dem ERP- und CRM-Markt für Unternehmensanwendungen, und beide wurden von ehemaligen Oracle-Mitarbeitern gegründet und/oder geleitet und beide wurden schließlich von Oracle übernommen. Oracles Produkt im Bereich der Unternehmensanwendungen hieß Oracle E-Business Suite, und Version 11i war die erste umfassende Version, die für das Internet entwickelt wurde (die Versionen 10.7 NCA und 11.0 im Jahr 1998 konzentrierten sich auf das Internet, waren aber nicht so umfassend in Bezug auf die Funktionen). Im Zuge der Bewegung hin zur Führung von Unternehmen im Internet führte Ellison Oracle durch denselben Prozess parallel zur Entwicklung und Umstellung auf 11i intern bei Oracle.

Das Unternehmen war wie viele andere zu dieser Zeit in Bezug auf Systeme sehr fragmentiert. Im Zuge des Prozesses der Neugestaltung von Oracle und der Bewegung hin zu einem Internetmodell gelang es Oracle, 1 Mrd. US-$ einzusparen. Dieses Geld wurde verwendet, um 11i zu bewerben. Leider rächte sich diese Maßnahme, weil Oracle nicht vollständig auf 11i umgestiegen war. Die Beta-Tests, die vor der Veröffentlichung durchgeführt wurden, wurden für Kunden durchgeführt, die intern gehostete Oracle-Anwendungen verwendeten. Dies hatte gezeigt, dass die Kunden zufrieden waren, aber das Upgrade und die Installation in den Rechenzentren der Kunden erwies sich als viel schwieriger.

Diese zufällige Entdeckung führte zu der Erkenntnis, dass Kunden Oracle dafür schätzten, dass sie ihre internetbasierte E-Business-Suite hosteten, was den Weg für ein großes Hostinggeschäft ebnete. Das Betreiben von Unternehmensanwendungen im Internet klingt jetzt sehr nach dem SaaS-Modell, aber irgendwie hat Oracle den Übergang nie geschafft. Vielleicht waren die Margen mit dem Hostinggeschäft zu gut, oder Ellison verlor das Interesse. Es scheint klar, dass alle Voraussetzungen gegeben waren, damit Oracle zu einer SaaS-Macht wird. Es war an einem weiteren Oracle-Alumni, Marc Benioff, der Salesforce 1999 gründete, dieses Versprechen eines vollwertigen Cloud-Geschäfts zu erfüllen. Salesforce ist heute der größte Anbieter von SaaS und auch im PaaS-Markt von großer Bedeutung.

Hardware und Anwendungen und ... die Cloud

Nach der Übernahme von Sun Microsystems im Jahr 2010, das einer der größten Lieferantenvon leistungsstarken Servern im Internet war, scheint Oracle in die Richtung gegangen zu sein, die Apple postuliert hat. Das heißt, die Kontrolle über den gesamten Block von der Hardware bis zur Software zu übernehmen, um sicherzustellen, dass das Produkt optimal ist. Ein Beispiel dafür war die Oracle Exadata-Plattform, ein Gerät, das die schnellsten und größten Datenmanagementfähigkeiten auf dem Planeten bot. Dies wurde schnell zum Flaggschiffprodukt, um das sich das Unternehmen drehte.

Parallel dazu entwickelte das Anwendungsgeschäft das SaaS-Modell. Oracle hat die gleiche Bereitschaft gezeigt, in diesen Markt einzusteigen, wie früher schon, indem man führende SaaS-Anbieter übernahm, die in den Markt passten, etwa RightNow (CRM), Taleo (Talentmanagement) und NetSuite (ERP). Wenn Oracle ein Unternehmen übernimmt, neigt man dazu, die Technologie in den Oracle-Stack zu integrieren, damit sie nahtlos funktioniert. Oracles lange Geschichte in der Anwendungsentwicklung und im Internet hat dem Unternehmen einen klaren Vorsprung vor den anderen 5 großen Cloud-Anbietern im SaaS-Bereich gegeben.

Nachdem Oracle die Cloud viele Jahre lang öffentlich als bedeutungslose Modeerscheinung verspottet hatte, was durch das Zitat „The cloud is just someone else's computer" („Die Cloud ist nur der Computer von jemand anderem") verdeutlicht wird (auch heute noch sieht man Oracle-Mitarbeiter und Partner, die T-Shirts mit diesem Slogan tragen), gab Oracle nach und schuf die Oracle Cloud Infrastructure. Ellison beschwerte sich jahrelang (teilweise korrekt) darüber, dass die Cloud das war, was Oracle sowieso bereits tat. Diese Aussage ist nur teilweise korrekt, weil es ein Hostingmodell war, bei dem On-Demand und Self-Service nicht möglich waren. Erst in den 2010er-Jahren begann Oracle, Infrastructure as a Service (IaaS) in Form der Oracle Cloud Infrastructure (OCI) anzubieten. 2018 kam die Generation 2 heraus und wird schrittweise die ursprüngliche OCI ersetzen. Es besteht kein Zweifel daran, dass Ellison persönlich die Zukunft in Software as a Service (SaaS) sah, nachdem er in Salesforce und NetSuite investiert hatte, aber Infrastructure as a Service (IaaS) und Platform as a Service (PaaS) standen nie auf seiner Agenda. Deshalb holt Oracle in diesen Bereichen noch auf.

Oracle Cloud

Oraclestartete sein Cloud-Angebot Ende 2016. Es wurde „Oracle Bare Metal Cloud" genannt und bot grundlegende Infrastrukturdienste wie virtuelle Geräte, Netzwerke und Container an. Später wurde es in die aktuelle Oracle Cloud umfirmiert. Ein zweites Cloud-Angebot wurde parallel unter dem gleichen Namen entwickelt, das Oracle als Generation 2 Cloud bezeichnet. Es besteht keine Beziehung zwischen den beiden Angeboten, und das Erstere wird auslaufen, während Generation 2 erweitert wurde, um mehr Produkte einzubeziehen. Die angebotenen Lösungen und die Preisstruktur haben sich in der Geschichte der Oracle Cloud erheblich verändert, was dazu geführt hat, dass Kunden mit früheren Versionen im Regen stehen gelassen wurden und kein klarer Migrationspfad vorhanden ist, was darauf hindeutet, dass die Entwicklung der Cloud-Plattform noch reifen und ihre endgültige Form finden muss. Die breite Palette von Oracle-SaaS-Produkten läuft auf der gleichen Infrastruktur, aber ihre Entwicklung verlief parallel zur Oracle Cloud Infrastructure und sollte als etwas Separates betrachtet werden.

Das Profil von Oracle

Vielleicht aufgrund ihres großen Erfolgs im Hosting und der Konzentration auf sogenannte Engineered Systems war Oracle lange Zeit zögerlich, in den Cloud-Markt einzutreten. Man war der Meinung, dass die Cloud nur ein Marketingbegriff sei und dass man bereits alles offerierte, was die Cloud bietet. Man nannte es nur anders. Obwohl dies nur teilweise wahr ist, bedeutete es, dass Oracle spät ins Spiel kam und versucht hat, zu den anderen großen Anbietern aufzuholen.

Die Geschichte von Oracle offenbart einige Schlüsselmerkmale von dessen Verhalten, die interessant sein könnten, da sie Verhaltensweisen erklären und zukünftige Erwartungen erzeugen können. Sie sind darüber hinaus wichtig beim Umgang mit Oracle als Technologieanbieter.

Große technologische Vision

Oracle hat oft ein gutes Verständnis dafür, wohin der Markt geht, bevor Kunden und Beratungsunternehmen dies erkennen. Man kam zu der Erkenntnis, dass relationale Datenbanken eine Schlüsseltechnologie für das Datenmanagement sein würden, bevor jemand anderes diesen Gedanken wagte. Oracle war das erste Unternehmen, das Clusteringtechnologien entwickelte, die mehrere Hardwarekomponenten miteinander verbinden konnten, um eine einheitliche Computing-Infrastruktur zu bilden (ein Prinzip, das heute in der Cloud weit verbreitet ist). Und nicht zuletzt erkannte man die Bedeutung des Internets für die Zukunft des Unternehmens-Computing zu einer Zeit, als das Internet nur als verbraucherorientierte Neuheit galt.

Fokus auf innovativem Engineering

Oracle ist ein Prototyp für Silicon-Valley-Softwareunternehmen, das sich auf die Entwicklung von Technologien konzentriert, von denen andere noch nicht einmal geträumt haben. Sie haben oft das „Neue" erfunden, bevor es jemand anderes tat. Von Anfang an war Oracle ein Verfechter des Silicon-Valley-Ethos, kluge Leute einzustellen und ihnen freie Hand zu lassen, mit blindem Vertrauen in die Fähigkeit brillanter Ingenieure, eine Lösung für jedes Problem zu finden. Man kann erwarten, dass Oracle weiterhin technisch führend in den gewählten Bereichen sein wird.

Übertriebenes Marketing

Wie andere Technologieunternehmen ist Oracle dafür bekannt, häufig die Wahrheit zu dehnen, auch wenn sie der Realität widerspricht. Es war ein Hauptmerkmal von Larry, einen Konkurrenten herauszupicken, um ihn zu verärgern. Der Gedanke dahinter ist, dass sich Oracle darauf konzentriert, ein marktführendes Produkt zu liefern. Allerdings sind die öffentlichen Behauptungen über die Konkurrenten und über die eigenen Produkte bekannt dafür, übertrieben, aggressiv und verlogen zu sein. In den frühen Tagen waren andere Datenbank- und ERP-Unternehmen das Ziel, dann waren es Microsoft und IBM, und jetzt steht AWS in ihrem Fadenkreuz. Wenn Sie eine Behauptung von Oracle über AWS hören, wird Ihnen geraten, die Wahrhaftigkeit zu überprüfen, bevor Sie eine Entscheidung treffen. Insbesondere der Anspruch, ein Cloud-Produkt zu liefern, bei dem es sich in vielen Fällen lediglich um eine leicht angepasste Hostinglösung handelt, sollte potenzielle Kunden dazu veranlassen, auf alle Marketingaussagen aufmerksam zu achten und diese zu hinterfragen.

Kreative Verkäufe

Obwohl Oracle einen langen Weg weg von der glorreichen Cowboy-Verkaufsmannschaft zurückgelegt hat, die sie fast zu Fall gebracht hatte, gehört Oracle immer noch zu den kreativsten Akteuren, wenn es um den Verkauf geht. Man verkauft immer noch Kontrakte, die Unternehmen dazu verpflichten, in der Zukunft ein Produkt zu einem aktuellen Preis zu kaufen, ob sie es brauchen oder nicht. Dies ist eine alte Praxis, die auf die frühen Tage von Oracle zurückgeht. Oracle versucht offensichtlich, diese undurchsichtigen Verkaufspraktiken fortzusetzen. Bei Oracle Cloud ist nicht immer klar, wofür der Kunde bezahlt.

Komplexe Verträge und Anreize

Die Verträge von Oracle können sehr schwer zu verstehen sein, obwohl sich vieles durch die vermehrte Verwendung von Standardverträgen und die Überprüfung durch die Rechtsabteilung verbessert hat. Die aggressiven Lizenzaudits und die Bereitschaft, Kunden vor Gericht zu bringen, haben Feindseligkeiten geschaffen. Amazon zum Beispiel hat sich darum bemüht, sämtliche Oracle-Technologie loszuwerden, und Google verbietet die Installation von Oracle-Software. Obwohl sie Konkurrenten sind, ist dies nicht der Fall bei anderen Unternehmen wie Microsoft, Google und IBM. Es ist eine gute Idee, bei Oracle-Verträgen, auch in der Cloud, Expertenhilfe in Betracht zu ziehen.

Bereitschaft, fehlerhafte Software frühzeitig zu veröffentlichen

Um fair zu sein, ist dies nichts, das nur traditionellen Softwareunternehmen eigen ist, aber Oracle hatte historisch gesehen große Herausforderungen mit seiner Datenbank (Version 6) und E-Business Suite (11i) zu bestehen, die das Unternehmen ernsthaft bedrohten. Ellison selbst hat zugegeben, dass sie zu früh veröffentlicht wurden, aber auch festgestellt, dass einige Probleme nur von den Kunden entdeckt werden. Das heißt, Oracle ist dafür bekannt, durchzuhalten und weiterzuarbeiten, bis die Produkte funktionieren. In der Cloud ist dies entscheidend, weil der Kunde nicht die Kontrolle über die Software hat. Vorsicht ist also angebracht, und Tests sollten bei neuen Produkten zum Einsatz kommen, was auch Oracle selbst empfiehlt.

Marktführer

Oracle hat den Wunsch gezeigt, der unbestrittene Marktführer in den Märkten zu sein, in die man eintritt. Das bedeutet, dass man es bei Oracle ernst meint, man einen Markt betritt. Umgekehrt war man bei Oracle immer vorsichtig, um keine Märkte zu betreten, von denen man glaubte, dass man sie nicht dominieren könnte. Es funktioniert vielleicht nicht sofort, aber bei Oracle wird man weiter daran arbeiten, bis es funktioniert, oder man wird die Konkurrenz kaufen. Das war die Geschichte mit der ursprünglichen Anwendungssparte. Sie war viele Jahre (ein Jahrzehnt) nicht erfolgreich. Wenn die Produkte fehlerhaft sind, arbeitet man die Fehler durch, bis das System gemäß der Vision des Unternehmens funktionieren. Wenn Oracle in einen Markt eintritt, tut man dies nach Überlegung und erwartet, Marktführer zu werden. Daher kann man davon ausgehen, dass die Produkte sich verbessern, bis sie führend sind, oder dass sie den Markt wieder verlassen.

Bauen oder kaufen und integrieren

Traditionell hat Oracle sich darauf konzentriert, Funktionen in ihre Produkte zu integrieren, anstatt Drittanbieter zu erwerben, um die Lücke zu schließen. Dies begann sich um 2004 zu ändern, als Oracle PeopleSoft und Siebel erwarb. Anstatt diese Übernahmen jedoch als reine Cash Cows zu betreiben, lag es in der DNA von Oracle, sie auf umfassende und gründliche Weise in ihre Produktpalette zu integrieren. Oracle priorisiert umfassende und integrierte Produkte gegenüber einem Flickenteppich von Best-of-Breed-Produkten auf der Produktseite. Ob man damit immer erfolgreich war, kann zur Debatte stehen, aber die Absicht ist klar.

Zusammenfassung

Oracle war ein Visionär im Softwaregeschäft und hat oft die Fähigkeit bewiesen zu erkennen, wohin der Markt geht. Man sah das Potenzial der Cloud vor allen großen Cloud-Anbietern, entschied aber, dass es sich um eine Modeerscheinung des Marketings handelte. Tatsächlich holt Oracle jetzt im Cloud-Markt auf. Der frühere Fokus auf Unternehmensanwendungen und die Versorgung der Kunden mit einem System zur Führung ihres Geschäfts bedeutete, dass Oracle den Markt für Software as a Service (SaaS) für ERP-Systeme anführte. Die Kombination von technischer Brillanz mit aggressivem Verkauf und Marketing hat Oracle seit Jahrzehnten angetrieben. Von den bescheidenen Datenbankanfängen bis hin zu einem System zur Führung Ihres Geschäfts wird Oracle wahrscheinlich eine starke Position in der Cloud finden, wenn man den Übergang bewältigt.

Die Herausforderung besteht darin, die erhebliche On-Premise-Installationsbasis in Cloud-Umsätze umzuwandeln. Dies bedeutet, technische Probleme zu lösen sowie Probleme im Geschäftsmodell anzugehen. Der Wechsel von einem lukrativen Erlösmodell zu einem anderen ist eine gewaltige Herausforderung.

Microsoft

Um Microsoft zu verstehen, ist es wichtig, die Geschichte seiner Gründer, Paul Allen und Bill Gates, auf den Grund zu gehen. Insbesondere Gates war ein wichtiger Treiber für die Entwicklung des Unternehmens. Wie andere große Unternehmen hat auch Microsoft Krisen durchlebt und sie überwunden. Auf dem Weg hat es auch atemberaubende Transformationen durchlaufen. Von einem Fokus auf proprietäre installierte Software für Personal Computer zu einem Fokus auf Cloud-Software für Unternehmen über eine neu entdeckte Zuneigung zu Open Source scheint sich Microsoft weit von seinen Ursprüngen entfernt zu haben. Das Unternehmen zeigt jedoch auch über die Jahrzehnte hinweg ein hohes Maß an Kontinuität.

Die Geschichte von Microsoft

Paul Allen und Bill Gates waren sehr jung, als sie anfingen, mit Computern zu experimentieren. Während andere Hobbyisten in den 1970er-Jahren durch eine Faszination für Hardware zu Computern kamen, hatten Allen und Gates daran nie Interesse. Zu dieser Zeit gab es keine Softwareindustrie. Software kam in der Regel vorinstalliert mit dem Mainframe, der zu dieser Zeit noch dominant war. Wenn Anwendungen benötigt wurden, schrieben Entwickler benutzerdefinierte Programme. Allen und Gates waren von Anfang an darauf aus, eine solche Industrie zu schaffen.

© Der/die Autor(en), exklusiv lizenziert an APress Media, LLC, ein Teil von
Springer Nature 2024
A. Lisdorf, *Grundlagen des Cloud Computing*,
https://doi.org/10.1007/979-8-8688-0089-4_6

Software wird die Welt beherrschen

In den 70er-Jahren waren Computer nichts, zu dem Menschen leicht Zugang hatten. Bevor der Personal Computer oder sogar der Minicomputer durchstarteten, waren Computer sehr teuer. Selbst für eine vergleichsweise wohlhabende Privatschule wie die, die Allen und Gates besuchten, lag ein Mainframe-Computer außerhalb des Budgets. Zu dieser Zeit gewann das Timesharing, bei dem mehrere Benutzer gemeinsamen Zugang zu einem Mainframe-Computer erhalten und stundenweise bezahlen konnten, an Beliebtheit. Dieses System war auch nicht billig, bot aber eine Alternative, die sich ihre Schule leisten konnte.

Die Erfahrung von Paul Allen und Bill Gates mit Computern stammte daher von der Arbeit mit einem Timesharing-Mainframe-System von GE, genannt Mark II. Es war ein Mainframe-Computer, der über ein Teletype-Terminal verbunden war, über das Befehle eingegeben und Ergebnisse empfangen werden konnten. Die Sprache, die sie benutzten, war BASIC, eine einfache Sprache, die vom Dartmouth College entwickelt wurde (das auch das Mainframe-Timesharing-System entwickelt hatte). Zusammen mit zwei anderen Freunden gründeten sie die Lakeside Programmers Group, die in einer Vielzahl von Unternehmungen arbeitete, um Geld für Computerzeit zu verdienen.

Der erste Auftrag, den sie bekamen, war, ein anderes Mainframe-Timesharing-System für den PDP-10 zu testen. Die Vereinbarung war, dass sie so hart wie möglich versuchen sollten, das System zum Absturz zu bringen, genau aufschreiben sollten, was sie getan hatten, und mit freier Zeit auf dem System bezahlt wurden, die sie für die Erstellung von Spielen und anderen lustigen Projekten nutzten. Dies führte Allen und Gates in die Welt der Betriebssysteme ein, und sie entwickelten ein Verständnis dafür, wie Assembly-Code, der Code, der direkt mit der CPU arbeitet, verwendet wurde.

Der nächste Auftrag war die Erstellung eines Gehaltsabrechnungsprogramms. Es musste in COBOL programmiert werden, einer komplexeren Sprache, die Gates nicht kannte. Er wurde daher ausgeschlossen. Nach Wochen wandte sich der Rest der Gruppe an Gates mit der Bitte um Hilfe, weil sie nicht den nötigen Fortschritt erzielen konnten. Er stimmte zu, aber nur unter der Bedingung, dass er die gesamte Operation leiten würde, was den Standard für die Zukunft setzte. Das Problem war, dass die Gruppe nicht in der Lage war, die Regeln für Abzüge und Steuern ausreichend zu verstehen. Dies zeigt die Kombination aus Geschäfts- und Technologieverständnis, die Microsoft kennzeichnete. Ein weiteres frühes Programm, das sie gemeinsam entwickelten, war ein Klasseneinteilungssystem für die Lakeside-Schule, das sie von einem Lehrer übernahmen. Dies ist ein ähnlich schwieriges Problem des Verstehens und Anpassens eines Geschäftsproblems an die Programmierung.

Mit dem Aufkommen des Intel-8008-Mikroprozessors wurden Computer klein genug, um auf einen Desktop zu passen. 1974 wurde der Altair 8800 eingeführt. Es war der erste Personal Computer, der kommerziellen Erfolg hatte. Gates und Allen konnten einen BASIC-Interpreter für den Computer entwickeln und erhielten einen Lizenzvertrag, bei dem sie für jeden verkauften Computer bezahlt wurden, der mit ihrer Software lief. Dies wurde ihr erstes Produkt, aber bald folgten andere ähnliche Softwareprodukte. Microsofts ursprüngliches Geschäft bestand darin, Programmiersprachen für die Hardware zu erstellen. Sie taten dies für Fortran, BASIC und COBOL.

Das Betriebssystem des Personal Computers

Der Durchbruch für das Unternehmen kam, als sie mit IBM zusammenarbeiteten, um Software für den Personal Computer zu liefern. Ursprünglich wollte IBM BASIC und andere Programmiersprachen von Microsoft lizenzieren, fragte Gates aber auch, ob er jemanden kenne, der ihnen ein Betriebssystem liefern könnte. Zu dieser Zeit stellte Microsoft selbst kein Betriebssystem her, sondern arbeitete mit einem System namens CP/M, das von Bill Gates' Jugendfreund Gary Kildall entwickelt wurde. Gates brachte IBM mit ihm in Kontakt, und sie vereinbarten, sich in Monterey (Kalifornien) zu treffen und die Bedingungen zu besprechen.

Verschiedene Gründe wurden dafür angegeben, dass die beiden Parteien keine Einigung erzielen konnten, einschließlich der Tatsache, dass Kildall nicht bereit war, sein Hauptprodukt an IBM für eine einmalige Zahlung statt seines üblichen lizenzbasierten Systems zu verkaufen. Was auch immer die Wahrheit ist, das IBM-Team kehrte zu Bill Gates zurück und fragte, ob Microsoft stattdessen ein Betriebssystem für die Firma erstellen könnte. Paul Allen hatte einen Freund, der Kildalls Betriebssystem an den neuesten Intel-Prozessor angepasst hatte. Er nannte dies QDOS für Quick and Dirty Operating System. Allen stimmte zunächst zu, es zu lizenzieren, kaufte es aber schließlich für 50.000 Dollar. Dies sollte die Grundlage für Microsofts erstes Betriebssystem MS-DOS werden, das es unter dem Namen PC-DOS für IBM lizenzierte. Gates und Allen waren klug genug zu erkennen, dass der PC ein Massenprodukt werden würde und ihr Betriebssystem die Interoperabilität mit anderen, billigeren Computern als denen von IBM garantieren würde.

Microsofts größter Kunde in den frühen Tagen war Apple, was bedeutete, dass Gates häufig mit Steve Jobs zusammenarbeitete. Jobs entwarf den MacIntosh und wollte Microsofts Hilfe bei der grafischen Benutzeroberfläche. Jobs und Gates hatten beide Demonstrationen von Xerox Parc, einer grafischen Point-and-Click-Oberfläche gesehen, die Jobs zu einer umfassenden Vision davon entwickelt hatte, wie die GUI („graphical user interface") beschaffen sein sollte. Microsoft wurde beauftragt, bei der Entwicklung zu helfen, durfte das Konzept aber ein Jahr lang nicht mit seinem eigenen Betriebssystem verwenden. Dies führte zu dem, was Microsofts prägendes Produkt werden sollte:

Microsoft Windows. Aufgrund von Verzögerungen beim MacIntosh wurde Microsoft Windows zuerst angekündigt, was Steve Jobs wütend machte und eine ansonsten produktive Zusammenarbeit auf Eis legte. Die erste Version wurde 1985 vorgestellt. Obwohl sie wenig von der Funktionalität und Eleganz des MacIntosh-Betriebssystems hatte, lieferte Microsoft ein gutes Produkt, das schnell zum Standard für den Nicht-Apple-PC-Markt wurde.

Anwendungen für Nicht-Programmierer

Microsoft hatte bereits Produkte, die es Benutzern ermöglichten, Programme in den wichtigsten Programmiersprachen der damaligen Zeit zu schreiben, aber da das Ziel des PCs war, in jedes Haus zu kommen, war offensichtlich mehr nötig, um ihn für Nicht-Programmierer nutzbar zu machen, die die Mehrheit im PC-Markt ausmachten. Microsoft war auch das erste Unternehmen, das eine sogenannte WYSIWYG-Oberfläche („what you see is what you get") für die Textbearbeitung anbot in Form dessen, was Microsoft Word werden sollte. Microsoft entwickelte dies für Apple und vermittelte das Gefühl dafür, dass es wichtig war, andere Anwendungen anzubieten, die Nicht-Programmierer nutzen konnten. Excel wurde zum Beispiel für MacOS entwickelt, aber nicht als erste Tabellenkalkulationsanwendung. Dieser Punkt geht an VisiCalc für den Apple II. Excel zeigt, wie Microsoft in der Lage war, ein erfolgreiches Konzept aufzugreifen und kontinuierlich zu verbessern, bis es zum Standard wurde.

Im Laufe der Jahre führte die gleiche Aufmerksamkeit für Anwendungen, die von Nichtprogrammierern genutzt werden konnten, zu einer weiteren erfolgreichen Anwendung: PowerPoint. PowerPoint wurde von der Firma Forethought erworben. Andere Anwendungen, die wir heute vergessen haben, wurden ebenfalls eingeführt, waren aber nicht so erfolgreich. Dazu gehören Front-Page, Accounting und Binder. Diese Anwendungen wurden von Microsoft gebündelt und verkauft. Das Office-Paket von Microsoft ist immer noch der Standard, jetzt in Form von Office 365 als eines der größten Cloud-Produkte von Microsoft.

Das Internet

Microsoft kam spät zum Internet. Bill Gates gab später zu, dass es sie überrascht hat, aber das Unternehmen hat sich schnell angepasst, indem es Technologien entwickelte, um die Internetrevolution anzutreiben. Aufgrund des Erfolgs des Windows-Betriebssystems entschied sich Microsoft, in den Markt für Serversoftware einzusteigen. Server ähneln technisch den PCs, da sie eine CPU und eine ähnliche Architektur haben. Aber sie erfüllen unterschiedliche Anforderungen, da sie für verschiedene Arten von Aufgaben gebaut sind, wie zum Beispiel das Betreiben einer Website oder einer transaktionalen Datenbank. Microsoft entwickelte das Betriebssystem Windows NT, um die Anforderungen von Servern zu unterstützen, die 24/7 ohne Unterbrechung laufen müssen, wie zum Beispiel Webserver.

Wie es bereits bei Anwendungen der Fall war, war Microsoft nicht unter den Ersten mit Schlüsseltechnologien, folgte aber schnell nach und baute auf seiner Allgegenwärtigkeit im Bereich der Personal Computer auf. Der Internetbrowser war die entscheidende Software, da er die Schnittstelle zum World Wide Web bereitstellte. Das war etwas, was das Unternehmen, das die Schnittstelle zum PC bereitgestellt hatte, bestimmt interessant finden und in seinem Verantwortungsbereich verorten würde Um schnell auf den Markt zu kommen, näherte man sich dem Unternehmen Spyglass und lizenzierte deren Browser. Microsoft vermarktete ihn unter dem Namen Internet Explorer. Er wurde mit dem Microsoft-Betriebssystem gebündelt und zum Mittelpunkt eines hochkarätigen Kartellverfahrens, weil er den beliebten Netscape-Browser zerstörte. Microsoft verlor diesen Fall schließlich.

Microsoft entwickelte auch andere Technologien für das Internet wie den Internet Information Server (IIS). In jener Zeit unterstützte Microsoft mehr Datenverkehr auf Microsoft.com, als der verwendete Freeware-Webserver bewältigen konnte. Folglich entschied man sich, den IIS zu bauen. Er wurde in das Betriebssystem Windows NT integriert.

Das Servergeschäft war der Beginn für Microsofts zweites Standbein, das Unternehmens-Computing. Es folgten weitere Anwendungen, am bemerkenswertesten die Microsoft SQL Server-Datenbank, die zur Konkurrenz für die dominante Oracle-Datenbank wurde und heute nur noch von ihr übertroffen wird. Wie schon oft zuvor identifizierte Microsoft eine Software, die man auf den Markt bringen wollte, und fand heraus, wie das am besten zu machen war. In diesem Fall ging Microsoft eine Lizenz mit Sybase ein, die zu dieser Zeit eine ernsthafte Herausforderung für Oracle darstellte. Microsoft war nun gut unterwegs, seine allgegenwärtige Präsenz in der Unternehmenswelt aufzubauen, genau wie man es in der Welt der Personal Computer getan hatte, mit Produkten, die praktisch von jedem benötigt wurden, wie Servern und der Datenbank. Praktisch keine Software kann im Internet oder im Unternehmen ohne einen Server und eine Datenbank laufen. Dies sind auch die am häufigsten verwendeten Produktkategorien in der Cloud.

Neustart

Als eines der größten Softwareunternehmen der Welt wuchs Microsoft und schien jede Gelegenheit zu aufzugreifen, die auch nur entfernt mit Software zu tun hatte. Microsoft baute eine Medienpräsenz mit MSN und der Zeitschrift *Slate* auf, stieg in die Mobiltelefonindustrie ein und kaufte Nokia, baute die

Xbox-Spielkonsole und erstellte die Encarta-Enzyklopädie. Das Wachstum verlangsamte sich in den 2010er-Jahren, vielleicht aufgrund dieser übermäßigen Expansion in neue Bereiche, die Treffer und Fehlschläge beinhaltete. Es musste etwas geschehen.

Im Jahr 2014 trat Steve Ballmer zurück, und ein neuer CEO wurde ernannt. Die Wahl fiel auf einen internen Kandidaten: Satya Nadella. Bevor er zu Microsoft kam, hatte er bei Sun Microsystems gearbeitet, einem der frühen Giganten des Internetservergeschäfts. Bei Microsoft wurde er Präsident der Serverabteilung und arbeitete im Bereich anderer Unternehmensprodukte. Angesichts des Erfolgs der Cloud hatte Steve Ballmer ihn 2008 zum Leiter der der Werbeabteilung ernannt, bevor er ihm die Aufgabe gab, eine Antwort auf den Erfolg von Amazon Web Services zu entwickeln.

Die Ernennung von Nadella war ein eindeutiges Zeichen dafür, dass Microsoft sich auf Unternehmungen und Cloud als Zukunft der Firma konzentrieren würde. Mit Nadella kamen auch neue Richtungen in Bezug auf Grundwerte des Unternehmens. Microsoft hatte von Anfang an eine angespannte, wenn nicht gar feindselige Haltung zu Open Source. In den 1970er-Jahren hatte Gates eine Auseinandersetzung mit dem Homebrew Computer Club, der Piratenkopien seines BASIC-Interpreters herstellte. In den 1990er-Jahren erwog Microsoft, Linux, einen Open-Source-Rivalen ihrer Serverbetriebssysteme, vor Gericht zu bringen. Aber nach der Ankunft von Nadella änderten sich diese Gefühle. Microsoft unterstützte Linux, wurde Mitwirkender und trat der Linux Foundation bei. Sogar Open-Source-Alternativen zur Microsoft SQL-Server-Datenbank fanden ihren Weg in das wachsende Cloud-Geschäft.

Ein weiteres Beispiel ist Microsofts Haltung gegenüber Wettbewerbern. In früheren Jahren versuchte Microsoft, sie zu zerschlagen, wenn möglich, wie das Beispiel des Netscape-Browsers zeigt. Unter der Leitung von Nadella ging Microsoft dazu über, Partnerschaften mit Wettbewerbern aufzubauen, anstatt nur gegen sie anzutreten.

Andere bestehende Werte wurden gestärkt, wie der Fokus auf die Entwicklung einer Plattform. Microsoft kaufte GitHub, das weltweit größte Code-Repository, und erweitert Azure ständig mit entwicklerorientierten Funktionen.

Die Cloud-Plattform für die Zukunft aufbauen

Microsofts Cloud-Plattform namens Azure wurde ursprünglich 2008 unter dem Codenamen „Project Red Dog" angekündigt. Der Chief Architect nach Bill Gates, Ray Ozzie, sah klar, dass das Computing in die Cloud verlagert werden würde, und versprach eine Cloud-Computing-Plattform, die es Entwicklern ermöglichen würde, ihre Anwendungen mit der gleichen Interoperabilität, die andere Microsoft-Dienste boten, in die Cloud zu verlagern.

Jedoch erst 2010 wurde die Plattform zur allgemeinen Verfügbarkeit frei-gegeben. Die Auswahl der Dienste war begrenzt und bot grundlegende Spei-cher-, Rechen- und Netzwerkdienste, SQL-Dienste, .NET-Dienste sowie Cloud-Versionen des beliebten Dynamics CRM und SharePoint. Die anfäng-liche Aufnahme war ambivalent, aber der kontinuierliche Fokus hat Microsoft in den Stand eines großen Cloud-Computing-Anbieters erhoben.

Microsofts Profil

Microsoft ist ein breit diversifiziertes Unternehmen, das in vielen scheinbar nicht zusammenhängenden Märkten konkurriert, wie zuvor ausgeführt wurde. Dennoch ist es möglich, eine Reihe von Fäden zu erkennen, die sich durch die Geschichte ziehen und das Unternehmen erklären, wie es heute da steht.

Von einem Anfang als Softwareunternehmen, das Produkte zur Installation auf der Hardware anderer Unternehmen lieferte, über Diversifikationen in viele Richtungen, ist Microsoft nun vollständig zurückgekehrt und bietet den Kun-den Software direkt über die Cloud an. Obwohl der anfängliche Erfolg auf dem Verbrauchermarkt lag, war die Bereitstellung der Tools und Technologien, die Entwickler zur Erstellung von Lösungen benötigen, immer im Fokus von Microsoft. Die jahrzehntelange Geschichte des Unternehmens ermöglicht es uns, einige herausragende Merkmale zu untersuchen.

Schneller Nachfolger

Microsoft war schon immer gut darin, wichtige Konzepte und Trends zu er-kennen und die Marktrichtung vorherzusagen. Das Windows-basierte Be-triebssystem ist ein gutes Beispiel. Apple war der Erste und hat es gut um-gesetzt, aber nur für ihre eigenen Computer. Microsoft folgte schnell mit einem Produkt, das auf allen PCs lief, die den Intel-Mikroprozessor ver-wendeten, der zum Markstandard wurde. Ähnlich hat Microsoft die relationale Datenbank nicht erfunden, aber aufgrund des Erfolgs von Oracle beschlossen, mit MS SQL Server in den Markt einzutreten, der zusammen mit Oracle do-minierte. Das Gleiche gilt für die Cloud: AWS war der Erste, der einen robus-ten Markt aufwies, und Microsoft erkannte das im Jahr 2008 und beschloss zu folgen. Heute steht Microsoft an der absoluten Spitze der Cloud-Industrie.

Früh veröffentlichen und reparieren

Microsoft hat eine Geschichte des Veröffentlichens von fehlerhafter Software oder von Systemen, die nicht alle erwarteten Funktionen bedienen, wie das Windows-Betriebssystem zeigt. Danach arbeitet das Unternehmen hart daran, die Mängel mit rasch aufeinander folgenden Releases und Patches zu beheben und das System zu verbessern. Dies kann eine Weile dauern, und oft sind mehrere Produktversionen erforderlich, um dies zu erreichen. Die Philosophie besteht darin, das Produkt in Verbindung mit der Kundennachfrage zu entwickeln, um auf dem Markt zu sein, anstatt weitere Zeit damit zu verbringen, auf die perfekte Version zu warten. Die Philosophie scheint zu sein, dass es besser ist, das Produkt dort draußen zu platzieren und anschließend zu erfahren, was der Markt sonst noch braucht.

Erbauer von Ökosystemen

Microsoft ist gut darin, vollständige Service-Ökosysteme aufzubauen. Das . Net-Framework wurde von Grund auf als Konkurrent zum damals beliebten Java-Programmierframework entwickelt. Microsoft hat grundlegende Technologien und Programmiersprachen erfunden, die es Entwicklern ermöglichen, jede Art von Anwendung zu erstellen, ohne jemals das Microsoft-Technologieökosystem zu verlassen. Microsoft hat es geschafft, dies in die Cloud zu integrieren, mit Azure-Diensten, sodass Entwickler mehr oder weniger nahtlos von einer On-Premise-Programmierwelt in die Cloud wechseln können.

Unternehmensbereit

Aufgrund seiner Konzentration auf grundlegende Software wie das Betriebssystem, die Office-Suite, die Microsoft SQL-Server-Datenbank und das .Net-Programmierframework hat Microsoft enge Beziehungen zu Unternehmen aller Größen in allen Branchen weltweit gepflegt. Diese Position wird ansonsten nur von IBM erreicht. Wenn es um Unternehmensanwendungen geht, liegt der Fokus auf kleinen und mittleren Unternehmen. Ein Beispiel ist der Systemmarkt für ERP (Enterprise Resource Planning), auf dem Microsofts Produkte nie wirklich mit den großen Lösungen von SAP und Oracle konkurrierten. Allerdings hat Microsofts vielfältiges Portfolio dafür gesorgt, dass die Vertriebsmannschaft Produkte für jeden Typ von Unternehmenskunden hat.

Fokus auf grundlegende Technologien

Angefangen mit der Bereitstellung von Programmiersprachen und Betriebs-systemen hat Microsoft eine gute Erfolgsbilanz bei grundlegenden Techno-logien, die Entwickler zur Erstellung von Lösungen verwenden. Die Office-Suite etwa ist tatsächlich auch eine grundlegende Technologie für praktisch jeden Büroangestellten. Microsoft ist gut darin, die Bausteine wie Server, Datenbanken, Zugriffskontrolle usw. zu erkennen und Lösungen zu liefern, die fast universell von Entwicklern zur Zusammenstellung von Lösungen über-nommen werden. Dies hat sich in die Cloud ausgeweitet, wo IaaS und PaaS alle grundlegenden Technologien zur Erstellung neuer Lösungen liefern.

Zusammenfassung

Im Laufe der Jahre scheint Microsoft sich mit allem beschäftigt zu haben, was nicht nur mit ihrem ursprünglichen Fokus auf Software, sondern auch mit ge-legentlichen Experimenten mit Hardware zu tun hat, wie es bei der Xbox der Fall war. Microsoft hat sogar das Medien- und Werbegeschäft kultiviert. Wenn Microsoft einen Markt für etwas sieht, findet das Unternehmen einen Weg, in diesen Markt einzutreten.

Die Geschichte zeigt drei grundlegende Muster, wie man das tut. Man könnte versuchen, das Konzept so gut wie möglich zu kopieren und es schrittweise zu verfeinern. Das wurde mit dem Windows-Betriebssystem und der Office-Suite gemacht. Oder man könnte es lizenzieren und auf eine neuartige Weise verbessern oder verpacken, was die Vorgehensweise war, um in den Betriebs-system-, Datenbank- und Browsermarkt einzutreten. Microsoft entwickelt auch Angebote von Grund auf; dies war die Art und Weise, wie die Xbox er-stellt wurde. Im Laufe der Jahre wurden diese verschiedenen Ansätze in unter-schiedlichem Maße eingesetzt, aber immer mit einem scharfen Blick darauf, ein Produkt zu haben, das eine identifizierte Chance bedient.

Microsoft hat nie Angst gehabt zu experimentieren und neue Arten von Pro-dukten auf den Markt zu bringen. Viele von ihnen bleiben hinter den Er-wartungen zurück. Microsoft reagiert in der Regel, indem man versucht, Feh-ler zu beheben und das Produkt zu verbessern, bis es den Marktanforderungen entspricht. Aber das Unternehmen ist auch mutig und klug genug, ein Produkt einzustellen, wenn es keinen Markt dafür gibt.

Microsoft war selten ein visionäres, bahnbrechendes Unternehmen, das neue Funktionen erfand, von denen die Kunden nicht einmal wussten, dass sie sie haben wollten. Vielmehr hat Microsoft ein gutes Gespür dafür, wohin der

Markt geht, auch wenn die Firma manchmal etwas spät dran ist, wie die Erfahrungen mit dem Internet und Mobilgeräten gezeigt haben. Unter der Führung von Nadella hat sich der Stil zu einer Kultur der Partnerschaft und Zusammenarbeit gewandelt, anstatt Wettbewerber zu bekämpfen und Open-Source-Initiativen zu unterdrücken.

Amazon

Es ist vielleicht nicht sofort ersichtlich, wie ein Onlinehändler, der Bücher und CDs verkauft, zur Geburt der Cloud-Computing-Industrie beigetragen hat. In den vorherigen Kapiteln haben Sie erfahren, wie verschiedene Einzelpersonen und Technologieunternehmen auf Cloud Computing hingewiesen und verschiedene Teile davon entwickelt haben. Einige haben sogar versucht, es zu vermarkten, aber erst als Amazon alles zusammenfügte und die Vision für die Umsetzung hatte, materialisierte sich Cloud Computing als tragfähiges Geschäft. Die Geschichte von Amazon ist in vielerlei Hinsicht die Geschichte der Geburt des Cloud Computing.

Die Geschichte von Amazon

Die Geschichte von Amazon ist die Geschichte seines CEO und Gründers Jeff Bezos. Er war ein begabtes Kind, das in ziemlich jedem Bereich hätte glänzen können. Nach Abschluss seines Masterstudiums in Elektrotechnik und Informatik an der Princeton-Universität hatte Jeff Bezos seine erste Anstellung bei einem FinTech-Start-up. Das hat letztendlich nicht geklappt, und er wechselte zu einer Unternehmenskarriere, die ihn zu der Wall-Street-Firma D. E. Shaw & Co. führte, die von David E. Shaw gegründet wurde. Obwohl Bezos nicht vorhatte, in der Finanzbranche zu arbeiten, sprachen ihn Shaws Hintergrund als Informatiker und sein Charakter an. Shaw war, wie Bezos es später beschrieb, sowohl rechts- als auch linkshirnig.

© Der/die Autor(en), exklusiv lizenziert an APress Media, LLC, ein Teil von
Springer Nature 2024
A. Lisdorf, *Grundlagen des Cloud Computing*,
https://doi.org/10.1007/979-8-8688-0089-4_7

Ursprünge

D.E. Shaw & Co. war nicht der typische Wall Street Hedgefonds. Es war eines von mehreren Unternehmen – wie Renaissance und Bridgewater –, die den Einsatz von Daten und Computern zur Entscheidungsfindung und zum Geldverdienen in den Finanzmärkten vorantrieben. Aber D.E. Shaw & Co. war in einem anderen Sinne besonders, da es nicht davor zurückschreckte, selbst Unternehmen zu gründen und zu führen. Es sah sich nicht einmal als Hedgefonds. Das Unternehmen befürwortete den Einsatz von Wissenschaft zur Bestimmung der besten Entscheidungen, etwas, das Bezos mit zu Amazon nehmen sollte. Eine weitere Praxis, die D.E. Shaw & Co. auszeichnete, war seine Rekrutierungsstrategie. Diese zielte nur auf Absolventen von Eliteuniversitäten ab, was üblich war, wobei es aber ungewöhnlich war, dass man Generalisten suchte. Man durchsuchte die Listen der Top-Universitäten auf Auszeichnungen hin und lud die betreffenden Personen zu Vorstellungsgesprächen ein, die von einem Team bei D.E. Shaw & Co. durchgeführt wurden. Der Fokus auf Wissenschaft und rigorose Entscheidungsfindung, Rekrutierungsstrategie und andere Teile der Unternehmenskultur hinterließen einen bleibenden Eindruck bei Bezos, und er sollte vieles davon als Saatgut für Amazon mitnehmen.

In dieser Umgebung gedieh Bezos und entwickelte sich als Führer. Innerhalb von 4 Jahren arbeitete er sich zum Vizepräsidenten hoch. Um 1994 bot sich dem Unternehmen die Möglichkeit des Internets. David Shaw hatte Erfahrung mit dem Internet und seinem Vorgänger ARPANET als Forscher, was zu seiner Begeisterung für dessen Möglichkeiten beitrug. Bezos verfügte nicht über die gleiche direkte Erfahrung, war aber dafür verantwortlich, zu bestimmen, wie das Internet für Geschäftsmöglichkeiten genutzt werden könnte.

Sie überlegten verschiedene Möglichkeiten, wie Unternehmen vom Internet profitieren könnten. Eine Idee war, einen kostenlosen E-Mail-Dienst zu schaffen, der durch Werbung finanziert wurde und Juno hieß. Dieser wurde gebaut und später verkauft. Eine andere Idee war ein Finanzdienst, der es den Nutzern ermöglichte, Aktien online zu handeln, genannt FarSight. Beide Beispiele zeigen, dass die Vision schon ein Jahrzehnt vor Gmail und Onlinehandelsplattformen wie Etoro und Robinhood vorhanden war, die zu milliardenschweren Unternehmen wurden. Es war jedoch eine dritte Idee, die den größten Unterschied ausmachen würde. Die Idee war, einen auf dem Internet basierenden Onlineshop zu bauen, genannt The Everything Store.

Bezos überlegte, ob er an der Wall Street bleiben und weiterhin gutes Geld verdienen oder den Sprung wagen und selbst ein Geschäft gründen sollte. Er entschied sich für Letzteres und beschloss, die Idee von The Everything Store selbst auszuprobieren. Er teilte Shaw mit, dass er gehen würde, aber Shaw wollte, dass er das Unternehmen innerhalb von D.E. Shaw & Co. aufbaute. Für Bezos gab es jedoch kein Zurück mehr.

Er verließ New York und ging in den Westen der USA, um The Everything Store aufzubauen. Eine solche Handelsplattform konnte jedoch nicht damit beginnen, jedem alles anzubieten, also erstellte er eine Liste möglicher Produktkategorien, mit denen er beginnen könnte, einschließlich Computersoftware, Bürobedarf, Kleidung und Musik. Schließlich entschied er sich für Bücher, da sie eine reine Ware waren. Ein Buch in einem Laden war genau das gleiche wie in einem anderen Laden. Ein weiterer Faktor war, dass die Verteilung einfach war, da es in den Vereinigten Staaten nur zwei große Buchvertriebe gab.

Das Unternehmen wurde schließlich Amazon genannt, weil Waren hindurch fließen würden wie Wasser durch den größten Fluss der Erde. Aufgrund von steuerlichen Überlegungen wurde Amazon in Seattle und nicht in Kalifornien gegründet, was die übliche Wahl für Internet- und Software-Start-ups war. Amazon war nicht das erste Unternehmen, das Waren oder sogar Bücher online verkaufte, und man hatte dort keine magische Formel oder eine Silberkugel, die dem Unternehmen zum Erfolg verhalf. Vielmehr baute der Erfolg auf viele kleine Entscheidungen auf, die sich im Laufe der Zeit summieren sollten. Ein Beispiel war der Besitz eigener Lagerhäuser, anstatt die Lagerhaltung outzusourcen. Das ermöglichte es Amazon die vollständige Kontrolle über die Verpackungs- und Versandprozesse. Ein weiterer Aspekt war der unerbittliche Fokus auf das Kundenerlebnis, der dazu führte, dass Amazon die zu jener Zeit kulanteste Rückgabepolitik einführte. Dies war zu einer Zeit von entscheidender Bedeutung, als das Internet noch nicht gut bekannt oder vertrauenswürdig war. All diese Dinge bereiteten Amazon den Weg, ein Onlineeinzelhandelsriese zu werden.

Überleben des Dot-Com-Crashs

Amazon verbrachte die 1990er-Jahre mit dem Aufbau von Lagern und seiner Lieferkette und optimierte das operative Geschäft. Das Modell entsprach einem traditionellen Einzelhändler, wobei der einzige Unterschied darin bestand, dass es kein physisches Geschäft gab, nur ein virtuelles. Energie wurde in den Aufbau von Betriebs- und Vertriebsprozessen gesteckt. Aber der Dot-Com-Crash im Jahr 2001 zwang Amazon dazu, sein Geschäftsmodell zu überdenken und sich anzupassen. Amazon war noch nicht profitabel, weil das Unternehmen sämtliche Mittel, die es erübrigen konnte, in die Entwicklung seines Geschäfts reinvestierte. Es war daher besonders anfällig in einer Situation, in der Kapital nicht in dem Maß verfügbar war, wie dies während der Dot-Com-Hochkonjunktur der Fall war.

Der erste Schritt, der darauf abzielte, Kapital hereinzubringen, war ein Deal mit Toys „R" Us, um deren Spielzeug auf Amazon zu verkaufen. Dies brachte nicht nur Volumen und Cashflow in das Geschäft, es setzte Amazon auch auf das Gleis, sich von einem traditionellen Einzelhändler in ein Plattformunternehmen zu verwandeln, das heißt, ein Unternehmen, das einen Service oder Marktplatz als Vermittler zwischen Käufern und Verkäufern anbietet. Die Amazon-Plattform war eine Technologieplattform, auf der Käufer eines ständig wachsenden Sortiments von Waren Verkäufer finden konnten.

Weil Amazon aus der Einzelhandelsbranche kam, war es an niedrige Margen und hohe Volumina gewöhnt. Wenn Sie ein Buch verkaufen, verdienen Sie sehr wenig. Deshalb ist es wichtig, eine große Stückzahl zu verkaufen. Während etablierte Technologieunternehmen wie Oracle nur einen leichten Rückgang ihrer Gewinne sahen, wurde Amazon in einem schwachen Markt viel härter getroffen. Das bedeutete, dass der einzige Weg für Amazon, seine Rentabilität zu erhöhen, darin bestand, Kosten zu senken.

Dies hatte ein paar Konsequenzen, die sich als sehr wirkungsvoll für das Unternehmen erweisen sollten. Im Jahr 2002 wartete Bezos mit einer Antwort auf. Er hatte immer die typische Silicon-Valley-Philosophie gehabt – dass es besser ist, dezentrale und autonome Teams zu haben als eine große zentralisierte Unternehmensbürokratie –, aber er ging damit einen Schritt weiter als die meisten Unternehmen. Zunächst einmal schaffte Bezos Einzelgespräche mit direkten Berichten ab. Dies machte Zeit frei, die normalerweise für Statusupdates und Unternehmenspolitik aufgewendet wird, und stellt sie für die Lösung von Problemen zur Verfügung.

Als Nächstes führte er die Zwei-Pizza-Team-Regel ein. Jedes Team bei Amazon musste aus maximal zehn Personen bestehen, also der Größe, die durch zwei Pizzen zu ernähren sind. Die Teams sollten autonom sein und nur nach einer Fitnessfunktion bewertet werden. Eine Fitnessfunktion ist ein Begriff aus der Evolutionsbiologie, der beschreibt, wie fit ein Organismus sein muss, um in seiner Umgebung zu überleben. Diese Funktion musste eine tatsächliche Messgröße sein, die Bezos verfolgen und genehmigen konnte. Ein Beispiel ist das Team, das für die Suchfunktion auf der Amazon-Website verantwortlich ist. Für dieses Team konnte etwa die Anzahl der Klicks bei einer Suche eine Fitnessfunktion sein. Je mehr Leute ein Produkt anklickten, desto fitter waren die Mitarbeiter bei der Ausführung dessen, was sie tun sollten. Um dies zu erreichen, hatten sie vollständige Autonomie. In der Praxis erwies es sich jedoch als schwierig für Teams, immer diese eine Gleichung zu finden, die beschrieb, was sie tun sollten. Aber die Grundidee blieb bestehen.

Eine weitere berühmte Optimierung aus derselben Zeit war die Einführung von Storytelling. Bezos war es leid, PowerPoint-Präsentationen zu sehen, da er das Gefühl hatte, dass sich Menschen hinter Aufzählungspunkten verstecken und ihre Ideen nicht vollständig durchdenken. Als Konsequenz verbot er PowerPoint-Präsentationen und führte stattdessen Storytelling ein. Die Person, die eine Idee präsentierte, musste diese als Erzählung formulieren und als Aufsatz schreiben, der dann zu Beginn des Meetings an alle Teilnehmer verteilt wurde. 15 Minuten oder mehr wurden für das Lesen eingeplant. Nach einer ersten Testphase wurde die Länge der auf sechs Seiten begrenzt, da einige Teams bis zu 60 Seiten einreichten. Wenn die Idee mit einem Produkt oder Feature zu tun hatte, musste die Erzählung aus der Sicht des Kunden geschrieben werden und sollte die Ideen so darlegen, wie der Kunde sie wahrnehmen würde, so eine weitere Änderung. Erreicht wurde dies, indem die Erzählung als fiktive Pressemitteilung für das fertige Produkt geschrieben wurde, was noch heute das Standardformat für alle neuen Ideen bei Amazon ist.

Neuausrichtung

Um 2003–2004 begann der Erfolg von Technologieunternehmen wie eBay und Google, sich auf Amazon negativ auszuwirken, da die Wall Street Amazon als einen weiteren Einzelhändler und nicht als Technologieunternehmen betrachtete. Dies führte dazu, dass die Bewertung von Amazon sank. Bezos war daher darauf bedacht, das Unternehmen von einem langweiligen, kaum profitablen Onlinehändler zu einem aufregenden Technologieunternehmen umzuorientieren. Dies sollte durch Erfindungen erreicht werden. Zu dieser Zeit gründete er ein Entwicklungszentrum in Kalifornien, um Innovationen zu beschleunigen und leichter Talente anzuziehen. Nach dem Erfolg von Google war die Suchfunktion ein wichtiger Schwerpunkt, und so wurde die Funktion „Suche im Inneren", zusammen mit vielen anderen technischen Ideen, entwickelt.

Amazon war nun zehn Jahre alt, und seine Kennzahlen waren nicht glatt oder kohärent. Die Infrastruktur wurde mit „Klebeband und Reparaturset" zusammengehalten, bildlich gesprochen. Jeder Tag war ein Kampf, um Brände zu löschen und sicherzustellen, dass die Dienste liefen. Amazon hatte die Verwaltung der Websites von Target und Borders übernommen, was die Herausforderungen hinsichtlich der Infrastruktur nur verschärfte. Der Ausweg bestand in einer Vereinfachung. In dieser Zeit baute Amazon seine Technologieinfrastruktur von großen, klobigen Lösungen um auf ein System, das auf unabhängigen und in sich geschlossenen Teilen basiert, die leicht verbunden werden konnten. Upgrades oder Korrekturen eines Teils brachten nicht die gesamte Lösung zum Erliegen, solange dieser sich gegenüber anderen verbundenen Modulen noch genauso verhielt.

Der Prozess der Vereinfachung der Infrastruktur war ein Erfolg, aber obwohl Amazon wahrscheinlich zu den besten der Welt gehörte, wenn es darum ging, die benötigte Infrastruktur für interne Teams zu schaffen, wurden Innovationen immer noch behindert. Oft hörte Bezos während der sechsseitigen Storytelling-Präsentationen an das Führungsteam, dass tatsächliche Proof-of-Concepts nicht durchgeführt werden konnten, weil die notwendige Infrastruktur für die Erprobung der neuen Funktionen oder Projekte nicht existierte. Nachdem interne Prozesse angegangen und erstklassige Abläufe

etabliert worden waren, war es an der Zeit, sich auf die Technologie zu konzentrieren.

Bezos wurde von einem Buch von Steve Grand mit dem Titel *Creation* beeinflusst. Das Buch basierte auf Grands Erfahrung beim Bau des Spiels Creatures,
das es den Spielern ermöglichte, künstliches Leben auf dem Computer auf der
Basis von grundlegenden Bausteinen zu erschaffen und zu sehen, wie es sich
entwickelt. Das Buch beschrieb, wie man intelligentes künstliches Leben kre-
iert, indem man einfache Rechenmodule entwirft, die als Stammfunktion bezeichnet werden. Diese wurden ähnlich wie genetische Bausteine gesehen, die
das Leben schaffen. Das Leben sollte sich wiederum durch die Auswahl selektiver Umwelteinflüsse entwickeln. Dies war eine Idee, die Bezos bereits im
Kopf hatte, als die autonomen Teams gebeten wurden, eine Fitnessfunktion
auf der gleichen Grundlage bereitzustellen. Der Absicht war nun, dass Amazon
es internen Teams ermöglichen sollte, schnell Dienste zu erstellen und die
Kunden auswählen zu lassen, welche davon fit waren und so Selektionsdruck
ausübten.

Das bedeutete, dass Amazon die Stammfunktionen liefern musste, die die internen Teams benötigten, um schnell diese Dienste für Kunden zu erstellen.
Bezos führte Brainstorming-Sitzungen mit Ingenieuren darüber durch, wie
diese Stammfunktionen beschaffen sein könnten, was in einer Checkliste resultierte. Jedes Team erhielt eine dieser Stammfunktionen zur Entwicklung.

Parallel dazu führte Bezos Gespräche mit Tim O'Reilly über das, was als Web
2.0 bekannt geworden war, ein offeneres Netz, das sich direkter mit den Kunden auseinandersetzte als das ursprüngliche eindirektionale Web. Mit Web 2.0
hielten soziale Schichten und mehr Integration über Dienste hinweg Einzug.
Obwohl Bezos zunächst nicht klar war, welchen Nutzen dies für Amazon bringen würde, war er schließlich von der Idee überzeugt und stellte Amazon-An-
gebote sowie andere Informationen in einer API (Application Programming
Interface, Programmierschnittstelle) zur Verfügung, nicht nur für interne Entwickler, sondern auch für Entwickler von Drittanbietern. Amazon öffnete sich
für die Außenwelt, und Tools sollten Entwicklern zur Verfügung gestellt werden. Dies fiel mit der ersten Amazon-Entwicklerkonferenz zusammen. Amazon
war auf dem Weg, ein echtes Technologieunternehmen zu werden.

Erstellen von Stammfunktionen

Ende 2004 entschied sich der IT-Infrastrukturmanager des Unternehmens,
Chris Pinkham, in seine Heimat Südafrika zurückzukehren. Anstatt das Unternehmen zu verlassen, durfte er ein neues Entwicklungszentrum in Südafrika
gründen. Er stimmte zu, und in einer Brainstorming-Sitzung wurden mehrere
mögliche Projekte identifiziert. Dasjenige, für das man sich entschied, war ein
Dienst, der es einem Entwickler ermöglichte, jede Anwendung auf den Ser-

vern von Amazon auszuführen. Sie planten, das Open-Source-Tool Xen zu verwenden. Die Entwicklungsaufwand sollte schließlich zur Elastic Compute Cloud, oder EC2, führen, die zum Motor des Cloud Computing oder genauer gesagt, Infrastructure as a Service (IaaS) werden sollte. Wenn Sie einen PC oder einen Server einschalten, stellt er Ihnen Rechenleistung zur Verfügung. Darauf können Sie Software installieren und entwickeln. Der EC2-Dienst bot grundlegende unbegrenzte Rechenleistung, wie sie auch ein normaler Personal Computer oder Server bietet.

Ein weiteres Team in den Vereinigten Staaten – ohne den Luxus, auf der anderen Seite der Welt zu arbeiten – stand hingegen unter ständiger Beobachtung von Bezos. Man arbeitete daran, Speicherplatz über Webdienste bereitzustellen. Unbegrenzter Speicherplatz ohne Ausfallzeiten lautete die Anforderung. Dieser Ansatz wurde zum Simple Storage Service (S3), der es Entwicklern ermöglichte, jede Art von Datei über einen Webdienst zu speichern und abzurufen. Speicherplatz war bis zu diesem Zeitpunkt eine Eigenschaft des Computers oder Netzwerks, daher war dies ein weiterer großer Fortschritt.

Beide Dienste wurden 2006 eingeführt und waren sofort erfolgreich. Da Rechenleistung und Speicherplatz einige der grundlegendsten Stammfunktionen eines jeden Computerprogramms sind, trafen sie direkt ins Herz schnell wachsender Unternehmen wie Start-ups. Anstatt Geld von Risikokapitalgebern aufbringen zu müssen, um genügend Geräte zu kaufen, konnten Unternehmen einfach anfangen, Anwendungen zu erstellen, um zu sehen, ob sie funktionierten, und sie dann im Self-Service skalieren. Dies war umwälzend. Interne und externe Entwickler konnten gleichermaßen ihre Programme auf den Computern von Amazon gegen eine stündliche Gebühr über eine Webdienst-API ausführen. Bezos dachte dabei an eine Dienstleistung wie Strom und wollte sie zu Discountpreisen in großen Mengen anbieten, so wie Amazon es im Einzelhandelsgeschäft tat. So half Amazon Start-ups, neue Cloud-Dienste zu schaffen. Etablierte Cloud-Unternehmen wie Netflix lagerten ihre Infrastruktur von ihrem eigenen Rechenzentrum aus. Auf diese Weise sollte Amazon den Aufstieg des Cloud Computing wie kein anderes Unternehmen vorantreiben.

Dies war der Beginn von Amazon Web Service (AWS) und das erste echte Cloud-Angebot von IaaS. Wie bei jedem neuen Unternehmen brauchte es jedoch einen Anführer. Die Suche ging intern weiter, und der Harvard-Business-Absolvent Andy Jassy wurde für den Job ausgewählt. Er sollte diesen Zweig zu Amazons profitabelstem Geschäft machen und endlich beweisen, was Bezos schon immer behauptet hatte, dass Amazon ein Technologieunternehmen ist.

Profil von Amazon

Obwohl die Geschichte von Amazon vergleichsweise kurz ist, hat das Unternehmen eine Reihe von Veränderungen durchlaufen und sich in viele verschiedene Geschäftsbereiche verzweigt. Es gibt eine gewisse Kontinuität aus den frühesten Zeiten, die durch seine Geschichte hindurchscheint. In diesem Abschnitt werden einige gemeinsame Merkmale hervorgehoben.

Geschäft über Technologie

Während Technologieunternehmen oft durch eine technische Neuerung oder Erfindung zu ihren Geschäften motiviert wurden, scheint bei Amazon das Gegenteil der Fall zu sein. Was auch immer man technisch aufgebaut hat, es war die Reaktion auf ein geschäftliches Problem oder eine geschäftliche Gelegenheit. Von Anfang an wurde die Internettechnologie genutzt, um die Herausforderung Onlineverkauf zu lösen. Die sechsseitige Erzählung stellte sicher, dass immer eine klare Geschäftsidee vorlag, bevor etwas in Angriff genommen wurde. Amazon ist ein Technologieunternehmen, das stark auf technologische Innovation angewiesen ist, aber der Treiber für Entscheidungen und Investitionen ist die Frage, ob es ein geschäftliches Anliegen gibt, und nicht, ob die Technologie außergewöhnlich oder interessant ist.

Niedrige Margen und hohes Volumen

Technologieunternehmen, insbesondere in der Softwareindustrie, arbeiten traditionell mit hohen Margen. Wenn ein Softwareprodukt verkauft wird, benötigt es wenig oder gar nichts zur Produktion und Lieferung, sobald es entwickelt ist. Wenn die Produktionskosten nahe Null liegen, sind nur die Entwicklungskosten relevant. Auf diese Weise können hohe Margen erzielt werden. Da die Verkaufszyklen lang sind und in der Regel an größere Projekte gebunden sind, ist das Volumen der verkauften Einheiten vergleichsweise gering. Die Softwareindustrie war schon immer eine Industrie mit geringem Volumen und hohen Margen.

Amazon hat dies umgedreht. Man übertrug die Einzelhandelsphilosophie des Verkaufs hoher Mengen zu niedrigen Margen auf die Technologieindustrie. Dies konnte nur erreicht werden, weil es für AWS keinen Verkaufszyklus gab. Kunden kaufen die Cloud-Dienste selbst online. Aufgrund der Skaleneffekte, von denen auch große Einzelhändler profitieren, kann Amazon Dienstleistungen günstiger anbieten als andere Konkurrenten .

Dezentrale und autonome Teams

Die Regel der Zwei-Pizza-Teams bedeutet, dass Amazon einen anderen Weg als die meisten Unternehmen eingeschlagen hat, die eine zentrale Hierarchie entwickeln, wenn sie wachsen. Anstatt eine größere organisatorische Hierarchie mit mehreren Ebenen von Managern aufzubauen, wird kleineren Teams die autonome Entwicklung von Produkten und Funktionen anvertraut. Dies passt gut zu Amazons Fokus auf die Entwicklung von Stammfunktionen, die von einem einzigen Team ausreichend verwaltet werden können. Es erfordert auch, dass die Teams präziser über den Zweck ihrer Arbeit nachdenken. Die Kehrseite ist, dass es keine Koordination in Richtung eines größeren Plans gibt: Autonome Teams entwickeln nicht auf magische Weise eine umfassende Vision.

Vorankommen durch Experimente

Amazon ist nie davor zurückgeschreckt zu experimentieren oder zuzugeben, wenn ein Experiment fehlgeschlagen ist. Bezos verfolgt einen darwinistischen Ansatz zur Entwicklung, bei dem Experimente als Lebensformen betrachtet werden. Nur indem Ideen so schnell wie möglich im echten Leben zum Kunden gebracht werden, kann man erfahren, ob es sich um lebensfähige Ideen handelt. AWS selbst basierte auf Experimenten. Zuerst experimentierte Amazon damit, seinen Katalog und andere Themen für das Internet zu öffnen. Dann baute man Stammfunktionen für die Infrastruktur und setzte schließlich diese Experimente zu Produkten zusammen, um sie an Kunden zu verkaufen.

Einfaches, modulares Design

Amazon Web Services begann mit der Erkenntnis, dass es notwendig war, Stammfunktionen zu entwickeln, die kombiniert und wieder anders kombiniert werden konnten, um sich ständig weiterzuentwickeln zu neuen Kreationen. Ein Produkt an sich muss Sinn machen und gut definierte Schnittstellen haben, anstatt umfassend und allumfassend zu sein. Je einfacher ein Produkt ist, desto nützlicher ist es, um neue und unerwartete Lösungen zu schaffen. Gute Beispiele dafür sind die beiden ersten Dienste: EC2 und S3. EC2 bietet Rechenleistung, und S3 bietet Speicher. Beide sind einfach und gut definiert und haben sich nicht, wie die meisten anderen Softwarelösungen, zu sogenannter *Bloatware*, voll von unzähligen Funktionen, von denen Kunden nur wenige tatsächlich benötigen, entwickelt. Es sind immer noch sehr grundlegende modulare Produkte. Durch die Einfachheit und Modularität der Produkte sind sie leichter zu verwalten und widerstandsfähiger. Andere von Amazon entwickelte Dienste waren ähnlich überschaubar und konzentrierten sich auf eine gut definierte Funktion, anstatt die Anzahl der Funktionen kontinuierlich zu erweitern.

Fokus auf das Kundenerlebnis

Wenn es eine Sache gibt, bei der Amazon unerbittlich war, dann ist es der Fokus auf das Kundenerlebnis. Es gibt viele Beispiele, bei denen dieser Punkt gegenüber dem Shareholder Value und dem Wohlergehen der Mitarbeiter priorisiert wurde. Alle Unternehmen müssen in gewissem Maße auf Kunden ausgerichtet sein; wenn sie keinen Wert liefern, werden sie aufhören zu existieren. Aber Amazon hat das Kundenerlebnis in seinen Kern integriert. Beispiele dafür sind die Pressemitteilung als Format für eine Idee. Die Pressemitteilung beschreibt, wie sich das fertige Produkt für den Kunden anfühlt. Frühere Beispiele sind die liberale Rückgabepolitik und ein kontinuierliches Bestreben, die Preise durch starken Druck auf die Lieferanten zu senken.

Technische Innovation und Mitwirkendung an Open-Source

Aufgrund von Amazons Fokus auf Volumen stand man vor technischen Herausforderungen, mit denen noch kein anderes Technologieunternehmen konfrontiert war. Während Microsoft zwar etwas Internetverkehr hatte, gab es weder dort noch bei irgendeinem anderen Technologieunternehmen jemals Hunderttausende von Onlinetransaktionen pro Sekunde. Das bedeutete, dass die Technologie, die Amazon für seine Anwendungsfälle benötigte, einfach von keinem anderen Technologieunternehmen entwickelt wurde. Folglich musste man von Grund auf neu beginnen und bestimmte Technologiekomponenten selbst entwickeln. Viele davon wurden anschließend entweder als Konstruktionspläne oder als Open-Source-Softwareprojekte veröffentlicht. Amazons pragmatische Einstellung zur Technologie als bloßes Mittel zum Zweck, gepaart mit dem Fokus auf niedrige Kosten, bedeutet, dass das Unternehmen selbst auch ein großer Nutzer von Open-Source-Projekten ist. Das erste Cloud-Produkt, EC2, basierte auf Open-Source-Designs. Viele aktuelle AWS-Produkte sind einfache Cloud-Versionen von gängigen Open-Source-Tools.

Zusammenfassung

Amazons Ursprünge als Einzelhändler zeigen sich deutlich in der Art und Weise, wie das Unternehmen die Cloud anging. Im Gegensatz zu einem traditionellen Technologieunternehmen, das in der Regel hohe Margen und größere Verkäufe einer begrenzten Anzahl von Produkten anstrebt, verkauft Amazon in hohen Mengen und zu niedrigen Margen. Wie ein Einzelhändler hat Amazon sein Geschäft um hohes Volumen, kleine Margen und eine breite Auswahl herum geschaffen. Man hat nie versucht, große umfassende Produkte zu erstellen, die alle benötigten Funktionen liefern. Vielmehr wurden ihre Produkte modular konzipiert. Sie müssen an sich Sinn machen. Ebenfalls auffällig ist, dass „Sinn machen" aus der Perspektive des Kunden definiert wird. Von seiner Gründung an konzentrierte sich Amazon vor allem auf das Kundenerlebnis.

Diese Art der Produktgestaltung für Stammfunktionen passt zu der Art und Weise, wie sie verkauft werden, was Amazon auch von anderen Technologieunternehmen wie IBM, Oracle und Microsoft unterscheidet, wo es häufige Interaktionen mit Kunden und große Verkaufsteams gibt, die mit den Kunden in Kontakt stehen, um sie zu beraten, zu informieren und Lösungen zu verkaufen. Dieses Modell funktioniert gut mit großen Kunden, die in der Regel eine größere Bürokratie und längere Verkaufszyklen aufweisen.

Amazon hingegen entschied sich dafür, Software-Dienstleistungen in kleinen Teilen zu verkaufen, die an sich Sinn machen und mit wenig oder keiner Anleitung verwendet werden können, weil sie so simpel sind. Dies passte perfekt zu den kleinen autonomen Teams, die es intern bei Amazon gibt. Solche Teams sind in kleinen und mittleren Unternehmen und sogar in isolierten Teams in größeren Unternehmen verbreitet. Deshalb lag die anfängliche Anziehungskraft bei Start-ups. Dieser Ansatz hat sich im Laufe der Jahre erheblich verändert, weil Amazon in Schulungsressourcen investiert hat und sogar den Verkaufsstab erweitert hat, um größere Kunden anzuziehen und Regierungsaufträge zu bekommen.

Amazons bestehender Schwerpunkt auf schneller Expansion und Experimenten, gepaart mit einem pragmatischen Geschäftssinn, hat das Unternehmen in viele verschiedene Richtungen geführt und wird dies wahrscheinlich auch weiterhin tun.

Google

Von allen großen Cloud-Anbietern ist Google aufgrund seiner Allgegenwart und Nutzung durch Verbraucher vielleicht derjenige mit der größten Marken-bekanntheit. Das Unternehmen wird laut Forbes nur von Apple als wertvollste Marke übertroffen. Google ist auch der jüngste der fünf Cloud-Anbieter. We-nige Unternehmen können behaupten, stärker in das Internet und seine Ent-wicklung eingebunden zu sein. Während andere Unternehmen sich an die Cloud anpassten, wurde Google in der Cloud geboren und trieb die Ent-wicklung vieler Technologien voran, die heute die Cloud antreiben. Um zu ver-stehen, wie es dazu kam, betrachten wir, wie ein kleines Wissenschaftsprojekt zu einer dominierenden Kraft im Cloud Computing wurde.

Die Geschichte von Google

Google wurde von den beiden Stanford-Absolventen Larry Page und Sergey Brin gegründet. Wie bei vielen anderen Gründern von Technologieunter-nehmen waren sie in ihren Bereichen brillant.

Das Wissenschaftsprojekt

Larry Page war der Sohn von zwei Informatikern. Sein Vater hatte sogar ein Sabbatjahr an der Stanford University verbracht, wohin er Larry als Kind mit zur Arbeit genommen hatte. Obwohl seine Intelligenz und Vorstellungskraft schon in jungen Jahren offensichtlich waren, stach Pages Ehrgeiz in jeder

© Der/die Autor(en), exklusiv lizenziert an APress Media, LLC, ein Teil von
Springer Nature 2024
A. Lisdorf, *Grundlagen des Cloud Computing*,
https://doi.org/10.1007/979-8-8688-0089-4_8

Hinsicht hervor. An der Stanford University entschied er sich für die Arbeit in der Abteilung für Mensch-Computer-Interaktion. Sein Hauptaugenmerk lag auf der Produktentwicklung, wo er sich streng an das Diktum des Usability-Gurus Donald Norman hielt: „Der Benutzer hat immer recht."

Sergey Brin wurde in Russland geboren und wanderte im Alter von vier Jahren in die Vereinigten Staaten aus. Sein Vater war Professor an der University of Maryland, wo Sergey in nur drei Jahren seinen Abschluss machte. Mit 19 Jahren begann er das Stanford PhD-Programm als einer der jüngsten Studenten aller Zeiten. Sein Interesse galt ursprünglich der Mathematik, er wechselte jedoch zur Informatik. Auch an der Stanford University fiel er seinen Professoren auf.

Auf dem Campus wurden Larry Page und Sergey Brin Freunde. Sie waren beide auf der Suche nach Themen für ihre Dissertation. Beide hatten Erfahrung mit PCs und betrachteten das Internet als einen natürlichen Teil ihres Lebens. Dies versetzt sie in eine besondere Position im Vergleich zu den anderen großen Cloud-Anbietern, die aus dem einen oder anderen Grund zum Internet gekommen waren. Google wurde dort geboren.

Brin und Page hatten beide einen akademischen Bezugsrahmen und wurden von dem Traum angetrieben, die Informationen der Welt zu organisieren und für jeden zugänglich zu machen. Page wollte die Struktur der Informationen im Internet verstehen und entdeckte, dass die Links auf Webseiten ähnlich funktionierten wie akademische Referenzen. Auf dieser Grundlage schuf er eine Möglichkeit, Webseiten danach zu bewerten, wie viele andere Seiten auf sie verweisen. Dies ähnelt der Art und Weise, wie wissenschaftliche Artikel bewertet werden: Je mehr Zitate, desto wertvoller und folglich vertrauenswürdiger sind sie. Dies sollte den Benutzern helfen zu erkennen, ob eine bestimmte Webseite relevant ist. Es war der Ursprung dessen, was später als PageRank bekannt wurde. Um ein solches System für das Internet zu erstellen, war es notwendig, über einen vollständigen Index aller Webseiten und ihrer Links zu verfügen. Obwohl dies zu jener Zeit keineswegs eine unmögliche Aufgabe war, da das Internet kleiner war, war es auch nicht trivial. Glücklicherweise war Stanford einzigartig positioniert und besaß die Mittel, um ein solches Vorhaben zu unterstützen. Jetzt hatten Page und Brin die Daten, aber was konnten sie damit anfangen? Sie fanden heraus, dass sie für die Websuche verwendet werden können, um die Relevanz der Suchergebnisse zu bewerten.

Auf der Suche nach einem Dissertationsthema

Um den Kontext zu verstehen, ist es wichtig zu wissen, dass Page und Brin die Websuche nicht erfunden haben. Weit gefehlt. Ihre Interpretation von Websuche jedoch definiert Google bis heute. Zu dieser Zeit (Mitte der 1990er-Jahre) war das beliebteste Portal zum Internet Yahoo!, das in hierarchische

Kategorien unterteilt war. Es war möglich, das Netz zu durchsuchen, aber dieser Prozess ähnelte dem Nachschlagen in einem Telefonbuch. Um zu suchen, musste man die Kategorie erraten. Eine viel bessere Alternative kam Ende 1995 von einer Suchmaschine namens AltaVista. Man könnte meinen, es handele sich um das Produkt eines anderen heißen neuen Start-ups, aber so war es nicht. AltaVista wurde von einem großen, konzerngebundenen Unternehmen konstruiert: Digital Equipment Corporation (DEC), dem Champion des Minicomputers. Wie der Minicomputer den Mainframe abgelöst hatte, wurde er nun vom PC abgelöst. DEC hatte die Vision, eine formidable F&E-Abteilung namens Western Research Lab zu gründen (die Google in seinen Anfangstagen viele Schlüsselingenieure liefern würde). In diesem Labor baute eine kleine Gruppe von zukunftsorientierten Menschen die AltaVista-Suchmaschine. Ursprünglich wurde sie intern nicht als bahnbrechend angesehen. Zum Zeitpunkt ihrer Einführung war sie die umfassendste Suchmaschine im Internet. Selbst heute haben Menschen, die sich an die Anfangszeiten des Internets erinnern, liebevolle Erinnerungen an AltaVista als den besten Weg, Informationen im Internet zu finden.

Andere Suchmaschinen kamen hinzu und nahmen den Wettbewerb auf. Aber niemand außer Page und Brin nutzte die Informationen in den Links in ihren Suchergebnissen, obwohl die Idee unabhängig zu einem früheren Zeitpunkt mindestens in zwei verschiedenen Fällen entwickelt worden war: einmal bei IBM Research, das schnell den Forscher mit einem Patentanwalt in Verbindung brachte und die Technologie ebenso schnell ignorierte, da man keinen Wert darin sah; der andere Fall betraf einen chinesischen Forscher bei Dow Jones, der ebenfalls keinen Wert darin sah. Aber Page und Brin sahen den Wert. Mithilfe von Brins mathematischen Fähigkeiten konnten sie eine Suchmaschine auf der Grundlage ihres Index des Internets aufbauen. Sie fügte alle Informationen auf eine Weise zusammen, die die Konkurrenz jener Zeit völlig in den Schatten stellte.

Die ursprüngliche Google-Seite hatte nur ein Suchfeld. Sie war zu dieser Zeit provokativ in ihrer Einfachheit und erfüllte die Funktion, schnell zu laden, was damals aufgrund der geringen Bandbreitenverbindungen schwieriger als heute war. Tatsächlich war und ist Geschwindigkeit eine ständige Obsession bei Google. Page betrachtete Geschwindigkeit als einen wichtigen Teil der Benutzerfreundlichkeit.

Die Suche nach Geschwindigkeit und Skalierbarkeit

Während sie an der Erstellung des Index des World Wide Web arbeiteten, testeten Page und Brin die Grenzen der Internetverbindung von Stanford. Da die Datenmenge ständig zunahm, suchten sie auf dem gesamten Campus nach Computern und konnten ungenutzte PCs für ihr Projekt umwidmen. Um ihr

Budget zu strecken, kauften sie auch rabattierte Computer, die kaputt waren, aber repariert werden konnten. Der ständige Zustrom neuer Computer ermöglichte es ihnen die Skalierung. Schließlich erkannten sie, dass ihnen die Zeit fehlte, ihre Doktorarbeiten zu schreiben und ihren Abschluss zu machen, wenn sie ihre Idee weiterentwickeln wollten. Während der ersten Jahre, in denen sie knapp bei Kasse waren, bevorzugten sie weiterhin Hardware von geringer Qualität, weil dieses Vorgehen es ihnen erlaubte, zu skalieren und ihren Service schnell anzubieten. Diese beiden Konzepte wurden zu zentralen Elementen der Google-Strategie.

Geld verdienen, zu viel davon

Die Google-Suchmaschine wurde schnell allgemein geliebt. Es gab zu dieser Zeit andere kommerzielle Suchmaschinen, aber keine kam Google in Bezug auf relevante Suchergebnisse nahe. Obwohl Page und Brin nie daran interessiert waren, Geld zu verdienen, war klar, dass sie einen Plan brauchen würden, wenn sie ihre Organisation der weltweiten Informationen erweitern wollten.

Um Geld von Risikokapital zu bekommen, um mehr Geräte zu kaufen und mehr kluge Leute einzustellen, brauchten sie einen Geschäftsplan. Der ursprüngliche Geschäftsplan sah drei Einnahmequellen vor: Lizenzierung der Suchtechnologie, Verkauf von Hardware für die Suche und Verkauf von Werbung. Von diesen sollte das Werbegeschäft klar in der Minderheit sein.

Ursprünglich wollten sie keine Anzeigen in ihrer Suche haben, aber sie erkannten, dass sie mittels der Suche gezielte Anzeigen erstellen könnten, die der Benutzer tatsächlich nützlich finden könnte. Dies war der Beginn von Suchanzeigen. Sie verkauften zunächst nur gesponserte Links oben in den Suchergebnissen, stellten aber bald fest, dass Anzeigen rechts von den Suchergebnissen nicht zu aufdringlich wirkten. Das Tool, das zum Verkauf und zur Erstellung solcher Anzeigen verwendet wurde, war AdWords. Es war ein Selbstbedienungsprodukt, das jeder nur mit einer Kreditkarte nutzen konnte. Es war nicht notwendig, mit einem Agenten in Kontakt zu treten und eine Rechnung zu bezahlen. Das Unternehmen erstellte die Anzeige und wählte Suchbegriffe aus, und die Anzeige für die entsprechenden relevanten Begriffe wurde angezeigt. Dies wurde später auf jede Art von Webseite mit AdSense erweitert. Das System war sofort ein Erfolg für die kleinsten Unternehmen. Schnell begannen die Werbeeinnahmen zu sprudeln, und zwar in einem Ausmaß, dass Google verbergen musste, wie viel man verdiente, damit die Konkurrenten nicht aufmerksam wurden und anfingen, diese Nische zu übernehmen. Das dauerte bis zum Börsengang, als es nicht mehr möglich war zu verbergen, wie gut es Google ging.

Das junge Unternehmen hatte sich nun fast vollständig auf die kleinste Einnahme aus dem Geschäftsplan umgestellt. Es expandierte schnell. So smart wie Google auch war, waren doch mehrere Schlüsselelemente ihres Werbegeschäfts von einem Konkurrenten namens Overture erfunden worden. Es handelte sich um ein börsennotiertes Unternehmen, das viel Geld durch einen Deal mit AOL mit ähnlicher Technologie verdiente. Overture war einfach zu spät dran, um viele der Schlüsselerfindungen wie Pay-per-Click und Auktionen, die den Kunden gefielen, patentieren zu lassen. Overture wurde schließlich von Yahoo! aufgekauft, das gegenüber Google schnell an Boden verlor. Mitte der 2000er-Jahre war Google im Grunde in einer Position, in der sie umso mehr Geld verdienten, je mehr Menschen das Internet nutzten.

Erstellung von Rechenzentren

Von Anfang an stand Google vor erheblichen Infrastrukturherausforderungen. Eine Episode insbesondere setzte das Unternehmen auf einen Kurs, erstklassige Infrastrukturbetriebe aufzubauen. Um das Jahr 2000, als das Unternehmen noch in den Kinderschuhen steckte, stellte man fest, dass der Index der Internet-Webseiten aufgrund eines technischen Fehlers seit Monaten nicht aktualisiert worden war, was im Wesentlichen bedeutete, dass keine neuen Seiten in den Suchergebnissen angezeigt wurden. Das Problem war, dass der Crawler aufgrund von Hardwareausfällen immer wieder zusammenbrach, bevor er seine Aufgabe beenden konnte. Es war nicht einmal möglich, den Index zu betreiben, weil das Internet erheblich gewachsen war und der Crawler das Volumen nicht bewältigen konnte.

Dies zwang Google dazu, darüber nachzudenken, wie Informationen verarbeitet und gespeichert wurden, und führte zur Schaffung des Google File System, eines Systems, das über große Computercluster verteilt und fehlertolerant war. Dieses Vorgehen ermöglichte es Google, seine umfangreichen Verarbeitungs- und Datenmanagementaufgaben trotzdem auf billiger Standardhardware auszuführen, die oft ausfiel. Zu dieser Zeit war die Alternative in der Branche, größere und leistungsfähigere Computer zu verwenden. Googles Ansatz machte dessen Rechenzentren widerstandsfähiger und erheblich günstiger.

Während sie an ihrem Forschungsprojekt arbeiteten, hatten Page und Brin ihr eigenes Serverrack mit Legos gebaut. Dies legte den Grundstein für Bereitschaft bei Google, alles, was einen Computer ausmacht, neu zu denken. Dieser Ansatz war entscheidend, da angesichts der Größe und Expansion des Unternehmens die Hardware- und die Betriebskosten zu den höchsten gehörten.

Angesichts der zentralen Bedeutung von Prozessierung und Datenverarbeitung für Google war es ein wichtiges Anliegen, nicht nur die Computerkosten, sondern auch die Kosten für Rechenzentren zu senken. Anfangs mieteten sie Räumlichkeiten, was Einschränkungen mit sich brachte für die Art, wie die Computer aufgestellt werden konnten. Keiner der Subunternehmer war bereit, zusammen mit Google daran zu arbeiten, wie die Rechenzentrumsoperationen optimiert werden könnten, also begann man, nach Standorten zu suchen und ein Netzwerk eigener Rechenzentren auf der ganzen Welt aufzubauen. Auf diese Weise hatte Google die volle Kontrolle über alles. Das Anmieten von Glasfaserleitungen in diese Rechenzentren war ebenfalls notwendig, da Google systemrelevant vom Internet abhängig war. Dies brachte Google nun auf einen Kurs, strategische Glasfaserstrecken zu kaufen, und so wurde Google wurde schnell zum weltweit größten Besitzer von optischen Glasfaserverbindungen.

Google konsolidierte und integrierte vertikal alle Module von der Webseite bis hin zur Glasfaserleitung und den Rechenzentren und konnte im Vergleich zu seinen Wettbewerbern eine unübertroffene Geschwindigkeit und Skalierbarkeit bieten.

Anwendungen in der Cloud

Google hatte schnell eine Position erreicht, bei der mehr Datenverkehr im Internet mehr Datenverkehr zu seiner Suchmaschine bedeutete, da die Suchmaschine für viele Verbraucher zum de facto Portal zum Internet geworden war. Das Internet *war* Google. Der Fokus lag immer noch auf den Verbrauchern, da sie diejenigen waren, die auf die Internetanzeigen klickten, die mehr oder weniger die gesamten Einnahmen für Google generierten. Wenn also Google die Internetnutzung schneller und wertvoller für den Nutzer machen könnte, sollte dies direkt zu höheren Einnahmen führen.

Das Erste, was Google ins Visier nahm, war die Verlagerung von Anwendungen, die Verbraucher auf ihren Desktops nutzten, ins Internet. An erster Stelle stand dabei Microsofts Office-Paket. Durch eine Mischung aus Übernahmen und interner Entwicklung wurde das Kernangebot des Office-Pakets entwickelt und kostenlos angeboten. Google Docs war eine Cloud-Version von Word, Google Sheets eine Cloud-Version von Excel, und Google Slides war eine Cloud-Version von PowerPoint. Diese und andere Anwendungen wurden schließlich in G Suite (jetzt Google Workspace genannt) gebündelt und sprachen vor allem kleine und mittlere Unternehmen an.

Dies sind Beispiele dafür, wie Google On-Premise-Konzepte nahtlos in die Cloud verlagerte. Sie waren einfach anzuwenden, schnell und kostenlos für Verbraucher und wurden komplett über Selbstbedienung angeboten.

Selbst einen Browser zu konstruieren war ein logischer Schritt für ein Unternehmen, das das Internet so stark förderte. Der Wunsch bestand von Anfang an, aber CEO Eric Schmidt dachte, es wäre unklug, in einem frühen Stadium den Kampf mit Microsoft aufzunehmen, wo man zu jener Zeit interessiert daran war, den eigenen Internet Explorer zu fördern. Google unterstützte und entwickelte stattdessen den Open-Source-Browser Mozilla. Als die Zeit reif war, konzentrierte sich Google erneut auf Geschwindigkeit und Einfachheit in der Art und Weise, wie der Browser funktionieren sollte. So wurde der Chrome-Browser geboren. Mit dem Aufkommen von günstigen Laptops wurde Chrome in das Chromebook integriert.

Google hatte wirklich den vollen Kreislauf durchlaufen und alles vom Computer des Verbrauchers, dem Portal zum Internet, der Glasfaser und den Rechenzentren vertikal integriert. Wenn jemand noch bezweifelt hatte, dass Google eine gewaltige Kraft in der Cloud war, war dies jetzt offensichtlich.

Allerdings gab es mit Ausnahme einiger einfacher Selbstbedienungsdienste sehr wenig Angebote für Unternehmen. Alles war auf Einfachheit und Selbstbedienung ausgerichtet und sprach nur kleine und mittlere Unternehmen mit sehr grundlegenden Bedürfnissen an.

Eintritt in das Geschäft mit Cloud-Plattformen

Mit dem Erfolg von AWS (Amazon Web Services) und der bereits gut etablierten Fähigkeit von Google, Rechenzentren und Cloud-Dienste zu betreiben, schien es logisch, einen weiteren Geschäftszweig zu eröffnen. Wie AWS bot Google bereits standardisierte einfache Infrastrukturdienste für seine internen Teams an. Im Jahr 2008 öffnete Google die AppEngine, die es Entwicklern von Drittanbietern ermöglichte, Cloud-basierte Anwendungen in Python unter Verwendung der Google-Infrastruktur zu erstellen. Erst 2011 wurde der Dienst allgemein verfügbar.

Google bot viele seiner intern entwickelten Software-Dienste als verwaltete Dienste anstatt als Infrastrukturdienste an. Der Fokus lag von Anfang an auf Platform as a Service, wo die Dienste für Entwickler einfach anzuwenden sein mussten. Da Google, wie Amazon, einzigartige technische Herausforderungen, die kein anderes Technologieunternehmen hatte, unterworfen war, entwickelte das Unternehmen eine Reihe von grundlegenden Technologien, die zu Standards in der Tech-Industrie geworden sind. Dies liegt daran, dass Google häufig zu Open-Source-Entwicklungen beigetragen hat, wobei grundlegende technische Innovationen oder zumindest die Prinzipien, wie sie funktionierten, der Open-Source-Community angeboten wurden. Dies führt zu einem soliden Angebot an Diensten, die mit Computersprachen und Open-Source-Frameworks übereinstimmen, die typischerweise in Start-ups und Technologieunternehmen verwendet werden.

Googles Profil

Wenige Unternehmen haben ein so explosives Wachstum erlebt wie Google. In sehr kurzer Zeit ist Google zu einem der größten Unternehmen des Planeten gewachsen. Selbst mit einer vergleichsweise kurzen Geschichte wie der von Google ist es möglich, einige relativ deutliche Muster in ihrer Arbeitsweise zu erkennen. Schauen wir uns an, was uns die Geschichte lehrt.

Maschinen über Menschen

Von Anfang an hatten Page und Brin einen kompromisslosen Fokus darauf, Maschinen und Algorithmen die ganze Arbeit machen zu lassen, ohne menschliches Eingreifen. Wenn die Algorithmen Anomalien in den Suchergebnissen produzierten, wurden Anstrengungen unternommen, die Algorithmen zu korrigieren, anstatt ein Team von Menschen die „schlechten" Suchergebnisse überwachen und ändern zu lassen. Das Gleiche galt für das Anzeigengeschäft. Sobald es ein lebensfähiges Produkt für Self-Service und algorithmisch optimierte Anzeigenplatzierung gab, wurde das Produkt, das auf den Direktverkauf durch menschliche Verkäufer angewiesen war, eingestellt. Unabhängig vom Anwendungsbereich setzt Google menschliches Eingreifen nur ein, wenn es die absolut letzte Möglichkeit ist. Sogar das Design ihrer Produkte wie AdWords zeigt sich absichtlich eher maschinenähnlich als menschengemacht.

Der Fokus auf die Macht der Algorithmen hat Google in Bezug auf die Entwicklung und Nutzung von Technologien für künstliche Intelligenz und maschinelles Lernen auf die Spitzenposition gestellt.

Benutzerfreundlichkeit über Funktionen

So wie Maschinen den Menschen im Betrieb des Unternehmens vorgezogen werden, stehen die Produkte im Mittelpunkt des Nutzers. Während Menschen nicht immer recht haben, hat der Nutzer recht. Produkte müssen einfach zu bedienen sein, ohne Schulung oder Anleitung. Benutzerfreundlichkeit wird gegenüber Funktionsumfang priorisiert. Dies kann man sehen, wenn man Google Docs mit Microsoft Word vergleicht. Google Docs hat nur wenige zentrale Funktionen, die einfach zu bedienen und zu verstehen sind, während Word über mehr und vielfältigere Funktionen und Fähigkeiten verfügt. Der Kompromiss ist ein geringes Funktionsspektrum. Dies trifft auf viele Produkte zu, die Google erstellt hat: Sie sind einfach zu bedienen, ermöglichen den Benutzern jedoch nur die grundlegendsten Funktionen.

Geschwindigkeit und Skalierung

Seit den Anfängen der Suchmaschine war Geschwindigkeit von größter Bedeutung, und das sieht man direkt im Design. In den Anfangstagen des Internets waren die Leitungsbandbreiten viel kleiner als heute. Das bedeutet, dass es eine nicht unerhebliche Zeit in Anspruch nahm, eine normale HTML-Seite zu laden, selbst mit nur einer durchschnittlichen Textmenge und sehr wenigen Bildern. Die Google-Site hatte nur ein Suchfeld und meldete auch die für das Abrufen der Ergebnisse benötigte Zeit. Alle Vorstöße in die Entwicklung von grundlegenden Softwareprodukten wie Dateisystemen und Datenbanken zielten darauf ab, die Geschwindigkeit zu verbessern, mit der Google arbeitete.

Die andere Hälfte der Geschwindigkeitsgleichung ist die Skalierung, da Google von Anfang an den ehrgeizigen Plan hatte, die Informationen der Welt zu organisieren. Alles war mit Skalierung im Kopf entworfen. Der Vorstoß in die Herstellung eigener kundenspezifischer Hardware beinhaltete, es einfacher und billiger zu machen, auf Tausende von Maschinen zu skalieren und mit dem wachsenden Internet Schritt zu halten. Das Gleiche gilt für den Bau von Rechenzentren, die es Google ermöglichen, von Skaleneffekten zu profitieren. Alle Dienste und Produkte sind für unendliche Skalierbarkeit gebaut, wobei wenig mehr als das Hinzufügen weiterer Maschinen benötigt wird. Vertikale Integration – wo Google Produkte wie das Android-Betriebssystem, Chromebook und den Chrome-Browser über Glasfaserverbindungen, Rechenzentren und kundenspezifische Hardware anbietet – stellt sicher, dass niemand sonst außer Google eine derartige Geschwindigkeit und Skalierung liefern kann.

Technokratie

Angesichts der Vorliebe von Google für Maschinen und Algorithmen und des Vertrauens, das das Unternehmen in seine Ingenieure setzt, können seine Produkte für Nicht-Techniker seltsam erscheinen. Mehr als ein paarmal hat dies Google öffentlich in Schwierigkeiten gebracht. So viel technisches Können Google auch hat, zeigt das Unternehmen oft wenig Verständnis und Toleranz für menschliche Faktoren. Wenn sich eine technische Lösung als überlegen erweist, gibt es wenig Verständnis dafür, dass die Öffentlichkeit sie nicht will. Beispiele sind Google Glass und die selbstfahrenden Autos. Google spürt den Wert dieses technischen Ansatzes und hat ihn historisch gesehen auch zeigen können, aber die Gesellschaft und die Welt sind nicht immer mit im Boot.

Open-Source-Treiber

Wenige Unternehmen haben die Open-Source-Entwicklung so stark vorangetrieben wie Google. Während andere Cloud-Anbieter, wie Amazon und
Microsoft, offen für die Nutzung von Open Source sind und es gelegentlich
sponsern, ist Google ein Mitwirkender und hat eine Vielzahl von Projekten
realisiert, die das Feld verändert haben. Viele der Technologien, die als „Big
Data" bekannt sind, können auf Google zurückgeführt werden. Google ist ein
Unternehmen von Ingenieuren, und das Unternehmen erlaubt seinen Mitarbeitern, an Nebenprojekten zu arbeiten. Einige dieser Nebenprojekte werden schließlich zu Projekten, die als Open Source veröffentlicht werden. Google hat im Laufe der Jahre Tausende von Projekten als Open Source veröffentlicht, von denen viele (wie Kubernetes) zu Standardtechnologien geworden sind.

Auf die lange Sicht

Der anfängliche Erfolg von Google als Werbeunternehmen lag nicht an dessen Fähigkeit, mit größeren Werbeunternehmen zu konkurrieren, die mit großen Unternehmen arbeiteten. Vielmehr kam der entscheidende Erfolg mit der
Self-Service-Lösung AdWords. Was das Werbegeschäft von Google auszeichnete, war, dass es seine Produkte für kleinere Unternehmen öffnete.
Nachfolgende Lösungen wie die G Suite (jetzt Google Workspace genannt)
hatten einen ähnlichen Fokus auf Self-Service und kleinere Unternehmen. Dies
war auch der Standardansatz der Google Cloud Platform, wo wenig getan
wurde, um größere Unternehmen anzusprechen. Dies ermöglichte es Google,
sein Geschäft langfristig in einem Bereich zu erweitern, der normalerweise
nicht bedient wurde.

In Beta bis zur Perfektion

Google hat viele Produkte veröffentlicht. Anstatt Produkte einfach an Kunden
zu liefern, sobald die Ingenieure denken, dass sie fertig sind, gibt man bei Google das neue Produkt oder Feature in der Regel nur an sehr wenige, oft interne Nutzer aus. Erst wenn Produkte gut genug funktionieren, werden sie für
externe Nutzer zur Verfügung gestellt, in der Regel auf Einladung, wie es bei
Gmail der Fall war. Erst dann werden die Produkte, immer noch mit Einschränkungen, der breiten Öffentlichkeit in der Beta-Version zugänglich gemacht. Auch dann ist deutlich, dass es sich um Beta-Produkte handelt und dass
die Nutzer mit Änderungen und potenziellen Problemen rechnen können.
Erst nachdem alles überwacht wurde und sich über einen längeren Zeitraum
als skalierbar und ohne Probleme bewährt hat, verliert das Produkt seine
Beta-Bezeichnung. Dieser Prozess dauert oft Jahre. Dies steht im Gegensatz

zu anderen Cloud-Anbietern, bei denen traditionell fehlerhafte Software veröffentlicht wird, um zu sehen, was passiert, um sie dann schrittweise zu korrigieren.

Zusammenfassung

Ursprünglich motiviert durch den Wunsch, Daten zu organisieren und die Informationen der Welt für alle Menschen zugänglich zu machen, hat Google
einen bedeutenden Beitrag zur Entwicklung des Internets im Allgemeinen und
zu Internettechnologien im Besonderen geleistet. Obwohl der Fokus hauptsächlich auf dem Verbrauchersegment lag, hat Google seine Tätigkeit allmählich
in das Unternehmensgeschäft verlagert. Dies geschah durch den Fokus auf
kleinere Unternehmen, an denen traditionelle Werbeunternehmen nicht interessiert waren, und durch die Bereitstellung von Nutzanwendungen für Unternehmen. Dies ebnete den Weg für das Engagement in der Cloud. In letzter
Zeit scheint es, dass Google versucht hat, sich größere Kunden zu sichern und
sich auf den Service für größere Unternehmen auf ihrer Cloud-Plattform zu
konzentrieren.

Google, gestützt durch sein Hauptgeschäft in der Onlinewerbung mit hohen
Margen, hat den Luxus eines nahezu unendlichen Budgets für Experimente
aller Art. Dies wurde im Unternehmen kultiviert und führte zu mehreren
technologischen Innovationen, die Google Vorteile verschafften. Viele dieser
Innovationen wurden als Open-Source-Projekte veröffentlicht und haben die
Tech-Industrie transformiert. Einige sind sogar die Grundlage für Cloud-Produkte, die von einigen der anderen Cloud-Anbieter angeboten werden.

Der Fokus von Google lag immer auf überlegenen Lösungen, die allgemein
etablierte Annahmen hinterfragen, was wiederum zu radikal neuen Lösungen
führte, die manchmal krachende Fehlschläge und manchmal Game-Changer
waren. Unabhängig davon strebt man bei Google immer danach, die Technologie auf eine innovative Weise voranzutreiben.

Profile von Cloud- Anbietern

Jetzt, da wir die fünf großen Cloud-Anbieter isoliert betrachtet haben, können wir Vergleiche anstellen, die uns helfen, die Unterschiede zwischen ihnen besser zu verstehen. Oberflächlich gibt es viele Ähnlichkeiten und Unterschiede, aber diese alle zu erfassen würde schnell zu weit gehen. Vielmehr besteht der hier gewählte Ansatz darin, einige grundlegende Merkmale zu identifizieren, die die Kernunterschiede zeigen und die das Verhalten der Anbieter bestimmen. Dazu gehören Kundenorientierung, Vision, Zielgruppe der Endnutzer, Produktverpackung und Cloud-Fokus. Wir gehen die fünf ausgewählten Aspekte durch und charakterisieren für jeden einen Vergleich der Anbieter.

Cloud Profiling

Durch die Darlegungen in den vorangegangenen Kapiteln ergibt sich ein Muster, das uns etwas darüber verrät, wie die großen Cloud-Anbieter arbeiten und agieren. Als Kurzform zur Visualisierung dieses Musters schlage ich das

Cloud Profiling vor. Es basiert auf einer losen Analogie in dem Sinne, dass Profiling hilft, individuelle Eigenschaften und Verhaltensweisen zu bestimmen. Ich habe fünf Aspekte ausgewählt, von denen ich denke, dass sie das Profil und die Unterschiede zwischen den Cloud-Anbietern beschreiben – Kundenorientierung, Vision, Produktverpackung, Zielgruppe der Endnutzer und Cloud-Fokus (siehe Abb. 9.1).

Jeder dieser Aspekte wird als Kontinuum konzeptualisiert, bei dem die beiden Enden des Spektrums beschrieben werden. Es ist schwierig, diese Aspekte auf irgendeine strenge Weise zu messen, daher zeigt das Kapitel auch verschiedene Punkte entlang des Kontinuums und die relativen Positionen.

Da alle Anbieter eine Vielzahl von Produkten haben und mit vielen verschiedenen Kundensegmenten arbeiten, ist es nicht einfach zu bestimmen, wo genau sie auf dem Kontinuum liegen. Zum Beispiel haben fast alle Anbieter Kunden entlang des gesamten Kontinuums, aber sie werden nicht die gleiche Anzahl von Kunden in Bezug auf den Umsatz haben. Deshalb wird jedem Anbieter eine Bandbreite über die 5 verschiedenen Aspekte gegeben, die den Fokus oder den Schwerpunkt des Unternehmens kennzeichnet, und zwar auf der Grundlage des gesamten Produkt- und Kundenportfolios. Da dies kein leicht quantifizierbares Problem ist, wurde den Wettbewerbern besondere Aufmerksamkeit geschenkt, damit wir die Unterschiede sehen. Zum Beispiel hat IBM immer auf die größten Unternehmen der Welt abgezielt und tut dies weiterhin, während Amazon bei kleineren Start-ups beliebt war und dies weiterhin ist. Das bedeutet nicht, dass IBM keine Start-up-Kunden oder Amazon keine Fortune-500-Unternehmen hat, das haben sie. Aber im Vergleich

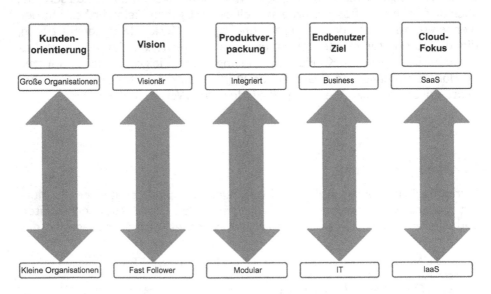

Abb. 9.1 Das Cloud-Profil

zeigt uns die Anzahl der Kunden und der generierte Umsatz im gesamten Unternehmen, dass Amazon stärker auf Start-ups und kleinere Unternehmen und IBM auf größere Unternehmen ausgerichtet ist.

Kundenorientierung

Einer der wichtigsten Aspekte eines Unternehmens sind die Kunden. Kundensegmente unterscheiden sich erheblich, und es ist unmöglich, allen zu gefallen. Einige Unternehmen werden das offiziell behaupten, aber bei genauerer Betrachtung ist klar, dass bestimmte Kundensegmente in Bezug auf Marketing und Anreize höhere Priorität haben. Das Gleiche gilt für die Cloud-Anbieter. Sie werden alle offiziell behaupten, dass sie die Produkte für jede Art von Kunde haben, aber wenn man sich ihre Go-to-Market-Strategien, Produktinvestitionen, Vertrieb und Marketing ansieht, ergibt sich ein anderes Bild.

Es gibt auch verschiedene Möglichkeiten, Unternehmen auf der Grundlage ihrer Kundenbasis zu kategorisieren, wie zum Beispiel die Überlegung, ob das Unternehmen den öffentlichen oder privaten Sektor bedient. Die genaueste Kategorie ist jedoch die Betrachtung auf der Grundlage der Kundengröße. Ein großes Unternehmen in der Einzelhandelsbranche ähnelt eher einem großen Finanzdienstleistungsunternehmen als einem kleinen Einzelhandels-Start-up, und dasselbe gilt für eine große Regierungsbehörde. Dies hat mit der organisatorischen Komplexität zu tun, die unabhängig vom Zweck der Organisation identisch ist. Das Marketing und der Verkauf an große resp. kleine Kunden unterscheiden sich erheblich in nahezu allen Aspekten, von Verkaufsprozessen über Verträge bis hin zu Zahlungsmethoden. Wenn Sie ein Start-up mit einem großen Unternehmensverkaufsprozess ansprechen, wird dies scheitern und umgekehrt.

Der Aspekt der Kundenorientierung zielt daher darauf ab, die Größe der Kunden zu bewerten, auf die das Unternehmen hauptsächlich abzielt. Dies wird eine Bandbreite von den größten multinationalen Unternehmen bis hin zu kleinen Start-ups sein. Obwohl ich anerkenne, dass ein Unternehmen Kunden haben kann, die unter sämtliche Punkte des Kontinuums der Kundenorientierung fallen, konzentrieren wir uns auf das Kundensegment, das den größten Umsatz generiert.

Bewertung

In Abb. 9.2 haben wir am unteren Ende des Kontinuums mit den kleinsten Unternehmen im Fokus Amazon und Google. Amazon hat die moderne Cloud-Computing-Plattform eingeführt und das Angebot für ihre internen Teams entwickelt. Diese Teams ähnelten eher Start-ups oder Entwicklungsteams in

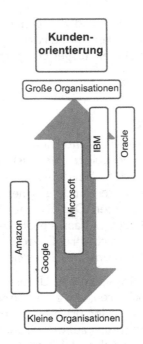

Abb. 9.2 Kundenorientierung

kleineren Unternehmen. Daher lag der anfängliche Fokus auf dieser Kunden-gruppe, einer Gruppe, die wenig oder gar keinen direkten Vertrieb und Mar-keting benötigt. Alles war auf Self-Service ausgerichtet, wo ein neuer Kunde durch Registrierung einer Kreditkarte starten konnte. Das bedeutete, dass die Kontenstruktur einfach war: ein Team, ein Administrator für alles, eine Kredit-karte und ein Konto. Das Gleiche gilt für Google, das sich auch auf kleine und mittlere Unternehmen konzentrierte und ausschließlich auf Self-Service setzte.

Dies unterscheidet sich von der Arbeitsweise großer oder sogar mittelgroßer Unternehmen. Sie machen in der Regel keine Google-Suche, erstellen kein Konto und geben keine Kreditkartendaten ein, wenn sie ihre millionen-schweren IT-Budgets investieren. Sie haben mehrere Abteilungen, die unter-schiedliche Produkte benötigen, und unterschiedliche Personen, die für die Verwaltung unterschiedlicher Bereiche verantwortlich sind. Das heißt, Ama-zon und Google versuchen beide, Fähigkeiten zu entwickeln, um größere Unternehmen anzusprechen. Amazon hat insbesondere in den letzten Jahren seinen Vorverkauf und die Produkte zur Bedienung größerer Kunden gestärkt. Komplexe Kontenstrukturen sind jetzt möglich, und in bestimmten Teilen der Welt hilft Amazon größeren Kunden mit Lösungsarchitekturexpertise und einem umfassenden Schulungsangebot. Google scheint noch nicht so weit zu sein und verlässt sich hauptsächlich auf Self-Service. Google demonstriert seine Produkte auch auf Konferenzen, um Kunden zu unterstützen, die meist selbst herausfinden müssen, wie es geht.

Microsoft, IBM und Oracle konzentrieren sich auf mittlere und große Kunden. Microsoft neigt aufgrund seiner breiten Palette an Exposition dazu, sich mehr auf mittelgroße Unternehmen zu konzentrieren, aber das ändert sich auch aufgrund von dessen Cloud-Angebots. Viele große Kunden bevorzugen das Cloud-Angebot von Microsoft aufgrund seiner Struktur. IBM und Oracle arbeiten hauptsächlich daran, ihre bestehende Kundenbasis von großen und mittelgroßen Kunden von ihren On-Premise-Angeboten in die Cloud zu migrieren. Wenig Marketing oder Vertrieb ist auf Start-ups gerichtet, obwohl man den gelegentlichen Versuch sieht. Microsoft ist darin viel besser, und kleine Unternehmen und Start-ups sind eindeutig auch im Fokus von Microsoft.

Vision

Die Vision eines Unternehmens drückt in diesem Zusammenhang aus, inwieweit ein Unternehmen visionär oder bahnbrechend ist. Visionär zu sein bedeutet, über die unmittelbaren Bedürfnisse des Marktes hinauszusehen und sich zukünftige Bedürfnisse oder Wünsche vorstellen zu können. Dies ist oft unabhängig davon, was die Kunden verlangen, und wird nicht durch Fokusgruppen oder Kundeninterviews getrieben. Der ehemalige CEO von Apple, Steve Jobs, hat nicht viel, wenn überhaupt, Zeit damit verbracht, Kunden zu fragen, was sie wollen. Hätte er das getan, wäre er wahrscheinlich nicht dazu motiviert gewesen, die Apple-Produkte zu schaffen, die wir heute kennen. Stattdessen hatte er die Vision, ein Produkt und eine Zukunft zu imaginieren, die radikal anders waren als die Gegenwart. Dies erfordert eine besondere Denkweise, Investitionen in F&E und eine Toleranz gegenüber Risiken, da die meisten visionären Produkte scheitern.

Andere Unternehmen folgen den Visionären erst, wenn sie einen Bedarf dafür auf dem Markt sehen. Dies macht sie per Definition nicht weniger innovativ. Man kann etwas, was andere bereits tun, auf sehr innovative Weise tun. Darüber hinaus bedeutet es nicht, dass man zwangsläufig erfolgreich sein wird, wenn man visionär ist. Visionäre Produkte erfüllen oft nicht die Erwartungen der Verbraucher. Tatsächlich ist dies oft der Fall. Tesla Motors hat nicht das erste Elektroauto produziert. Nicht visionär zu sein bedeutet auch nicht, dass das Unternehmen notwendigerweise weniger in F&E investiert, es handelt sich nur um eine andere Art von F&E, die darauf abzielt, ein Produkt zu reifen oder zu verbessern.

Der Aspekt der Vision kann entlang der Diffusionskurve von Everett Rogers für Innovationen konzeptualisiert werden (siehe Abb. 9.3), wo eine Normalverteilung die Anzahl der Kunden beschreibt, die eine Innovation annehmen. Am Anfang der Kurve steht die Gruppe, die als Innovatoren und frühe Anwender bezeichnet wird. Dies sind die primären Ziele von visionären Unternehmen, obwohl der Rest anschließend folgt. Unternehmen, die schnell folgen, warten in der Regel ab, bis sie sehen, dass eine Innovation begonnen hat, die Kategorie der frühen Anwender zu durchdringen.

Die Cloud ist zu neu, um bereits in die Nachzüglerphase eingetreten zu sein, daher gibt es keine Unternehmen, die sich auf diese Gruppen konzentrieren. Alle Cloud-Anbieter sind auch innovative Technologieunternehmen, die ihren Hauptumsatz durch den Verkauf neuer Technologien an Kunden erzielen. Der Aspekt der Vision beschreibt daher ein Kontinuum. Am einen Ende stehen die Visionäre, die sich darauf konzentrieren, innerhalb der Technologiediffusionskurve bahnbrechende Produkte für die Innovatoren und frühen Anwender zu liefern. Die schnell folgenden Unternehmen konzentrieren sich darauf, Produkte für die frühe Mehrheit und die späte Mehrheit der Kunden bereitzustellen.

Bewertung

In Abb. 9.3 sehen wir Google an der Spitze der Skala. Keiner der anderen Cloud-Anbieter hat so viele visionäre Produkte entwickelt, was sich auch an der Ausfallrate zeigt. Es gibt Hunderte von Google-Projekten und -Produkten, die eingestellt wurden, alles im Laufe der 2 Jahrzehnte seines Bestehens. Google hat auch grundlegende Technologien entwickelt, die das Computing in einigen Bereichen wie der Datenverarbeitung verändert haben. Das bedeutet nicht, dass Google immer der Erste auf dem Markt war. Ein paar Schlüsseltechnologien, wie die Verwendung von Links zur Indexierung von Suchergebnissen und Pay-per-Click-Auktionen, wurden von anderen erfunden. Bei Google hat man jedoch nicht versucht, diese zu kopieren, sondern ist eher parallel auf die Ideen gestoßen.

In gewissem Maße gilt das Gleiche für Amazon. Amazon hat auch eine Reihe von visionären Produkten entwickelt wie den Kindle, EC2 und S3, aber die Investition in F&E scheint maßvoller zu sein und den sich abzeichnenden Markttrends folgen zu wollen, etwa der Einstieg in Streaming-Dienste und -Geräte. Aber da Amazon die Cloud-Computing-Branche geschaffen hat, bestreiten nur wenige die Vision.

Oracle ist, obwohl es ein älteres Unternehmen ist, ebenfalls visionär und hat ständig versucht, die Grenzen der Technologie zu verschieben. Man hat dort kein Problem damit, von Grund auf neu zu beginnen und sich vorzustellen, wie ein Produkt sein sollte, und dann die Konstruktion zu starten. Nach dem Dotcom-Crash hat jedoch der anschließende Aufkauf anderer Unternehmen den Fokus mehr auf die Konsolidierung des Marktes gelenkt. Oracle hat auch den größten Teil der 2010er-Jahre damit verbracht, fälschlicherweise zu behaupten, dass die Cloud nur Marketing-Hype für das sei, was es bereits tat. Dies brachte Oracle in Bezug auf die Cloud in die Defensive,

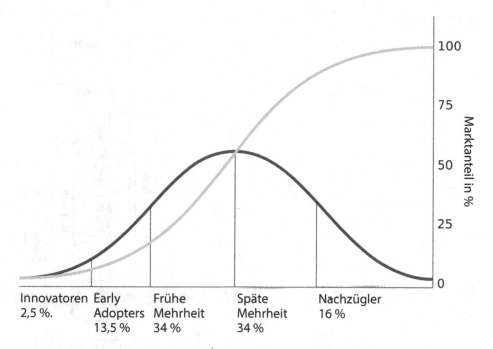

Abb. 9.3 Diffusion von Innovationen[1]

aber es liegt in der Geschichte des Unternehmens, visionär zu sein. Es bleibt abzuwarten, ob Oracle erneut mit visionären Ideen hervortreten kann.

Die meisten Menschen betrachten Microsoft nicht als bahnbrechendes visionäres Unternehmen. Selbst das historisch gesehen visionärste Produkt von Microsoft, das Betriebssystem, stammt woanders her. MS-DOS wurde gekauft, und das Windows-Betriebssystem basierte auf dem Macintosh OS, das Microsoft für Apple entwickelt hat. Das bedeutet nicht, dass Microsoft keine visionären Erzeugnisse wie die Xbox und Kinect hat, aber die Produkte, die auf den Markt gebracht wurden, folgten ziemlich konsequent erfolgreichen anderen Produkten. Microsoft tut dies entweder, indem man diese nachahmt oder kauft. Diese Fähigkeit, Produkte für den Marktbedarf zu perfektionieren, hat Microsoft übrigens zu einem der größten Technologieunternehmen der Welt gemacht. Nachdem Satya Nadella die Führung übernommen hat, wurden jedoch echte und bedeutende Versuche unternommen, den Produkten, die Microsoft anbietet, eine Vision zu verleihen.

I Bildquelle: https://de.wikipedia.org/wiki/Diffusion_von_Innovationen#/media/File:Diffusion_of_ideas.svg.

Abb. 9.4 Vision

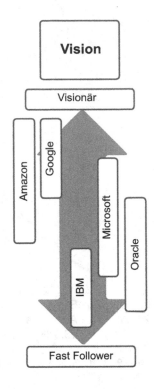

IBM ist in gewisser Weise ähnlich wie Microsoft, obwohl es scheint, dass es visionär war, die moderne Computerindustrie zu schaffen – zuerst mit dem Mainframe und dann mit dem PC. IBM investiert immer auf der Grundlage dessen, was die Kunden sagen, und nicht danach, was man glaubt, dass die Kunden brauchen. Sowohl der Mainframe als auch der PC existierten, bevor IBM in den Markt eintrat. Aber es gibt einen interessanten Aspekt dazu, denn wenige Unternehmen auf der Welt haben so viel Grundlagenforschung betrieben wie IBM. Dies hat zu einer Fülle von Patenten und Produktideen geführt, aber IBM hat oft deren Marktpotenzial nicht erkannt. Zum Beispiel hat man bei Microsoft eine ähnliche Suchtechnologie abgelehnt, wie Google sie später verwendet hat, um seine Suchmaschine zu konstruieren. Microsoft konnte einfach keinen Weg finden, sie auf den Markt zu bringen. Historisch gesehen hat IBM die Technologien geschaffen, die die Bühne für die Computerindustrie bereiten sollte, aber andere waren oft erfolgreicher darin, sie zu erfolgreichen Produkten zu entwickeln. Ein weiteres Beispiel dafür ist die relationale Datenbank, die IBM praktisch erfunden hat und die Oracle zu einem visionären Produkt entwickelte. Wenn es um die Cloud geht, scheint sich IBM gern zurückzulehnen und seinen Konkurrenten nachzufolgen.

Produktverpackung

Der Aspekt der Produktverpackung versucht zu bemessen, wie Produkte verpackt und verkauft werden. Dieser Aspekt identifiziert, welche Art von Produkten typischerweise von einem Unternehmen vermarktet werden, nicht die tatsächliche Verpackung. Da wir über virtuelle Softwareprodukte sprechen, müssen wir in Metaphern denken.

Betrachten wir zum Beispiel Computer. Sie können von Grund auf neu gebaut werden, indem alle Komponenten separat gekauft werden. Ein Unternehmen verpackt jede Komponente einzeln, und es liegt an den Kunden, sie zusammenzusetzen und die notwendige Software zu installieren. Dies ist eine sehr modulare Art der Produktverpackung. Ein anderes Unternehmen vermietet voll ausgestattete Computer mit Software und Abonnements für Streaming-Dienste. Dies ist ein sehr integrierter Ansatz zur Produktverpackung.

Das Kontinuum der Produktverpackung reicht daher von hochspezifischen modularen Produkten bis hin zu hochintegrierten Suiten. Bei einem modularen Ansatz muss der Kunde das fertige und voll funktionsfähige Produkt selbst zusammenfügen, während das fertige Produkt integriert geliefert wird und vom Kunden konfiguriert werden kann.

Ein Modul ist jedoch keine einfache Sache. Der Schlüssel hier ist, ob die verkauften Produkte als kleine, unabhängige Module oder als große, integrierte Funktionsblöcke gedacht werden. Ein Modul kann darüber hinaus klein oder groß sein. Im Beispiel des Computerbaus können einzelne Chips als Produkte zählen, ebenso wie vorgefertigte Hauptplatinen.

Deshalb müssen wir die Produktverpackung als Kontinuum betrachten. Betrachten wir die Größe eines Moduls als die Anzahl der Funktionen oder Features, die es dem Kunden bietet. Am unteren Ende haben wir einfache Funktion wie einen Messaging-Dienst, der nur das Senden von Nachrichten erlaubt, und am anderen Ende haben wir ein ERP-System (Enterprise Resource Planning), das es einem Unternehmen ermöglicht, alle seine Kerngeschäftsfunktionen zu verwalten. Dazwischen liegen Produkte wie Datenbanken und Tools für Business Intelligence (BI).

Bewertung

Wie aus Abb. 9.5 zu sehen ist, konzentriert sich von den großen Cloud-Anbietern keiner stärker auf den integrierten Suite-Ansatz als Oracle. Dies gilt für die ERP-Cloud und für die Datenbank. Anstatt neue Datenbankprodukte zu entwickeln, die neben der Oracle-Datenbank vermarktet werden, wird neue Funktionalität in bestehende Datenbank integriert. Die Oracle-Datenbank hat daher dieselbe Funktionalität, die verschiedene Arten von NoSQL-Datenbanken sowie die ursprüngliche relationale Datenbank bieten. Dies

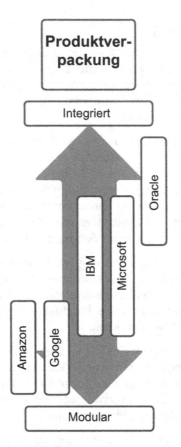

Abb. 9 . 5 Produktverpackung

geschieht integriert und nicht durch Erstellen und Zusammenfügen unabhängiger Produkte.

IBM und Microsoft haben auch Suiten, konzentrieren sich aber nicht in demselben Maße auf diesen Ansatz wie Oracle. Sie bevorzugen modulare Produkte, die zur Entwicklung neuer Lösungen verwendet werden können. IBM wechselte in den 1990er-Jahren zu diesem Ansatz, und Microsoft hat eine lange Geschichte der Bereitstellung von Produkten, die eigenständig verwendet werden können. Interessanterweise sehen wir, dass Microsoft sich damit wohlfühlt, spezialisierte Datenbanken wie die Cosmo DB zu verkaufen, anstatt diese in sein Flaggschiffprodukt, den MS SQL Server, zu integrieren, wie Oracle es mit seiner Datenbank getan hat.

Am anderen Ende der Skala haben wir Google und Amazon. Diese Unternehmen konzentrieren sich auf modulare Produkte. Selbst Googles Versuch einer integrierten Suite, G Suite/Google Workspace, ist nichts weiter als ein logisches Bündel von modularen, einzelnen Produkten. Amazon hat keinen Versuch einer Suite unternommen, sondern bemüht sich, die einfachsten, widerstandsfähigsten und robustesten Produkte herzustellen, die in verschiedenen Einstellungen verwendet werden könnten. In diesem Punkt steht Google mit einfachen, benutzerfreundlichen Modulen auf derselben Seite.

Zielgruppe der Endnutzer

Das Verständnis dafür, für welche Art von Nutzer ein Produkt erstellt wurde, gibt viel Aufschluss über das Design und den Zweck dieses Produkts, auch wenn es zur gleichen Produktkategorie zu gehören scheint. Ein Auto ist zum Beispiel nicht einfach nur ein Auto. Wenn Sie auf dem Automarkt tätig sind, könnte es sinnvoll sein, sich die anvisierten Endnutzer anzuschauen. Es gibt einen großen Unterschied zwischen dem Nutzertyp eines Formel-1-Rennwagens und einem Ford F-150. Wenn Sie ab und zu Holz oder Baumaterialien über weite Strecken transportieren müssen, ist der Formel-1-Wagen wahrscheinlich nicht die beste Option. Die Unterschiede sind vielleicht nicht so stark, wenn es um Produkte in der Cloud geht, aber dieses Beispiel veranschaulicht die Dynamik.

Produkte für Entwickler zu konstruieren, die jahrelange Erfahrung im Umgang mit Computern über ein Terminal haben, und Produkte für Geschäftsanalysten zu bauen, ist ähnlich inkompatibel. Ein Produkt für den Entwickler ist für den Geschäftsanalysten unverständlich, und ein Produkt für den Geschäftsanalysten ist für den Entwickler wertlos.

Wenn es um Technologie geht, spricht man häufig von zwei primären Gruppen von Endnutzern: Geschäftsnutzer und IT-Nutzer. Die IT-Gruppe umfasst alle technischen User, also diejenigen, die die Lösungen liefern, die das Geschäft nutzt. Die Geschäftsgruppe ist die Gruppe, die mit diesen Lösungen arbeitet, um einen Geschäftsprozess durchzuführen. Beide nutzen Technologie. Beide erstellen sogar Technologie (der Geschäftsanalyst könnte BI-Berichte oder Excel-Tabellen erstellen). Der Unterschied zwischen diesen beiden Gruppen von Endnutzern war früher viel klarer, aber in den letzten zehn Jahren wurden die Barrieren abgebaut. Neue Arten von Endnutzern, wie Datenwissenschaftler, positionieren sich direkt zwischen den beiden Gruppen. Deshalb betrachten wir diesen Aspekt als Kontinuum.

Jeder Anbieter kann behaupten, dass er Angebote für alle Nutzergruppen hat, aber man konzentriert sich immer auf einen der Bereiche im Besonderen. Deshalb bezeichnen wir diesen Fokus als Kontinuum. Das Kontinuum reicht vom technologie-agnostischen Geschäftsnutzer bis zum technisch affinen Entwickler oder Systemadministrator.

Bewertung

Betrachtet man Abb. 9.6, so sehen wir, dass das Unternehmen, das sich am stärksten auf den Geschäftsnutzer konzentriert, Oracle ist, mit seinem Portfolio an integrierten Business-Anwendungen. Oracles Ziel ist es, den gesamten Geschäftsbetrieb mit seinen Produkten zu ermöglichen. Aber wir sehen dies nicht nur in den SaaS-Geschäftsanwendungen von Oracle, sogar die Datenmanagementprodukte in der Cloud wurden auf Geschäftsnutzer ausgerichtet und ermöglichen es ihnen, recht komplexe Aufgaben durchzuführen, die früher Programmierkenntnisse erforderten.

IBM hat einige Produkte, die auf Geschäftsnutzer für eine Reihe spezifischer Anwendungsfälle und Branchen ausgerichtet sind, aber der Hauptfokus lag auf solchen Anwendungen, die die Entwicklung unterstützen. Der Großteil seiner Produkte richtet sich an Entwickler, was eine bewusste Entscheidung war, die man im Rahmen der Neuausrichtung des Unternehmens in den 1990er-Jahren getroffen hat, um zu einem professionellen Dienstleistungsunternehmen zu werden, das Lösungen für Kunden erstellt.

Microsoft hat eine Zwischenposition mit einigen Produkten wie PowerBI und Office 365, die sich vollständig auf Geschäftsnutzer konzentrieren. Diese

Abb. 9.6 Zielgruppe der Endnutzer

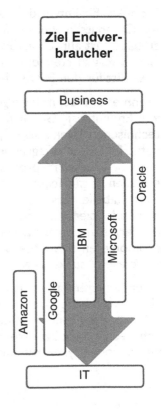

Produkte sind bei vielen Nutzern beliebt, und es gibt eine echte Fokussierung auf das Marketing dieser Produkte an Geschäftsnutzer, aber der Großteil von Microsofts Erzeugnissen richtet sich an Entwickler. Die Geschichte hat gezeigt, dass Microsoft Produkte für Entwickler herstellt. Das beginnt mit den frühen Programmiersprachenprodukten und reicht über Betriebssysteme und Datenbanken bis hin zum .NET Framework.

Wenn es um Google und Amazon geht, kann man mit Fug und Recht sagen, dass sie sich vollständig auf Entwickler konzentrieren. Die Nutzung ihrer Produkte erfordert ein großes technologisches Verständnis. Google hat einige Produkte für Geschäftsnutzer, aber im Fall von Amazon ist dies selten.

Cloud Fokus

Wie Sie in der Einleitung zu diesem Buch gelesen haben, ist es üblich, die Cloud in drei Typen zu unterteilen: Infrastructure as a Service (IaaS), Platform as a Service (PaaS)und Software as a Service (SaaS). Ähnlich wie bei den anderen hier erwähnten Aspekten ist es nicht möglich, sich gleichermaßen erfolgreich auf alle 3 Bereiche zu konzentrieren.

Die Skalierung verläuft vielleicht nicht so kontinuierlich wie bei den anderen behandelten Aspekten, aber sie besteht in dem Sinne, dass SaaS auf PaaS aufgebaut werden kann, das wiederum auf IaaS aufgebaut werden kann. Auch lassen sich Zwischenkategorien zwischen diesen dreien identifizieren, sodass es sinnvoller ist, von Cloud-Fokus als von Skalierung zu sprechen.

Am einen Ende der Skala steht SaaS, das eine umfassende Lösung bietet, die einen vollständigen Geschäftsprozess unterstützt. Es korreliert oft mit geschäftlicher Anwendung, wie im Fall von ERP-Systemen, muss es aber nicht. GitHub, Function as a Service (FaaS) und praktisch alle Produkte des Cloud-Unternehmens Atlassian sind auf Entwickler ausgerichtet.

In der Mitte haben wir PaaS, mit Lösungen wie Datenbanken, die von Entwicklern zum Erstellen von Anwendungen verwendet werden. Am anderen Ende der Skala steht IaaS, das die grundlegendsten Dienste bietet.

Die Cloud-Anbieter konzentrieren sich in der Regel auf eine oder zwei dieser Kategorien, bieten aber in der Regel Produkte in allen dreien an.

Bewertung

Der Anbieter, der sich am deutlichsten auf Software as a Service (SaaS) konzentriert hat, ist Oracle, wie Abb. 9.7zeigt. Keiner der anderen kommt dem in der Auswahl der Produkte oder Marktdurchdringung nahe. Oracle baut aufgrund seiner historischen Stärke im Middleware-Bereich auch seine

Abb. 9.7 Cloud-Fokus

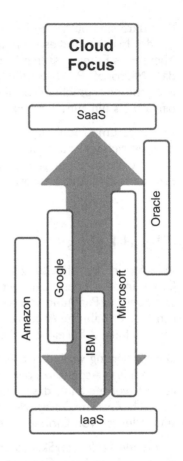

PaaS-Fähigkeiten aus. Das Unternehmen scheint sich darauf zu konzentrieren, hat aber derzeit kein umfassendes Angebot. Das IaaS-Angebot bleibt minimal und scheint nicht der Fokus zu sein.

Für IBM war Middleware ebenfalls traditionell ein Schwerpunktbereich, bei dem man mit Oracle konkurriert. IBM agiert ähnlich, um On-Premise-Produkte in Cloud-PaaS-Produkte umzuwandeln. Bevor die Cloud abhob, dominierte IBM das Hosting-Geschäft, und frühe Investitionen in IaaS zeigen, dass dies ein Kernbereich für IBM ist.

Microsoft hat ein größeres Interesse an SaaS als IBM, bleibt aber weiterhin auf seine Entwicklungsplattformen fokussiert. Das bedeutet, dass die Produktentwicklungs- und Verkaufsbemühungen in PaaS-Produkte wie Datenbanken und IaaS in Form von virtuellen Maschinen fließen.

Google hat sich zunächst auf PaaS konzentriert und diesen Weg fortgesetzt. Es ist möglich, Google-Infrastrukturdienste zu nutzen, aber der primäre Fokus liegt auf Plattformdiensten wie Big Table und Big Query. SaaS wiegt ebenfalls schwer, richtet sich aber an Verbraucher. Wie Gmail zeigt, gibt es nur eine nachträgliche Umstellung für den Unternehmenseinsatz.

Amazon hat eine reiche Vielfalt an Infrastrukturdiensten und Plattformdiensten. Beide – EC2 (IaaS) und S3 (PaaS) – waren Kernservices von Anfang an. Im Bereich Software as a Service (SaaS) gibt es bei Amazon praktisch nichts, aber es wäre möglich gewesen. Wenn SaaS ein Schwerpunkt von Amazon wäre, hätte man ein ziemlich gutes SaaS-Online-Shop-Produkt konstruieren können.

Zusammenfassung

In diesem Kapitel wurde diskutiert, wie die 5 Bereiche – Kundenorientierung, Vision, Produktverpackung, Endnutzerziel und Cloud-Fokus – uns helfen können, die fünf Cloud-Anbieter besser zu verstehen. Jeder Anbieter hat sein individuelles scharfes Profil, das sich in der Art und Weise zeigt, wie er sein Geschäft führt.

Wir können dieses Verständnis nutzen, um die Cloud-Anbieter auszuwählen, die am besten zu den Bedürfnissen eines bestimmten Unternehmens passen. Wenn zum Beispiel ein Unternehmen groß ist und wenige Entwickler hat, sind Google und Amazon vielleicht nicht der beste Ort für die primäre Suche. Wenn umgekehrt ein neues Vier-Mann-Start-up mit der Entwicklung beginnt, stehen die Chancen gut, dass IBM keinen großen Treffer liefert. Die gleiche Methodik kann für einzelne Anwendungsfälle verwendet werden. Wenn das System von Geschäftsanwendern und nicht von Entwicklern genutzt wird, bieten bestimmte Anbieter bessere Lösungen. Darauf kommen wir in einem späteren Kapitel zurück, wenn wir uns verschiedene Anpassungsmuster für die Cloud ansehen. Einige Anbieter sind besser für bestimmte Muster geeignet als andere.

Cloud-Technologie

Obwohl es viele Aspekte der Cloud gibt, ist der offensichtlichste Aspekt, den man in Betracht ziehen sollte, der technische Aspekt. Dieser hat natürlich viel Aufmerksamkeit erhalten und bildet oft den Schwerpunkt von Analysen und Marketing. Daher gibt es eine Fülle von Informationen über nahezu jeden Aspekt der Cloud-Technologie. Der Zweck dieses Kapitels ist es, einen Überblick über die Haupttechnologien zu geben, die wir in der Cloud antreffen. In der Einleitung haben wir gesehen, dass es üblich ist, die Cloud in drei Typen zu unterteilen: Infrastructure as a Service (IaaS), die die grundlegendsten Technologien bereitstellt; Platform as a Service (PaaS), die Technologien für Entwickler enthält, um Anwendungen zu erstellen; und Software as a Service (SaaS), die fertige Anwendungen für den Endnutzer anbietet. Der Schwerpunkt liegt hier auf der Erklärung grundlegender Strukturen und Funktionen, die der Leser an anderer Stelle detaillierter erkunden kann.

Um einen Überblick darüber zu bekommen, wie diese sich unterscheiden, werfen wir einen Blick auf den technologischen Stack hinter den Endnutzeranwendungen (siehe Abb. 10.1).

Der hier beschriebene Stack ist natürlich vereinfacht, liefert aber eine gute Vorstellung von den Unterschieden zwischen den verschiedenen Arten von Cloud Computing. Die linke Spalte in Abb. 10.1 zeigt, was Unternehmen verwalten müssen, wenn sie ihre eigenen On-Premise-Datenzentren betreiben.

© Der/die Autor(en), exklusiv lizenziert an APress Media, LLC, ein Teil von
Springer Nature 2024
A. Lisdorf, *Grundlagen des Cloud Computing*,
https://doi.org/10.1007/979-8-8688-0089-4_10

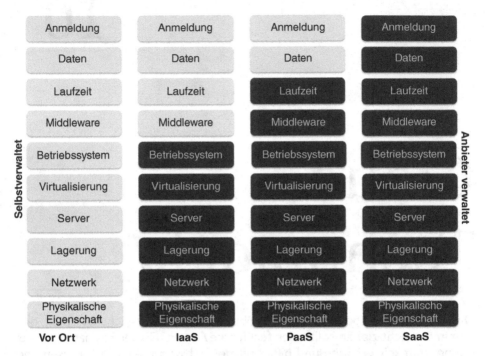

Abb. 10.1 Managementverantwortung des Technologiestacks in der Cloud

Rechts sind die Arten des Cloud Computing dargestellt, bei denen der Cloud-Anbieter Verantwortung für den Technologiestack übernimmt, und zwar in zunehmendem Maße, je weiter man nach rechts geht.

IaaS wird mit einem vorinstallierten Betriebssystem geliefert, und der Anbieter verwaltet die Laufzeit. Kunden können alles installieren, was sie wollen, müssen aber diese Software warten und aktualisieren. Ein Beispiel ist eine Linux-Virtual-Machine. PaaS bietet ein Funktionsmodul, das eine bestimmte Funktion ausführt und typischerweise Daten speichert und/oder manipuliert. Der Kunde hat keinen Zugang zum Betriebssystem und muss die Anwendungssoftware nicht warten und aktualisieren, sondern kann sich auf das Schreiben des notwendigen Codes konzentrieren. Ein Beispiel ist eine Datenbank. Bei SaaS verwaltet der Anbieter alles, was mit dem Betrieb und der Wartung der Anwendung zu tun hat. Der Kunde ist nur für die Konfiguration und Nutzung der Software verantwortlich. Ein Beispiel dafür ist wordpress.com. Lassen Sie uns mehr Details über diese verschiedenen Arten der Dienste erfahren und mehr darüber lernen, wie sie verwendet werden.

Infrastrukturdienste

In diesem Abschnitt werden die Grundlagen der Cloud-Infrastruktur analysiert. Dies sind Dienste, die die Komponenten und Struktur des On-Premise-Datenzentrums am direktesten nachahmen. Sie können in der Regel 1:1 abgebildet werden und mit einer hohen Ähnlichkeit zwischen den Anbietern. Sie sind in anderer Hinsicht ebenfalls grundlegend, da es sich um Dienste handelt, auf denen PaaS und SaaS laufen.

Das Ziel ist, dass der Leser die grundlegenden Konzepte und Komponenten der Cloud-Infrastruktur versteht. Um dies zu tun, werden wir von geografischen Regionen zu Datenzentren zoomen und uns schließlich auf den Kern konzentrieren – das sind die Computer, die IaaS den Kunden anbietet.

Netzwerke

Die Infrastruktur ist normalerweise in Regionen der Welt organisiert. Regionen sind mehr oder weniger willkürliche geografische Bereiche und können zwischen den Anbietern variieren, folgen aber in der Regel Schlüsselmärkten wie der EU, den USA, Asien usw. In der Praxis neigen die Cloud-Anbieter dazu, ihre Regionen auf ähnliche Weise zu partitionieren. Diese Regionen enthalten Verfügbarkeitszonen. Diese Zonen entsprechen in etwa einem Datenzentrum, können aber tatsächlich aus mehreren physischen Datenzentren in unmittelbarer Nähe bestehen. Diese sind in der Region platziert, normalerweise mit einer Mindestentfernung von 60 Kilometern zwischen ihnen, um die Auswirkungen eines katastrophalen Ereignisses wie eines Hurrikans, einer Überschwemmung, eines Erdbebens oder Ähnlichem zu minimieren. Wenn ein solches Ereignis eintritt, sollte es mindestens 2 andere Verfügbarkeitszonen geben, die übernehmen können. Nicht alle Cloud-Anbieter haben in allen Regionen diese Redundanzstufe eingerichtet, aber es ist ein gemeinsames Ziel. Die im Rahmen der IaaS durch die Cloud-Anbieter angebotenen Infrastrukturen sind alle durch ein virtuelles Netz innerhalb einer Region definiert (siehe Abb. 10.2).

Das virtuelle Netzwerk kann als logische Gruppierung von Infrastrukturressourcen betrachtet werden, die miteinander verbunden sind und Daten austauschen. Die Ressourcen erhalten eine IP-Adresse, und das virtuelle Netzwerk definiert die Regeln darüber, welche IP-Adressen miteinander in Kontakt treten können und wie.

Der Kunde kann auf verschiedene Weise mit dem Netzwerk verbunden werden. Entweder über das öffentliche Internet von einzelnen Computern oder über ein VPN-Gateway vom Datenzentrum des Kunden, es kann aber auch durch das, was man als *Dark Fiber* bezeichnet, erfolgen. Dies ist eine direkte Verbindung vom Datenzentrum des Kunden über zugeordnete Fasern zum

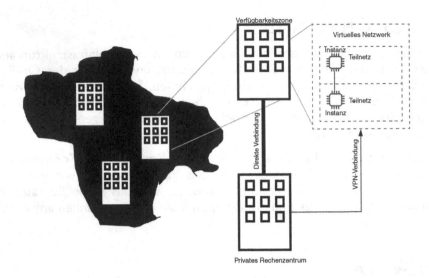

Abb. 10.2 Geografie von IaaS

Datenzentrum des Cloud-Anbieters. Die Daten reisen somit nicht durch das Internet, sondern durch separate Kabel.

Das virtuelle Netzwerk kann weiter in Subnetze unterteilt werden, die wiederum in einzelne Einheiten unterteilt sind. Dies geschieht in der Regel, um eine bestimmte Art der Verarbeitung zu ermöglichen, entweder mehr abgeschlossen oder offener für das Internet. Wie für das gesamte virtuelle Netzwerk können für diese Subnetze bestimmte Verkehrsregeln definiert werden.

Die unterste Ebene ist die Instanz, bei der es sich um eine Form von Computer handelt, entweder virtuell oder physisch, die über eine Verbindung wie SSH, RDP, VPN oder andere erreicht werden kann. Die Verbindung ermöglicht es den Instanzen, zusammenzuarbeiten, und den Entwicklern, die darauf laufende Software zu installieren und zu verwalten.

Computing

Der Kern des Cloud Computing ist, vielleicht nicht überraschend, das Konzept des Computing. Der moderne Computer ist durch einige Schlüsselfunktionen definiert. Das Verständnis dieser Funktionen wird sehr hilfreich sein, um die Auswahl der von den Cloud-Anbietern zur Verfügung gestellten Maschinen zu verstehen. Verschiedene Teile ihrer Struktur können für bestimmte Arten von Workloads optimiert werden.

Die Anatomie eines digitalen Computers

Um die Natur des Computing zu verstehen, werfen wir einen Blick darauf, was ein digitaler Computer ist (siehe Abb. 10.3). Zunächst ist es wichtig, den Unterschied zwischen Speicher und Arbeitsspeicher festzuhalten. Auf den ersten Blick mag dies identisch erscheinen, aber ein Speicher ist etwas vom eigentlichen Computer oder Server Externes, der die Verarbeitung durchführt. Folglich müssen Daten in diesen Speicher ein- und ausgelesen werden. Die Festplatte eines PCs ist ein Speicher. Es gibt zwei Haupttypen von Speichern, die man kennen sollte. Der traditionelle ist der Festplattenspeicher, auf dem Daten auf magnetischen Disks gespeichert werden, die sich drehen. Die andere Form ist die SSD, oder Solid-State-Disk, bei der es keine physische Bewegung gibt. SSD ist schneller, aber auch teurer. Speicherkapazität wird in Gigabyte gemessen.

Der Arbeitsspeicher eines Computers ist direkt zugänglich und muss nicht auf ein externes Medium geschrieben und von dort ausgelesen werden. Er ist daher viel schneller als der Speicher. Auf einem PC entspricht dies dem RAM. Arbeitsspeicher wird oft in Mebibytes (MiB) gemessen. Dies ist ein binäres Maß für Bytes, wobei ein Mebibyte gleich 1048576 Bytes oder 1,048576 Megabytes ist.

Das Konzept von I/O umfasst die Ein- und Ausgabeoperationen des Computers. So kann der Computer mit Peripheriegeräten wie Tastatur, Bildschirm, Druckern, Kommunikationsports usw. kommunizieren. Es wird anhand der Datenmenge gemessen, die in den Server ein- und ausgehen, typischerweise in Gigabit, und wird auch als Netzwerkleistung bezeichnet.

Abb. 10.3 Die
Anatomie des modernen
Computers

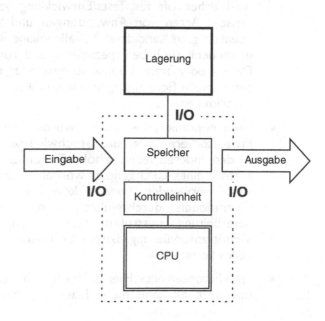

Die Steuereinheit ist eine zentrale Koordinatorin, die mit der CPU interagiert. Die CPU, oder die Central Processing Unit, verarbeitet alle Daten. Die anderen Teile des Computers speichern und bewegen die Daten, aber nur die CPU manipuliert tatsächlich Daten. Es ist wichtig zu beachten, dass die meisten modernen Computer Parallelverarbeitung verwenden, d. h. die Verarbeitung wird von mehr als einer CPU oder mehr als einem Prozessorkern durchgeführt. Folglich ist es notwendig, auf die Anzahl der Prozessorkerne eines Geräts zu achten.

Ein weiterer wichtiger Parameter ist die Verarbeitungsgeschwindigkeit. Dies ist die Taktungsfrequenz der CPU und wird in Giga-Hertz gemessen. Sie bestimmt die Geschwindigkeit, mit der sie arbeitet. Dies wird in MIPS (Millionen Anweisungen pro Sekunde) oder FLOPS (Fließkommaoperationen pro Sekunde) für wissenschaftlichere Anwendungsfälle gemessen. Bei den CPUs gibt es wiederum zwei Haupttypen: die reguläre Computer-CPU und die GPU (Graphical Processing Unit). Die GPU ist deutlich schneller und teurer.

Arten von Rechenleistung

Jeder dieser Teile des Computers kann für verschiedene Zwecke optimiert werden. Die Cloud-Anbieter bieten verschiedene Auswahlmöglichkeiten an, wobei die folgenden die Haupttypen bilden:

- Allgemeine Rechenleistung – Diese hat durchschnittliche Konfigurationen für die verschiedenen Teile. Sie ist am besten für unvorhersehbare Arbeitslasten geeignet und wird daher oft für Tests/Entwicklung verwendet. Die meisten Arten von Anwendungen und Websites sind ebenfalls gute Kandidaten für allgemeine Rechenleistung, es sei denn, sie haben spezielle Anforderungen wie hohe Daten- oder Transaktionsvolumina oder besonders anspruchsvolle Berechnungen wie Grafiken oder komplexe Algorithmen.

- Rechenoptimiert – Hier wurde die Anzahl der Prozessorkerne oder die Geschwindigkeit im Verhältnis zu den anderen Teilen erhöht. Es könnte auch ein GPU anstelle eines CPU genutzt werden. Rechenoptimierung wird verwendet, wenn komplexe algorithmische Operationen durchgeführt werden, wie z. B. die Verarbeitung unstrukturierter Daten. Das könnte Videotranscodierung, Batch-Verarbeitung oder maschinelles Lernen sein.

- Speicheroptimiert – Hier ist der Speicher des Computers optimiert. Er kann mehr Daten im RAM halten und ermöglicht eine schnelle Verarbeitung vieler kleinerer Dateneinheiten, die in den Speicher ein- und ausgelagert werden. Speicheroptimierung ist geeignet für Aufgaben mit einer hohen Datenrate, vielen Zwischenberechnungen oder Echtzeitverarbeitung. Beispiele dafür sind Betrugserkennung, IoT (Internet der Dinge), Überwachung und Messaging.

- Archivierungsoptimiert – Hier ist zusätzlicher Speicher direkt an die Maschine angeschlossen. Das Prinzip ist optimal für transaktionale Aufgaben mit hohem Datenvolumina ohne Berechnungen, bei denen die Ergebnisse der Transaktionen bestehen bleiben müssen. Solche Beispiele sind Verkaufsstellen, Datenlager, Datenbanken.

Arten von Instanzen

Es gibt verschiedene Möglichkeiten, wie die Rechenleistung dem Kunden zur Verfügung gestellt werden kann. Sie reichen vom Zugang zur vollständigen physischen Maschine bis hin zu virtuellen Segmenten mit vorinstallierter spezifischer Funktionalität.

Bare-Metal-Server

Ein sogenannter Bare-Metal-Server ist eine einzelne physische Maschine, die einem einzigen Kunden zugeordnet ist. Er ähnelt einem traditionellen Hosting-Modell und verletzt tatsächlich die Anforderung an gemeinsam genutzte Ressourcen in der NIST-Definition von Cloud Computing, aber da er einseitig in einer Self-Service-Methode beschafft werden kann, rechnen viele ihn zum Cloud-Service. Wie auch immer wir ihn nennen, er wird von den großen Cloud-Anbietern angeboten. Er stellt dem Kunden einen direkten Zugang zum Prozessor, auf dem ein Betriebssystem installiert werden kann, zum Archiv und zum Speicher zur Verfügung. Virtuelle Maschinen erlauben nicht den gleichen Grad an Kontrolle über grundlegende Maschinenkonfigurationen. Der Bare-Metal-Server wird daher für Workloads verwendet, die einen tiefergehenden Zugang zu Hardwarefunktionen oder Software benötigen, die nicht auf virtuellen Servern läuft. Dies könnten entweder Legacy-Server oder spezialisierte benutzerdefinierte Workloads sein.

Virtuelle Maschinen

Virtuelle Maschinen sind der Standard von Computing, der angeboten wird. Sie führen ein Betriebssystem auf einer Hardware aus, aber mehrere virtuelle Maschinen können darauf laufen, und sie können auf andere Hardware verschoben werden. Der Kunde hat Zugang zum Betriebssystem, auf dem ausführbare Dateien (Computerprogramme) installiert und ausgeführt werden können. Da viele Kunden bereits virtuelle Maschinen in ihrem eigenen Rechenzentrum betreiben, wird es eine vertrautes Prinzip sein. Die Anbieter haben auch eine unterschiedliche Auswahl an virtuellen Maschinen, die mit vorinstallierter Software auf dem Betriebssystem bereitgestellt werden. Diese können von Drittanbietern oder einer Auswahl für einen bestimmten Zweck angeboten werden. Es ist auch möglich, ein eigenes vorkonfiguriertes benutzerdefiniertes Maschinenimage zu erstellen, das der Kunde wiederverwenden kann.

Virtuelle Maschinen werden für standardisierte Workloads verwendet, bei denen die Kontrolle über den gesamten Software-Stack benötigt wird. Sie eignen sich gut zum Auslagern von Workloads aus dem firmeneigenen Rechenzentrum, da viele bereits virtuelle Maschinen verwenden. Sie werden nicht für bestimmte Arten von Legacy-Workloads verwendet, bei denen die Kontrolle über tiefere Schichten der Maschine benötigt werden könnte. Das Betriebssystem, einschließlich allem, was auf der Maschine installiert ist, muss vom Kunden in einer bestimmten Häufigkeit gewartet und gepatcht werden. Folglich gibt es gute PaaS-Alternativen zu einigen spezialisierten Workloads. Ein Beispiel sind Datenbanken, bei denen es möglicherweise mehr Arbeit ist, die Anwendung auf einer virtuellen Maschine zu warten und zu verwalten, als dies automatisch vom Anbieter als PaaS-Dienst erledigen zu lassen.

Container

Ein Container ist eine Abstraktion auf einem Betriebssystem, das eine vorkonfigurierte Anwendung mit Daten ausführt. Er ähnelt einer virtuellen Maschine, ist aber noch reduzierter, da er das Betriebssystem mit anderen Containern teilt, die auf demselben Gerät laufen. Er kann leicht zu einem anderen Containersystem entweder im eigenen Rechenzentrum oder in einer anderen Cloud verschoben werden. Er hat viele Eigenschaften ähnlich dem Maschinenimage und wird mit vorkonfigurierten Anwendungen und Bibliotheken zur Verfügung gestellt. Er fungiert oft als Komplettanwendung. Ein Container ist eine standardisierte Möglichkeit, eine Anwendung und deren Abhängigkeiten in einem Objekt zu verpacken. Container teilen Betriebssysteme mit anderen Containern, die auf demselben Gerät laufen, führen aber isolierte Prozesse aus. Sie werden verwendet, wenn Geschäftslogik und Daten leicht isoliert und als Silo ausgeführt werden können. Sie sind ideal für Microservices und ad hoc benutzerdefinierte Anwendungen. Sie werden nicht oft verwendet, wenn die

Anwendungslogik viele nicht standardisierte Schnittstellen in einem privaten Netzwerk hat, wie tiefe Anwendungsintegration mit Speicher oder Dateisystemen.

Entsprechende Computing-Begriffe und Dienste

Die fünf Cloud-Anbieter verwenden leicht unterschiedliche Begriffe für dieselben Computing-Konzepte. Nutzen Sie Tab. 10.1, um den richtigen Begriff zu finden.

Speicherung

Wenn es um Speicherung geht, gibt es verschiedene Typen, die für bestimmte Anwendungsfälle an leicht unterschiedliche Eigenschaften angepasst sind. Sie unterstützen alle die gleiche grundlegende Aufgabe der Datenspeicherung, tun dies jedoch mit unterschiedlichen Schnittstellen und Protokollen.

- Blockspeicher – Speichert Daten in Blöcken. Er verhält sich ähnlich wie eine traditionelle Festplatte auf einem PC. Jeder Dateityp kann auf einem Blockspeicher gespeichert werden. Er wird zur Erweiterung des Speichers auf Recheninstanzen verwendet, die normalerweise wenig oder gar keinen Speicher haben. Da er nahe an der Maschine, d. h. der CPU, ist, hat er vergleichsweise eine geringe Latenz, aber er reduziert sich schnell in geografisch verteilten Systemen. Seine Flexibilität und Vielseitigkeit machen ihn zweckmäßig für virtuelle Maschinen, Boot-Volumes, Datenbankunterstützung und E-Mail-Server, aber er ist auch eine teurere Option als andere Speicheralternativen.

- Dateispeicher – Speichert Daten als Dateien und Ordner in einer hierarchischen Struktur in einem Dateisystem. Auf diese Dateien wird über ein Client-Programm zugegriffen, wobei die primären Protokolle NFS (UNIX und Linux) und SMB (Windows) zu nennen sind. Die Geräte, die den Speicher verwenden, müssen sich im selben Rechenzentrum befinden. Die Latenz ist höher als beim Blockspeicher, aber er ist auch billiger. Er wird für netzwerkgebundene Speichersysteme (NAS) verwendet, wo typische Anwendungsfälle Unternehmensdateilaufwerke und Big-Data-Speicherung sind.

Tab. 10.1 Entsprechende Cloud-Infrastruktur-Begriffe

Konzept	AWS	Azure	GCP	Oracle	IBM
Verfügbarkeitszone	Verfügbarkeitszone	Verfügbarkeitszone	Zone	Verfügbarkeitsdomäne	Verfügbarkeitszone
Virtuelles Netzwerk	Virtuell private Cloud (VPC)	Virtuelles Netzwerk (Vnet)	Google Virtuelle private Cloud	Virtuelles Cloud-Netzwerk	Virtuelle private Cloud
Instanz	Elastische Cloud Compute (EC2)	Virtuelle Maschine	Virtuelle Maschineninstanz	Virtuelle Maschine	Virtuelle Maschine
Direktverbindung	Direktverbindung	Express Route	Google Cloud Interconnect	Schnellverbindung	Cloud-Direktverbindung
VPN-Verbindung	AWS Managed VPN AWS VPN CloudHub Software VPN	VPN-Gateway Daten-Gateway Punkt-zu-Standort Standort-zu-Standort	Cloud VPN	VPN-Verbindung	IPsec VPN

- Objektspeicher – Speichert Daten als sogenannte Objekte, die im Grunde Dateien jeder Größe oder Form sind. Manchmal gibt es keine Ordnerstruktur, nur eine Liste von Dateien in einem Namensraum. Das bedeutet, dass die Struktur in den Dateinamen eingebaut werden muss, der einzigartig sein muss.

  Auf Objektspeicher wird über Internetprotokolle zugegriffen, er ist daher weit vom Prozessor entfernt, was ihm eine hohe Latenz, aber gute Durchsatzrate verleiht. Er ist so konzipiert, dass alle Daten in einem Cluster von Maschinen repliziert werden und daher redundant sind. Wenn eine physische Maschine ausfällt, sind die Daten immer noch auf anderen Geräten verfügbar. Dies bietet eine beispiellose Resilienz, die andere Speicherformen vom Design her nicht haben.

  Es ist auch die billigste Form der Speicherung und wird von Anwendungen über eine Web-Service-API verwendet, typischerweise für Archivierung, statische Websites oder Datenseen.

Entsprechende Speicherbegriffe und -dienste

Die fünf Cloud-Anbieter verwenden leicht unterschiedliche Begriffe für die gleichen Speicherkonzepte. Nutzen Sie Tab. 10.2, um den richtigen Begriff zu finden.

Plattformdienste

Plattformdienste umfassen viele der grundlegenden Infrastrukturkomponenten, die wir im vorherigen Abschnitt kennengelernt haben. Sie bieten eine Plattform für Entwickler, um Anwendungen zu erstellen und auszuführen, ohne die

Tab. 10.2 Entsprechende Speicherbegriffe

Konzept	AWS	Azure	GCP	Oracle	IBM
Blockspeicher	Blockspeicher	Blob-Block, Seiten-Blob	Disk	Blockvolumes	Blockspeicher
Dateispeicher	Elastic File System (EFS)	Dateifreigabe	Dateispeicher	Dateispeicher	Dateispeicher
Objektspeicher	Simple Storage Service (S3)	Blob-Speicher	Cloud-Speicher Blobstore	Objektspeicher	Objektspeicher

Komplexität der Verwaltung und Wartung der zugrunde liegenden Infrastruktur. PaaS liefert die vollständige Umgebung zur Entwicklung, zum Testen, zur Bereitstellung, zur Verwaltung und zur Aktualisierung von benutzerdefinierten Anwendungen. PaaS ermöglicht Entwicklern, sich auf das Schreiben von Codes zu konzentrieren, und erhöht die Geschwindigkeit, mit der Anwendungen entwickelt werden können. Die einzelnen PaaS-Lösungen lassen sich nicht immer 1:1 auf Vor-Ort-Installationen abbilden und können sich zwischen den Cloud-Anbietern unterscheiden, aber es gibt einige gemeinsame Kategorien von Plattformdiensten, die leicht zu erkennen sind.

Datendienste

Daten werden zunehmend zu einer der wertvollsten Rohstoffe in der modernen Welt. Eine der größten Gruppen von Plattformdiensten im Cloud Computing bilden die Datendienste, was vielleicht nicht überraschend ist. Praktisch jede Art von Anwendung muss Daten in irgendeinem Format speichern und lesen. Das bedeutet, dass viele spezifische Anwendungsfälle unterstützt werden müssen. Schauen wir uns die gängigsten an.

- RDBMS – Das relationale Datenbankmanagementsystem war einst synonym mit der Datenbank und ist aufgrund seiner Vielseitigkeit und Bekanntheit immer noch mit großem Abstand das am häufigsten verwendete System. Die modernen Versionen basieren auf der Structured Query Language (SQL), mit der viele Geschäftsanwender sowie Entwickler vertraut sind. Es gibt viele verschiedene Produkte in diesem Bereich, die Oracle und Microsoft früher dominierten. Sie halten immer noch die Führung in der Cloud, aber diese Führung schwindet aufgrund leistungsfähiger Open-Source-Alternativen wie MySQL und PostgreSQL. Mehrere Anbieter haben Versionen davon, auch wenn sie manchmal anders gebrandet sind.

- Data Warehouse – Ein Data Warehouse ist eine für analytische Nutzung optimierte Datenbank. Meistens handelt es sich dabei um eine optimierte relationale Datenbank, aber es wurden auch andere Beispiele wie spaltenbasierte Datenbanken verwendet. Der Hauptzweck besteht darin, den Lesezugriff und Abfragen von riesigen Datenmengen für Business Intelligence zur Verfügung zu stellen. Da Data Warehouses für analytische Anwendungsfälle optimiert sind, bieten sie weniger Flexibilität, werden aber immer noch von Anwendungen und Endbenutzern über SQL angesprochen.

- Document DB – Ein Dokument in diesem Kontext sollte nicht im üblichen Sinne verstanden werden, sondern eher als Markup-Dateiformat wie JSON oder XML. Dokumentdatenbanken sind optimiert für das Speichern, Abrufen und Durchsuchen von dokumenttypischen Datenstrukturen. Diese werden hauptsächlich in einem Webkontext verwendet, wo JSON und XML typische Nachrichtenformate sind, die über Webdienste ausgetauscht werden. Es ist nicht möglich, auf diese über SQL zuzugreifen, und daher werden sie nicht oft direkt von Endnutzern verwendet.

- Column DB – Wenn Daten in dem Sinne einfach sind, dass sie sich nicht stark unterscheiden und es nicht notwendig ist, Daten aus mehreren verschiedenen Tabellen zu verknüpfen, könnte eine spaltenbasierte Datenbank vorzuziehen sein. Sie ist optimiert für die Einzeltabellen-Datenmanipulation von sehr großen Datenmengen, wie Transaktionen. In Bezug auf die Funktionalität ist sie im Vergleich zur relationalen Datenbank reduziert. Viele Dinge, die von der relationalen Datenbank automatisch durchgeführt werden, müssen vom Entwickler programmiert werden. Die Column DB macht das wett durch Geschwindigkeit und die Fähigkeit, sehr große Datenmengen zu verarbeiten.

- Graph DB – Ein Graph in diesem Kontext ist die mathematische Vorstellung eines Netzwerks von Knoten. Eine Graphdatenbank ist optimiert für Netzwerkbeziehungen und macht die Abfrage dieser speziellen Art von Datenstruktur einfach und schnell. Einige Probleme sind vom Prinzip einem Graph ähnlich, wie Betrugserkennung und soziale Netzwerkanalyse, für die die Graphdatenbank gut geeignet ist.

- Key-Value Store – Es gibt viele Situationen in der Anwendungsentwicklung, in denen es notwendig ist, nur zwei Datenpunkten zu beachten: einen Schlüssel und einen Wert. Der Schlüssel wird verwendet, um die Daten zu lokalisieren. Ein Key-Value Store ist eine für die einfache Paarung eines Schlüssels und zugehöriger Daten optimierte Datenbank. Dieses Prinzip kann eingesetzt werden, um eine Datei wie Video- oder Audioclips abzurufen, oder um den Sitzungsstatus in einer Anwendung mitzuverfolgen. Es wird oft in einem Web-Kontext verwendet.

Middleware

Middleware sind Softwaredienste, die von Anwendungen genutzt werden können. Sie sind der Klebstoff, der Dienste zusammenfügt. Für Entwickler vereinfacht Middleware sonst komplexe Aufgaben, die immer wieder durchgeführt werden müssten, wie das Erstellen von Funktionen zum Austausch von Daten zwischen Subsystemen oder die Manipulation von Daten. Diese komplexen, wiederkehrenden Aufgaben sind besser in der Middleware aufgehoben, wodurch der Entwickler sich auf die spezifischen Aufgaben konzentrieren kann, die die Anwendung erfüllen muss.

- Message Queue – Beim Erstellen von Anwendungen ist es oft notwendig, einen kontinuierlichen Fluss von Nachrichten zwischen Komponenten zu verwalten und sicherzustellen, dass sie nicht verloren gehen und das System nicht zusammenbricht, selbst wenn es plötzlich zu einem Anstieg des Nachrichtenvolumens kommt. Das ist es, was eine Message Queue macht. Sie entkoppelt die Übertragung und den Empfang von Daten von der Verarbeitung der Daten. Das empfangende Modul, das die Verarbeitung durchführt, muss nicht verfügbar sein und kann die Nachricht aus der Warteschlange abrufen, wenn es bereit ist.

- Streaming – Dies ist ein kontinuierlicher Datenstrom, der manchmal einer Message Queue ähneln kann, aber einfacher ist und nicht die gleiche Funktionalität wie Message Queues hat. Streaming in einem Cloud-Kontext ist nicht dasselbe wie Media Streaming. Es wird in Situationen mit hohen Volumen von kleinen, strukturierten Transaktionen verwendet, wie es typischerweise bei IoT, Messagingdiensten und Servertransaktionen der Fall ist.

- API-Management – Eine API ist eine Anwendungsprogrammierschnittstelle und verwaltet in einem Webkontext den Zugriff auf Webservices. Webservices sind die Grundlage des Internets und die Art, wie die meisten modernen webbasierten Produkte ihre Funktionen implementieren. Daher ist es wichtig, einen zentralen Ort zu haben, um den Zugriff auf alle Webservices zu verwalten, anstatt dies für jeden einzelnen zu tun. API-Management ermöglicht auch in der Regel Self-Service und Dokumentation darüber, wie die Dienste genutzt werden können.

- Integration und Workflow – Dies sind ebenfalls typische Bedürfnisse beim Aufbau einer Anwendung. Diese Dienste verarbeiten Daten schrittweise, wenn ein komplexerer Workflow benötigt wird. Integration ist ein allgegenwärtiges Bedürfnis, da Daten von und zu externen Systemen kommen, die unterschiedliche Formate haben. Daten müssen bearbeitet werden, damit die Anwendung ordnungsgemäß mit anderen Systemen arbeiten kann.

- ETL-Verarbeitung – Dies steht für Extract, Transform, and Load. Es nimmt Daten aus Quellsystemen und bereitet sie für den analytischen Zugriff vor. Das System arbeitet mit einem Data Warehouse. Es handelt sich um einen Spezialfall der Integration, der oberflächlich der Anwendungsintegration ähnelt, aber es gibt Unterschiede, da ETL-Verarbeitung in der Regel in Chargen mit hohen Datenmengen läuft und die Daten in einer Datenbank speichert.

Analytik

Mit zunehmenden Datenmengen steigt auch der Bedarf, diese Daten zu verstehen. Dies wird durch eine Vielzahl von Analyselösungen unterstützt, die von den Cloud-Anbietern angeboten werden. Einige konzentrieren sich auf die Verarbeitung und das Lernen aus den Daten, während andere sich auf die Visualisierung und Entdeckung von Daten konzentrieren.

- Big-Data-Verarbeitung – Dies sind Versionen von Software aus dem Hadoop-Ökosystem, die von der Open-Source-Community entwickelt wurden. Diese Lösungen sind darauf ausgelegt, sehr große Datenmengen jeglicher Art zu verarbeiten und zugänglich zu machen. Da sie schwierig einzurichten und zu verwalten sind, sind dies beliebte PaaS-Angebote geworden, bei denen der Nutzer nicht den gleichen Verwaltungsaufwand betreiben muss. Einige als separate Produkte vermarktete Dienste sind in Wirklichkeit Open-Source-Lösungen, die lediglich vom Anbieter verpackt und verwaltet werden.

- Machine Learning Framework – Ermöglicht es dem Benutzer, Machine Learning zu nutzen ohne die gesamte Infrastruktur. Selbst im Hadoop-Ökosystem gibt es viele verschiedene Komponenten, und es ist möglich, Data Science zu betreiben. Einige Data Scientists möchten einfach nur Codes schreiben und die Ergebnisse erhalten oder sogar den Code die Lösung generieren lassen. Mit der zunehmenden Beliebtheit von KI werden auch Machine Learning Frameworks immer beliebter.

- Visualisierung – Erstellt Diagramme und andere Arten von Visualisierung von Daten. Die Visualisierung ist oft der Schlüssel zur Darstellung der Muster in den Daten. Sie wird für Business-Intelligence-Berichte verwendet und kann in Websites für Endnutzer eingebettet werden.

- Datenermittlung – Macht es möglich zu bestimmen, welche Daten verfügbar sind. Wenn die potenziellen Nutzer der Daten nicht über deren Existenz informiert sind oder sie nicht finden können, sind sie wertlos. Daher gewinnen Produkte, die Datenkataloge mit Beschreibungen und Links zu Datenquellen liefern, an Beliebtheit.

Anwendungsdienste

Es gibt einige Funktionen, die in vielen verschiedenen Anwendungen immer wieder verwendet werden und die bequem in einem System zu behandeln sind, anstatt sie für jede einzelne Anwendung zu programmieren. Die Verwaltung des Zugriffs durch Nutzer ist allgegenwärtig, und auch andere Funktionen wie Suche, E-Mail-Zustellung und Benachrichtigungen sind üblich. Einige Anwendungen benötigen spezifischere Funktionen, wie IoT und Block Chain. Viele verschiedene Lösungen werden als Komponenten angeboten, um Anwendungen schneller und zuverlässiger zu erstellen.

- Suche – Ermöglicht es Nutzern, große Datenmengen zu durchsuchen. Dies war früher ein schwieriges und spezialisiertes Problem, aber es gibt Open-Source-Projekte, die Lösungen geschaffen haben, die von den Cloud-Anbietern als zusammengeschnürte Produkte angeboten werden. In einigen Fällen können diese sogar den Bedarf an einer Datenbank ersetzen, wobei alle Daten in die Suchmaschine geschrieben werden.

- Identitäts- und Zugriffsmanagement (IAM) – Kontrolliert und verwaltet den Nutzerzugriff auf die Plattform und die Ressourcen. Mit dem zunehmenden regulatorischen Interesse am Schutz von Daten, insbesondere persönlichen Daten, ist es zu einer zentralen Anforderung geworden, dass jede Cloud-Lösung eine zentralisierte Lösung zur Verwaltung von Nutzern und deren

Zugriffsrechten hat. Die Integration in ein zentrales IAM-System entlastet die Verantwortung auf ein dafür konzipiertes System, und der Entwickler kann sich auf das Erstellen der Funktionen konzentrieren.

- E-Mail-Zustellung – Liefert E-Mails aus, was einfacher klingt, als es tatsächlich ist. Zunächst muss das System die Nachrichten nach den für E-Mails verwendeten Protokollen formatieren, was redundant wäre, wenn es jedes Mal durchgeführt werden müsste, sobald eine E-Mail gesendet wird. Zweitens ist es wichtig sicherzustellen, dass die E-Mail tatsächlich zugestellt wird. Heutzutage ist ein großer Teil der E-Mails Spam, und es erfordert spezifische Kenntnisse, um sicherzustellen, dass legitime E-Mails nicht von Spam-Filtern erfasst werden.

- Benachrichtigung – Sendet Benachrichtigungen an die mobilen Geräte der Nutzer oder andere Systeme. Viele Anwendungen müssen Benachrichtigungen schnell und zuverlässig an Nutzer oder Systeme senden, was die Benachrichtigungslösungen tun. Anstatt jedes Mal zu programmieren, wie Benachrichtigungen gesendet werden, wird die Komplexität von der Lösung bewerkstelligt.

- Blockchain – Eine Technologie, die viel Optimismus erfahren hat. Es ist eine komplexe Lösung, die einzurichten und zu warten ist. Stattdessen ermöglicht PaaS den Nutzern, Anwendungen auf einer Blockchain zu erstellen und sie in ihre Anwendung zu integrieren, ohne Zeit damit verbringen zu müssen, alle Details ihrer Funktionsweise zu lernen. Für Entwickler, die die potenziellen Vorteile erkunden möchten, ist dies eine gute Option im Vergleich zur alleinigen Einrichtung.

- Internet of Things (IoT) – Immer mehr Geräte und ihre Datenfeeds werden in Lösungen integriert, und Sensordaten sind oft schwierig zu handhaben aufgrund spezieller Formate und verrauschter Daten. IoT-Plattformdienste erleichtern die Verwaltung von Geräten wie Sensoren. Sie schaffen auch eine zentrale Lösung, die als Rückgrat der IoT-Datenintegration dienen kann, indem sie Daten in den richtigen Formaten für Anwendungen bereitstellt.

Betriebsdienste

Um eine Anwendung Endnutzern anzubieten, muss jemand sie bereitstellen. Ist das erledigt, tritt sie in einen neuen Lebenszyklus ein, in dem der Fokus darauf liegt, sie betriebsbereit zu halten. Dies geschieht durch Überwachung der Leistung der Anwendung. Sie tritt auch in einen Zyklus der Wartung durch Upgrades und Patches ein. All diese Funktionen werden auch als PaaS angeboten.

- Bereitstellung – Die Verwaltung der Bereitstellung von Anwendungscodes ist nicht so einfach wie das Klicken zur Installation einer App auf Ihrem Mobiltelefon. Es können viele Schritte erforderlich sein, die in einer Sequenz ausgeführt werden müssen. Die Nachverfolgung verschiedener Versionen ist entscheidend, um bei Problemen eine Rückkehr zur vorherigen Version zu ermöglichen.

- DevOps-Tools – Ermöglichen die kontinuierliche Bereitstellung von Anwendungen. Dies wird eingesetzt, um die Geschwindigkeit zu erhöhen, mit der neue Funktionen bereitgestellt werden und die verschiedenen Phasen der Entwicklung zu orchestrieren, vom Schreiben des Codes bis zum Testen und zur Bereitstellung. Normalerweise wären viele verschiedene Tools beteiligt, aber DevOps integriert alles in eine Pipeline.

- Patch-Management – Stellt sicher, dass Infrastrukturkomponenten ausreichend gepatcht sind, um neue und aufkommende Sicherheitsbedrohungen zu mildern; dies gilt auch, aber in geringerem Maße, für neue oder verbesserte Funktionen in der Komponente. Es ist zeitaufwendig, ständig zu prüfen, ob Patches benötigt werden und sie anzuwenden. Bei bestimmten Sicherheitsbedrohungen kann schnelles Handeln jedoch systemrelevant sein.

- Überwachung – Überwacht wichtige Infrastruktur-KPIs (Key Performance Indicators) und identifiziert proaktiv Probleme mit einer Anwendung. Für eine Reihe von Anwendungsfällen ist es entscheidend, dass das System kontinuierlich läuft, weshalb die Leistungsüberwachung notwendig ist. Dies kann bei der Fehlerbehebung oder proaktiven Problemlösung helfen. Anstatt ein Feature für jede einzelne Anwendung zu erstellen, ist es sinnvoll, ein zentrales Framework zu haben, wie sie in der Cloud angeboten werden.

- Protokollierung – Erstellt einen Prüfpfad für Infrastruktur- und Anwendungsereignisse, der zur Fehlerbehebung über Leistungsoptimierung bis hin zu Kundeneinblicken verwendet werden kann. Anwendungen können viele Protokollinformationen erzeugen, die helfen können zu ermitteln, was vor sich geht.

Serverlose Funktionen

In einigen Fällen kann es sinnvoll sein, den Aufbau einer Anwendung komplett zu überspringen und nur den Code zu schreiben, der auf Basis der Aktivierungsregeln ausgelöst wird. Dies geschieht immer häufiger und eignet sich gut für kleine oder zumindest atomare Funktionen. Serverlos bedeutet, dass sich der Benutzer nicht um die Laufzeitumgebung des Codes kümmern muss, sondern nur um den Code, der ausgeführt werden muss.

Generische serverlose Codeausführungen sind isolierte Code-Snippets, die eine Funktion ausführen. Sie werden oft verwendet, wenn isolierte Logikteile in Verbindung mit automatisierten Aktionen in einer ereignisbasierten Architektur ausgeführt werden müssen. Ein Beispiel ist ein Auslöser, der anzeigt, wann neue Daten erscheinen und der zur Verarbeitung dieser Daten führt. Sie eignen sich auch gut für Webservices oder für das Routing oder Formatieren von Daten, insbesondere wenn dies wiederholt durchgeführt werden muss. Sie sind hingegen nicht gut geeignet für komplexere Funktionen oder Funktionen, die eine Bibliothek verwenden.

Softwaredienste

Dieser Abschnitt konzentriert sich auf Software as a Service (SaaS). Diese Kategorie wird normalerweise nicht zusammen mit den anderen Arten von Cloud-Diensten behandelt und von den verschiedenen Plattformanbietern unterschiedlich angegangen. Einige Anbieter, wie AWS, haben nicht viele Angebote, während andere, wie Oracle, es zu einem Schwerpunkt der Unternehmensstrategie gemacht haben. Da Anwendungsbedürfnisse zunehmend durch SaaS-Produkte anstatt durch den Aufbau einer benutzerdefinierten Anwendung gelöst werden können, ist es wichtig zu verstehen, was SaaS ist und wie der Markt aussieht.

Der Markt unterscheidet sich stark von IaaS und PaaS. Es gibt viele reine SaaS-Unternehmen, die vertikal integrierte Geschäftsprozessunterstützung anbieten. Die größten reinen SaaS-Unternehmen, wie Salesforce, Service Now, Zendesk und Atlassian, konzentrieren sich ausschließlich darauf und bieten kein PaaS oder IaaS an. Viele traditionelle Unternehmensanwendungsanbieter bewegen sich ebenfalls in den SaaS-Bereich, wie SAP, IFS oder Infor, weshalb es eine etwas andere Kategorie des Cloud Computing ist.

Was ist charakteristisch für SaaS?

Während IaaS im Wesentlichen eine Cloud-Version Ihres Rechenzentrums liefert und es bei PaaS darum geht, die Entwicklung und Bereitstellung von benutzerdefinierten Anwendungen zu beschleunigen, fokussiert sich SaaS darauf, eine voll funktionsfähige Anwendung bereitzustellen, die nur eine Konfiguration durch den Kunden benötigt. Das bedeutet, dass die Flexibilität im Vergleich zur Entwicklung einer benutzerdefinierten Anwendung eingeschränkt ist. Obwohl einige SaaS-Lösungen Konfigurationsmöglichkeiten bieten, gibt es dennoch Grenzen, was sie vernünftigerweise leisten können. Eine Anwendung für das Service-Management kann konfiguriert werden, um jeden ähnlichen Geschäftsprozess zu unterstützen, das heißt einen, der die Bearbeitung von Anfragen und Aufgaben in einem Workflow beinhaltet, aber sie wäre zum Beispiel nicht gut für die Buchhaltung.

Das bedeutet, dass SaaS sich von den anderen Arten des Cloud Computing dadurch unterscheidet, dass es in seiner Verwendung auf bestimmte Arten von Geschäftsprozessen beschränkt ist. Es ist darauf ausgelegt, eine bestimmte Art von Arbeit zu unterstützen, mit spezifischen Begriffen, die in der Benutzeroberfläche verwendet werden. Manchmal kann eine Auswahl von Begriffen vom Kunden geändert werden, aber das ist selten. Ein Ticket in einem Service-Management-System kann plötzlich nicht in einen Container oder ein Buch geändert werden, um Container oder Bücher zu verfolgen. Das bedeutet nicht, dass sie nicht dafür verwendet werden können, sondern dass eine solche Verwendung eine große Vorstellungskraft erfordern würde. In der Praxis wird jedoch eine SaaS-Lösung auf einen bestimmten Geschäftsprozess beschränkt sein.

Es gibt verschiedene Ansätze, wie SaaS-Anwendungen das bewerkstelligen. Die folgenden Abschnitte diskutieren die gängigsten.

Modulare Lösungen

Einige SaaS-Lösungen arbeiten auf einer Geschäftsfunktion. Viele solcher Funktionen werden in verschiedenen Branchen verwendet, wie zum Beispiel Personalbeschaffung, Kundenbeziehungsmanagement, Kundensupport, Online-Meetings, Buchhaltung, Gehaltsabrechnung usw. Auch wenn sich die Branchen in ihrem Geschäftsmodell und ihrer Dynamik stark unterscheiden, müssen sie diese Funktionen dennoch unterstützen. Sie müssen Leute einstellen, Kunden begleiten und unterstützen, Finanzen verwalten und ihre Mitarbeiter bezahlen.

Solche Geschäftsfunktionen zeigen einen hohen Grad an Ähnlichkeit, was es SaaS-Lösungen ermöglicht, diese gut zu unterstützen, da die Unterschiede innerhalb der Grenzen dessen liegen, was konfiguriert werden kann. SaaS-Lösungen werden daher oft als modulare Lösungen angeboten, um gut definierte Geschäftsfunktionen zu unterhalten.

Personalwesen

Ohne Personal kann ein Unternehmen nicht funktionieren. Auch wenn dieses Personal in verschiedenen Branchen sehr unterschiedlich ist, sind die meisten Schlüsselfunktionen, die verwaltet werden müssen, ähnlich. Die folgenden Bereiche werden typischerweise von HR-Systemen gehandhabt:

- Personalbeschaffung und Talentmanagement – Die richtigen Leute für den Job zu gewinnen und interne Stellen zu besetzen, macht Aufgaben wie das Ausschreiben von Stellen, Vorstellungsgespräche und das Entwerfen von Karrierewegen nötig.

- Boni und Vergütung – Das Personal muss für seine Arbeit belohnt werden, was durch Vergütung und Bonuszahlungen geschieht. Die Schaffung der richtigen Anreize ist wichtig, um die besten Leute zu gewinnen und zu halten.

- Gehaltsabrechnung – So einfach und trivial es klingt, die Gehaltsabrechnung ist eine der wichtigsten Funktionen. In einigen Branchen werden Mitarbeiter gehen, wenn sie nicht pünktlich bezahlt werden. Die Gehaltsabrechnungsfunktion stellt sicher, dass die Zahlung in Übereinstimmung mit den Bonuszahlungen und der Vergütung erfolgt.

- Informationen zum Personal – Die grundlegenden Informationen über einen Mitarbeiter, wie Name, Adresse und Sozialversicherungsnummer, werden im HR-System erfasst. Hier wird auch die Organisationsstruktur gepflegt.

Finanzen und Buchhaltung

Das Verfolgen von Geldflüssen ist ein kritischer Teil aller Unternehmen, da Banken und Behörden sie für die Genauigkeit verantwortlich machen. Folglich ist dies ein wichtiger Markt für SaaS-Lösungen. Die folgenden Funktionen gehören zu den wichtigsten:

- Buchhaltung – Unterstützt grundlegende finanzielle Verwaltungsprozesse wie Kreditoren, Debitoren, Hauptbuch und Einkauf.

- Planung und Prognose – Verwendet historische Finanzinformationen, um die strategische Ausrichtung des Unternehmens durch die Planung zukünftiger Mittelzuweisungen zu fördern.

- Cashflow – Behandelt Konsolidierungen und Budgets, verfolgt Einnahmen und Ausgaben und überwacht, wie Geldmittel in verschiedenen Abteilungen ausgegeben werden.

- Berichterstattung – Erstellt Gewinn- und Verlustrechnungen, Bilanzen, Jahresberichte und andere relevante Dokumentationen für Behörden.

Vertrieb

Die Vertriebsfunktion wird durch Customer Relationship Management (CRM-Systeme) unterstützt. Der grundlegendste Zweck eines CRM-Systems besteht darin, bestehende und potenzielle Kunden und deren Engagement mit dem Unternehmen zu begleiten. Manchmal sind Kundeninteraktionen so klein wie einzelne Transaktionen, ein anderes Mal handelt es sich um komplexe Multi-millionentransaktionen zwischen Unternehmen. Die erste Unterscheidung liegt daher zwischen Business to Consumer (B2C) und Business to Business (B2B). CRM-Systeme verwalten alle grundlegenden Kundeninformationen sowie die Vertriebspipeline und welche Produkte den Kunden angeboten werden sollen. Die Hauptmerkmale umfassen folgende Punkte:

- Lead-Management – Hier werden potenzielle Kunden begleitet und bewertet. Der Verkaufszyklus beginnt hier, und es wird sichergestellt, dass Informationen optimal entwickelt werden und nicht verloren gehen.

- Kontaktmanagement – Behält den Überblick über die Interaktionen des Unternehmens mit dem Kunden, sodass der Vertriebsmitarbeiter sich genau die spezielle Situation und vorherige Gespräche mit dem Kunden in Erinnerung rufen können.

- Pipeline-Management und Prognose – Sobald der erste Kontakt hergestellt ist, wird sorgfältig darauf geachtet, wie er von einem Lead zu einem Kunden entwickelt wird. Dies geschieht durch das Pipeline-Management, das auch die Prognose von Einnahmen ermöglicht.

Kundenserviceunterstützung

Der Fokus von Support besteht darin, bestehenden Kunden dabei zu helfen, Probleme mit den Produkten oder Dienstleistungen eines Unternehmens zu lösen. Dies geschieht mit einem Kundensupportsystem. Wie CRM erstreckt sich auch die Supportfunktion über einfache B2C und komplexere B2B. Schlüsselfunktionen solcher Systeme sind die folgenden:

- Omnichannel-Support – Kunden werden wahrscheinlich auf vielen verschiedenen Kanälen mit einem Unternehmen in Kontakt treten, wie Telefon, E-Mail und Facebook, und sie erwarten, dass das Unternehmen über ihre vorherigen Gespräche Bescheid weiß, unabhängig vom Kanal.

- Self-Service-Portal – Um den Bedarf an Servicemitarbeitern zur Interaktion mit den Kunden zu reduzieren und die Geschwindigkeit der Problemlösungen zu optimieren, ermöglicht ein Self-Service-Portal den Kunden, Informationen zur Lösung der Situation zu finden.

- Ticketsystem – Um die Details jedes Supportfalls zu registrieren und ihn zur Lösung zu bearbeiten, erstellt ein Ticketsystem eine Anfrage, die verschiedenen Supportspezialisten zugewiesen werden kann, und stellt sicher, dass der Fall nicht vergessen wird.

Marketing

Der Zweck von Marketing besteht darin, die richtigen Produkte und Dienstleistungen an den richtigen Orten den richtigen Kunden zum richtigen Preis zu präsentieren. Dies beinhaltet traditionelle Marketingmethoden sowie Onlinemaßnahmen. Es ist wichtig, ein System zu haben, um das Marketingprogramm zu verwalten und einen Überblick erstellen zu können. Die folgenden sind die am häufigsten verwendeten Funktionen von Marketinglösungen:

- Segmentierung – Nicht alle Kunden sind gleich. Daher ist es notwendig, sie in Gruppen zu segmentieren, die in Bezug auf das Produkt und die Marketingbotschaft ähnlich sind. Dies ist der Zweck der Segmentierung. Viele verschiedene Informationen von demografischen bis hin zu Verhaltensinformationen können Teil eines Kundensegments sein.

- E-Mail-Marketing – Obwohl im Marketing mehrere Medienmaßnahmen zum Einsatz kommen, ist die E-Mail immer noch der wichtigste Weg, um potenzielle Kunden zu erreichen. Das Erstellen von Kampagnen, das Testen von Varianten und das Versenden von Mails sind wertvolle Funktionen des E-Mail-Marketings.

- Social Media Management – Ermöglicht es dem Unternehmen, integrierte Kampagnen über verschiedene Social-Media-Plattformen zu erstellen und die Effizienz zu verfolgen. Dies ist besonders nützlich, weil es eine genauere Zielgruppenansprache auf Basis identifizierter Kundensegmentierung ermöglicht.

Produktivität

Es ist so selbstverständlich geworden, dass Mitarbeiter Dokumente und Präsentationen verfassen, Projekte planen und ausführen, in Teams arbeiten und effektiv kommunizieren, dass wir fast vergessen, dass dies alles existiert. Im Folgenden sind einige der am weitesten verbreiteten SaaS-Produkte mit der größten Reichweite aufgelistet:

- Online-Meetings – Die Möglichkeit, sich auf verschiedenen Geräten online zu treffen, ist zu einem integralen Bestandteil des modernen Arbeitsplatzes geworden. Die Planung und Verwaltung von Meetings jeder Größe wird von Online-Meeting-Software übernommen.

- Dokumentenmanagement – Das Erstellen und Bearbeiten von Dokumenten wurde viele Jahre lang durch das Hin- und Hersenden von Dokumenten gehandhabt, aber Dokumentenmanagementlösungen ermöglichen es vielen verschiedenen Personen, ihren Beitrag zu leisten und Dokumente einzusehen.

- Projekt- und Aufgabenmanagement – Ob es sich um ein großes Projekt mit vielen verschiedenen Teilnehmern oder um die Aufgaben eines einzelnen Mitarbeiters handelt, es ist wichtig, den Überblick über die zu erledigende Arbeit zu behalten.

- Zusammenarbeit – Der Support der Zusammenarbeit in geografisch dezentralisiert arbeitenden Teams ist eine zunehmend wichtige Funktion im modernen Unternehmen. Dies geschieht durch das Sammeln von Kommunikation und Ressourcen für das virtuelle Team an einem Ort und dann das Zulassen, dass andere dem Raum beitreten.

Integrierte Suiten

Viele Module für verschiedene Geschäftsfunktionen von verschiedenen Anbietern können schnell problematisch werden, da sie nicht unbedingt zusammenpassen. Deren Integration ist in der Cloud ebenso herausfordernd
wie vor Ort. Die Standardlösung, die für vor Ort entwickelte Unternehmensanwendungen konstruiert wurde, bestand darin, Geschäftsfunktionen als in
Suiten integrierte Module anzubieten. Suiten bestehen aus mehreren Modulen, die in Bezug auf Daten und Schnittstelle zusammenpassen. Ein Unternehmen kann mit einem Modul beginnen, wissend, dass ein anderes Modul in
der Suite existiert, das bei Bedarf leicht aktiviert werden kann. Suiten sind
dazu gemacht, multifunktionale Bereiche abzudecken, die verschiedene Abschnitte eines Unternehmens umfassen.

Die klassische, am häufigsten vorkommende Art von Suite ist die ERP-Suite
(Enterprise Resource Planning Suite). Diese Art deckt alle funktionalen Bereiche ab, die benötigt werden, um ein Unternehmen zu führen. Es ist wichtig,
dass alle verschiedenen Geschäftseinheiten integriert sind. Zum Beispiel, dass
das Verkaufsteam Produkte verkauft, die das Produktionsteam hat oder herstellen kann. Das Finanzteam muss wissen, wie viel Wert im Lager gebunden
ist und wie viel in Bestellungen festgelegt ist, sowie wie viele Verkäufe in den
Büchern stehen, aber noch nicht bezahlt sind. Um all diese verschiedenen
Funktionen zu verbinden, bieten ERP-Systeme Module, die in einer Suite integriert sind.

Selbst mit Suiten, in denen die verschiedenen Geschäftsfunktionen integriert
sind, wird es einige Arbeit bei der Konfiguration und Integration geben; dies
kann sich je nach Branche erheblich unterscheiden. Ein anderer Ansatz besteht darin, die Integration vertikal für eine bestimmte Branche zu unterstützen. Einige SaaS-Anbieter haben vertikal integrierte Lösungen für bestimmte Branchen, wie Fertigung und Einzelhandel, geschaffen, bei denen Kunden alle oder die meisten ihrer Geschäfte innerhalb eines Systems abwickeln
können, ohne Module konfigurieren oder integrieren zu müssen. Prozesse und
Daten sind automatisch in der Lösung integriert, entsprechend den besonderen Bedürfnissen dieser Branche, was es dem Kunden erleichtert, die
Lösung zu übernehmen.

Da diese Dynamiken in Unternehmensanwendungen nicht neu sind, gibt es
bereits eine Hybridlösung für vor Ort entwickelte Anwendungen, bei der
idealerweise das Beste aus beiden Welten zur Verfügung steht. Dies geschieht
durch das Anbieten von Geschäftsfunktionen als Module und vertikale Integration durch Suiten mit vorkonfigurierten Vorlagen für Branchenvertikalen. All
diese Optionen gehen mit Kompromissen in Bezug auf Flexibilität und
Implementierungskomplexität einher. Je flexibler, desto schwieriger die Implementierung, und umgekehrt.

Zusammenfassung

Dieses Kapitel erklärte, wie die Cloud genutzt werden kann, um Anwendungen für Endnutzer bereitzustellen. Die grundlegendste Art besteht in IaaS, was ähnlich dem Verlegen eines Rechenzentrums in die Cloud ist. Der Anbieter stellt sicher, dass die gesamte grundlegende Infrastruktur funktioniert, und Anwendungen können in ähnlicher Weise wie vor Ort programmiert werden. Dies bietet den Entwicklern die größte Flexibilität, um ihre Anwendungen zu optimieren. PaaS bietet modulare Lösungen für häufig benötigte Funktionen in Anwendungen, und entlastet somit die Entwickler von der Wartung und Entwicklung immer wieder der gleichen Funktionen. Dies beschleunigt die Bereitstellung von Funktionen. Es bedeutet auch, dass das System in einigen Aspekten weniger flexibel ist. Mit SaaS wurde die Anwendung als Ganzes bereits vom Anbieter entwickelt. Der Kunde kann sie nur an bestimmte Bedürfnisse anpassen. Das bedeutet, dass SaaS den geringsten Grad an Funktionalität hat und nur für eine bestimmte Art von Geschäftsprozess nützlich ist. Andererseits erfordert Saas wenig Aufwand für die Entwicklung.

Sicherung der Cloud

Dieses Kapitel hebt hervor, was es braucht, um die Cloud zu sichern. Einige betrachten die Cloud immer noch als einen inhärent gefährlichen und unsicheren Ort, während andere gerade deshalb zur Cloud wechseln, weil sie denken, dass die Sicherheit dort besser ist. Es kann schwierig sein, zu verstehen, warum beide Dinge gleichzeitig wahr sein können, aber das ist möglich. Es hat alles damit zu tun, wie Sie an die Cloud-Sicherheit herangehen. Wir betrachten die Frage aus einem ganzheitlichen, risikobasierten Blickwinkel und gehen die verschiedenen Klassen von Sicherheitsdiensten und -funktionen durch, die Cloud-Plattformen normalerweise anbieten. Wir sehen uns auch die Sicherheitspraktiken an, die Cloud-Implementierungen begleiten müssen. Das Ziel ist es, zu verstehen, wie man die Cloud richtig sichert.

Was bedeutet „sicher"?

Da ich lange in der IT-Branche gearbeitet habe, habe ich mehr als einmal diese beruhigenden Worte nach einem Verkaufsgespräch über eine Software gehört: „Sie ist völlig sicher" – nur um darüber nachzudenken, was das bedeutet. Obwohl er beruhigend klingt, ist der Satz leer und bedeutungslos. Was bedeutet sicher eigentlich? Sicherheit erfordert eine eingehende Analyse, um zu einem nuancierten und angemessenen Verständnis davon zu gelangen, wie man die Cloud sichert. Versuchen wir, das Konzept anhand der folgenden vier Schlüsselbeobachtungen zu entpacken.

Sicherheit ist die Fähigkeit, die negative Auswirkung eines Systembruchs zu mildern

Ein Bruch kann die Vertraulichkeit, Integrität oder Zugänglichkeit eines Systems beeinträchtigen. Ein Einfluss auf ein System ist die negative Auswirkung eines Sicherheitsereignisses. Wie bei anderen Arten von Auswirkungen kann es gering oder hoch sein. Bei einer Vielzahl von Systemen gibt es verschiedene Arten von Auswirkungen. Es ist üblich, der Definition des National Institute of Technology für Auswirkungen in dem Dokument mit dem Titel „Federal Information Processing Standard Publication 199" oder FIPS 199 zu folgen.

FIPS 199 identifiziert vier Hauptarten von Auswirkungen: Geschäftsprozesse, organisatorische Vermögenswerte, finanzieller Verlust und Schaden für Einzelpersonen.

Geschäftsprozesse sind die Prozesse, die eine Organisation durchführt, um ihren Zweck zu erfüllen. Dies muss kein kommerzielles Geschäft sein, wie im Fall von NGOs, gemeinnützigen Organisationen oder Regierungsorganisationen. Tatsächlich ist FIPS 199 für die Regierung gemacht. Alle Organisationen, ob öffentlich oder privat, haben eine Mission, ob ausdrücklich oder nicht. Einige Prozesse sind zentraler für ihre Aufrechterhaltung als andere. Organisatorische Vermögenswerte sind materielle und immaterielle Dinge, die eine Organisation besitzt. Finanzieller Verlust ist unkompliziert und kann im Kontext typischer Buchhaltungspraktiken konzeptualisiert werden. Schaden für Einzelpersonen ist ebenso unkompliziert.

Das Auswirkungsniveau einer Bedrohung wird berichtet als das höchste Ergebnis der drei verschiedenen Bereiche. Wenn eine Bedrohung einen hohen Einfluss auf Geschäftsprozesse hat, aber in allen anderen Bereichen gering ist, wird sie als hoch kategorisiert (siehe Tab. 11.1 für Details).

Es gibt auch verschiedene Arten von Systembrüchen. Wiederum nach FIPS 199 ist es üblich, die folgenden Schlüsselaspekte der Informationssicherheit zu unterscheiden:

- Vertraulichkeit − Hier geht es darum, etwas geheim zu halten. „Ein Verlust der Vertraulichkeit ist die unbefugte Offenlegung von Informationen." Ein Beispiel für einen Verlust der Vertraulichkeit war das Leck der diplomatischen Depeschen der Vereinigten Staaten. Im Jahr 2010 veröffentlichte WikiLeaks Kommunikation, die von US-

Tab. 11.1 Auswirkungsniveau von FIPS 199

Auswirkungsniveau	Geschäftsprozesse	Organisatorische Vermögenswerte	Finanzieller Verlust	Schaden für Einzelpersonen
Niedrig	Verschlechterung der Einsetzbarkeit in einem Ausmaß und einer Dauer, dass die Organisation ihre Hauptfunktionen ausführen kann, aber die Effektivität der Funktionen ist merklich reduziert	Geringer Schaden	Gering	Gering
Moderat	Bedeutende Verschlechterung der Einsatzfähigkeit in einem Ausmaß und einer Dauer, dass die Organisation in der Lage ist, ihre Hauptfunktionen auszuführen, aber die Effektivität der Funktionen ist erheblich reduziert	Bedeutender Schaden	Bedeutend	Bedeutender Schaden für Einzelpersonen, der keinen Verlust von Leben oder ernsthafte, lebensbedrohliche Verletzungen beinhaltet
Hoch	Eine starke Verschlechterung oder ein Verlust der Einsatzfähigkeit in einem Ausmaß und einer Dauer, dass die Organisation eine oder mehrere ihrer Hauptfunktionen nicht ausführen kann	Erheblicher Schaden	Erheblich	Katastrophaler Schaden für Einzelpersonen, der den Verlust von Leben oder ernsthafte, lebensbedrohliche Verletzungen beinhaltet

Konsulaten und Botschaften an das US-Außenministerium gesendet wurden. Was ein Land intern diskutiert, ist vertraulich, und dieses Leck schädigte folglich die Glaubwürdigkeit der USA.

- Integrität – Hier geht es um die Fähigkeit, Informationen intakt zu halten. „Ein Verlust der Integrität ist die unbefugte Modifikation oder Zerstörung von Informationen." Beispiele für Integritätsverletzungen sind das Hacken von Regierungswebsites durch Interessengruppen oder wenn Propaganda auf den Websites veröffentlicht wird anstelle der offiziellen Informationen. Ein weiterer subtiler, aber wirkungsvoller Integritätsbruch ist, wenn ein Computervirus die Empfangsadresse in einer Bitcoin-Transaktion ändert. Da die meisten Menschen die Adresse von woanders kopieren, ändert das Virus den beabsichtigten Empfänger bzw. fügt eine andere Adresse als Empfänger ein.

- Zugänglichkeit – Hier geht es darum, das System verfügbar zu halten. „Ein Verlust der Verfügbarkeit ist die Unterbrechung des Zugangs zu oder der Nutzung von Informationen oder einem Informationssystem." Im Jahr 2017 fiel der Logistikriese Mærsk einem Ransomware-Angriff zum Opfer. Es wurden keine Informationen offengelegt oder geändert, das heißt, es gab keinen Verlust von Vertraulichkeit oder Integrität. Der Ransomware-Angriff verschlüsselte jedoch mehr als 4000 Server und mehr als 45.000 PCs, was sie für die Benutzer unzugänglich machte. Dies führte zu Verlusten in Höhe von etwa 300 Mio. Dollar.

Da Sicherheit die Fähigkeit zur Abmilderung solcher Auswirkungen betrifft, müssen wir berücksichtigen, wie dies geschieht. Milderungsmaßnahmen können in Werkzeuge und Praktiken unterteilt werden. Werkzeuge sind die verschiedenen technologischen Lösungen, die verwendet werden können, wie die von den Cloud-Anbietern angebotenen. Diese sind jedoch selten ausreichend.

Praktiken sind die verschiedenen Verhaltensweisen, die wir nicht nur gegenüber diesen Sicherheitswerkzeugen, sondern generell gegenüber Systemen an den Tag legen. Wir gehen im Folgenden näher auf Werkzeuge und Praktiken ein.

Risikominderung hat einen Preis

Ein Punkt, den man im Hinterkopf behalten sollte und der einige Leute überraschen könnte, ist, dass jede Minderung mit Kosten verbunden ist, selbst wenn sie beherrschbar ist. Oft sind die Kosten die Reduktion der Risiken wert, aber bis wir die vollen Kosten realisieren, ist es nicht klar, ob eine bestimmte Minderung hilfreich ist. Kosten können in 3 breite Kategorien unterteilt werden:

- Wirtschaftlich – Sicherheit kostet immer etwas, und dies ist oft die primäre Sorge. Sicherheitstools kosten Geld, und Sicherheitsfachleute arbeiten nicht umsonst.

- Benutzerfreundlichkeit – Sicherheitskontrollen wie Zwei-Faktor-Identifizierung, CAPTCHA und Passwortbeschränkung machen das System schwerer zu benutzen. Dies ärgert die Benutzer und wirkt sich negativ auf das System aus. Dies ist oft eine Quelle von Frustration, wenn man von einem unsicheren Altsystem zu einem sicheren, aber umständlichen modernen System wechselt.

- Zeit – Sicherheitsverfahren brauchen Zeit. Beispiele sind das Senden einer Bestätigungs-E-Mail, das Durchlaufen eines Genehmigungsprozesses oder das Konfigurieren eines Systems mit angemessenen Schutzmaßnahmen, Verschlüsselung und Kontrollen. All diese Maßnahmen verursachen Latenz und beeinträchtigen die Reaktionsfähigkeit des Systems. Die Schutzmaßnahmen beanspruchen Zeit von Nutzern, Systemadministratoren und Entwicklern gleichermaßen.

Sie können niemals einen 100%igen Schutz erreichen und trotzdem ein nützliches System haben

Ich habe an vielen Orten gearbeitet, wo Sicherheitsdiskussionen auf den unvermeidlichen Schluss hinausliefen, dass die einzige Option, die völlig sicher war, darin bestand, den Server auszuschalten und ihn vom Netz zu trennen. Das schien das einzige Szenario zu sein, das als völlig sicher angesehen wurde. In der Cloud wäre die Analogie, den User daran zu hindern, irgendeinen Dienst zu nutzen. Das ist natürlich absurd, aber der Punkt ist, dass vernünftige Menschen immer in der Lage sein werden, auf das eine oder andere potenzielle Risiko in jeder Implementierung hinzuweisen. Es ist nicht schwierig, sich etwas vorzustellen, das schief gehen kann. Wenn völlige Sicherheit das Ziel ist, ist die einzige Lösung, das System von niemandem nutzen zu lassen. Das macht das System natürlich sinnlos.

Die Aufgabe besteht nicht nur in der Sicherung, sondern Sicherheit und Nutzen auszubalancieren

Die Herausforderung besteht daher nicht nur darin, das System sicher zu halten, sondern vielmehr das richtige Gleichgewicht zwischen Sicherheit und Nützlichkeit zu finden. Da Sicherheit notwendig ist, um das System nützlich zu halten, wird die Reduktion von Sicherheit auch die Nützlichkeit verringern.

Um das Gleichgewicht zu finden, ist es notwendig, Kompromisse zwischen Nutzen und Sicherheit zu finden. Eine Art der Schadensbegrenzung führt zu einer geringeren Wahrscheinlichkeit einer Sicherheitslücke, verringert aber auch den Nutzen, was mit wirtschaftlichen Kosten, geringerer Nutzbarkeit und zusätzlichem Zeitaufwand verbunden ist.

Manchmal können sogar kleine Reduktionen in der Benutzerfreundlichkeit enorme Auswirkungen haben. Zum Beispiel soll die Anforderung einer Zwei-Faktor-Authentifizierung für Online-Meetings diese sicherer machen, aber die Nutzung ist dadurch umständlicher. Wenn man sein Telefon wechselt, kann man sich nicht mehr in Meetings einloggen. Man muss jedes Mal, wenn man an einem Meeting teilnehmen will, zusätzliche Zeit aufwenden. Wir müssen dies zu dem Mehrwert der Risikoreduktion in Bezug setzen.

Mit der Zwei-Faktor-Authentifizierung reduzieren Sie eine bereits geringe Wahrscheinlichkeit, Vertraulichkeit zu verletzen. Die Informationen sind in der Regel nicht sensibel, und ein potenzieller Verstoß hätte keine schwerwiegende Auswirkung. Eine Identitätsfälschung wäre schwierig, wenn man vor der Kamera spricht. Man könnte entgegnen, dass nicht alle Onlinevideogespräche tatsächlich Videoaufnahmen einsetzen, aber wenn die Diskussion wichtig wäre, würden Sie dann nicht verlangen, dass die Teilnehmer ihre Kameras einschalten? Der Kompromiss zwischen dem verminderten Nutzen und dem Mehrwert scheint in diesem Fall negativ zu sein. Vergleichen Sie dies nun mit einem Onlinebanksystem, bei dem ein Mitarbeiter auf Konten im Wert von Millionen von Euro zugreifen kann. Sicherlich ist der Mehrwert der Minimierung einer Sicherheitslücke die verminderte Nützlichkeit wert.

Wie diese Beispiele zeigen, können wir nicht eindeutig sagen, dass ein bestimmtes Sicherheitstool in jeder Hinsicht das beste ist. Es ist notwendig, ganzheitlich auf die Auswirkungen zu schauen, die es auf das System haben wird. Nur mit dieser Art von Analyse ist es möglich, die besten Sicherheitstools und -praktiken vorzuschlagen.

Sicherheit ist keine Eigenschaft, die ein System hat oder nicht hat. Sie ist auch nie das einzige Ziel, obwohl es in öffentlichen Statements oberflächlich so erscheinen mag. Vielmehr ist Sicherheit situativ variabel und hängt vom Wissen über die damit verbundenen Risiken ab. Es geht darum, Sicherheitsmaßnahmen und die damit verbundenen Kosten mit dem Nutzen des Systems auszubalancieren.

Diese Analyse kann auch dazu beitragen, die Konflikte zu verstehen, die in nahezu allen Organisationen der Welt über Informationssicherheit stattfinden. IT-Sicherheitsfachleute werden nur für die Risikoreduktion belohnt, sodass sie nicht motiviert sind zu berücksichtigen, ob die Kosten für die Erreichung dieses Sicherheitsniveaus zu hoch sind. Umgekehrt sehen Systemnutzer Sicherheit oft nur als etwas, das die Möglichkeit, ihre Arbeit zu erledigen, negativ beeinflusst, weil ihnen selten die Schuld gegeben wird, wenn die Sicherheitsaspekte verletzt werden. Die Sicherheitsfachleute wissen wenig über den Nutzen eines Systems, und Geschäftsleute wissen wenig über Sicherheit.

Wie unterscheidet sich die Cloud-Sicherheit?

Unser gesunder Menschenverstand sagt uns, dass es bei Sicherheit darum geht, unsere Vermögenswerte zu schützen. Viele werden dies analog zu unseren Häusern denken, wo wir Wände, Türen und Schlösser haben, um unser Hab und Gut zu schützen. Wir schließen Fenster und Türen. Vielleicht haben wir sogar Alarmanlagen. Das ist die Sicherheit der Umgebung, und das Sichern von Vermögenswerten ist an die Wahrung der Integrität der Umgebung gebunden. Im Haus selbst gibt es wenig Schutz, weil wir annehmen, dass die Menschen, die hinein dürfen, in Ordnung sind. So wird häufig auch On-Premise-Sicherheit konzipiert. Die Vermögenswerte sind physische Server, die Firewall definiert die Außenumgebung, und eine VPN-Verbindung oder eine ähnliche Technologie ermöglicht den Zugang von außerhalb der physischen Räumlichkeiten. Das VPN (Virtual Private Network) ist auch häufig in verschiedene Netzwerksegmente mit bestimmten Regeln unterteilt. Sie funktionieren wie Unterteilungen der Umgebung.

In der Cloud bricht dieses Konzept zusammen. Wir besitzen die Server nicht mehr und haben keinen physischen Zugang zu ihnen. Sie sind jetzt im physischen Sinne nicht mehr in unserer Umgebung. Das bedeutet nicht, dass wir nicht ähnliche Funktionen zur Begrenzung des Datenverkehrs haben können. Dies funktioniert jedoch nur für IaaS, weil es einem On-Premise-Datencenter ähnelt, das von jemand anderem in der Cloud betrieben wird.

Standard-PaaS und SaaS passen nicht in dieses Muster. Sie können nicht auf die gleiche Weise hinter einer Firewall eingemauert werden, sondern sind grundsätzlich offen für das Internet. Dies erfordert von uns, darüber nachzudenken, wie wir Dienste sichern können. Die entspannte Sicht auf Sicherheit, die in einer On-Premise-Umgebung funktionieren könnte, wird in der Cloud zu einer Bürde. Im Prinzip muss jede Komponente gesichert werden. Cloud-Sicherheit ist allgegenwärtiger. Cloud-Anbieter empfehlen, dass alle Dienste standardmäßig geschlossen und nur für bestimmte Benutzer und Zwecke geöffnet werden.

Die Angriffsfläche ist in der Cloud um ein Vielfaches höher und die versuchten Verstöße vermutlich zahlreicher als in den meisten On-Premise-Datenzentren. Das bedeutet auch, dass Cloud-Anbieter eine bessere Chance haben, neue Schwachstellen zu erkennen, als es ein einzelnes Unternehmen könnte. Das macht die Cloud sicherer, weil Cloud-Anbieter viel schneller patchen und das Risiko mindern können als einzelne Unternehmen. Es bedeutet auch, dass mehr Tools zur Verfügung stehen, um die Ressourcen des Systems zu sichern.

Daher können wir sagen, dass Cloud-Sicherheit allgegenwärtig sein und in jede Komponente eingebaut werden muss. Wenn das richtig gemacht wird, hat die Cloud das Potenzial, sicherer zu sein als jede On-Premise-Installation. Wenn wir jedoch die schlechten Gewohnheiten von On-Premise-Implementierungen beibehalten, die nur funktionierten, weil sie von der umgebenden Welt abgeschottet waren, werden wir eine viel weniger sichere Systemlandschaft in der Cloud haben.

Werkzeuge zur Sicherung der Cloud

Moderne Cloud-Anbieter stellen eine zunehmende Anzahl von Werkzeugen zur Verfügung, die den Kunden die Sicherung ihrer Cloud-Systeme ermöglichen. Wir haben zuvor gesehen, dass Sicherheit nicht eindimensional ist. Verschiedene Werkzeuge adressieren verschiedene Aspekte der Sicherheit. In den folgenden Abschnitten behandeln wir die wichtigsten Kategorien der Werkzeuge, die üblicherweise zur Sicherung der Cloud verwendet werden.

Identitäts- und Zugriffsmanagement

Identitäts- und Zugriffsmanagement (IAM) ist ein grundlegendes Werkzeug, das sogar die kleinsten Unternehmen benötigen. Der Zweck besteht darin, über ein zentrales Verzeichnis von Identitäten oder Nutzern in der Organisation zu verfügen sowie eine Aufzeichnung dessen, was die Nutzer in verschiedenen Systemen tun dürfen, also deren Rollenfestlegung. Dieser Bereich ist besteht bereits standardisiert und umfasst eine Reihe von verschiedenen Protokollen, die Funktionen wie Single Sign-On und Passwort-Reset sicherstellen.

Ein Verzeichnis enthält alle seine Nutzer und deren Anmeldeinformationen. Dies ist die Quelle, die definiert, welche Nutzer Zugang haben. Die Cloud-Anbieter arbeiten alle mit mindestens einer Version solcher Tools. Eines der am weitesten verbreiteten Systeme ist Microsofts Active Directory (AD), daher verfügen die meisten Anbieter über eine Version davon oder zumindest eine, die in ein zentrales AD integriert werden kann. Das Verzeichnis kann auch andere Informationen über Nutzer enthalten, wie zum Beispiel, wo sie arbeiten, ihre E-Mail-Adresse und Telefonnummer.

Um Zugang zu einem System zu erhalten, muss eine Authentifizierung stattfinden. Dieser Prozess überprüft, ob der Nutzer der ist, der er vorgibt zu sein, und dass er aktiv ist. Es gibt mehrere Möglichkeiten zur Authentifizierung, die einfachste verwendet einen Benutzernamen und ein Passwort. Fortgeschrittenere Systeme beinhalten Zwei-Faktor- und biometrische Authentifizierung. Zugriffsmanagementsysteme handhaben die Benutzerauthentifizierung.

Wenn ein Nutzer authentifiziert ist, muss das System wissen, welchen Aktivitäten auszuführen dieser Nutzer innerhalb eines Systems berechtigt ist. Identitätsmanagementsysteme handhaben die Zuweisung und Wartung von Rollen für Benutzer in verschiedenen Systemen. Diese Systeme basieren auf Informationen darüber, welche Rollen und Privilegien zentral mit einem Nutzer verbunden sind, und synchronisieren diese Informationen mit den Systemen, in die der Nutzer integriert ist.

Datenverkehrsmanagement

Ein großer Teil einer IT-Lösung besteht aus Systemen oder Komponenten, die mit anderen Systemen oder Komponenten kommunizieren. Wenn der Informationsfluss nicht streng kontrolliert wird, können Vertraulichkeit und Datensicherheit leicht verletzt werden. Deshalb ist das Datenverkehrsmanagement ein wichtiges Werkzeug. Das einfachste Beispiel für Datenverkehrsmanagement ist die Verwendung von Zugriffskontrolllisten (ACLs), die festhalten, welche IP-Adressen auf eine bestimmte Systemressource oder ein Netzwerksegment zugreifen können. Raffinierter ist die Firewall. Sie gibt nicht nur an, welche IP-Adressen und wessen Ports Zugang haben, sondern auch, welche Art des Datenverkehrs zulässig ist. Dies ist eine wichtige Einschränkung, die unerwünschten Datenverkehr kontrollieren kann, wenn das System korrekt implementiert ist. Sie jedoch kann auch gewünschten Datenverkehr verhindern, wenn sie nicht richtig eingesetzt wird. Die grundlegende Funktion des Datenverkehrsmanagements besteht darin, Regeln für die Kommunikation innerhalb eines virtuellen Netzwerks und zwischen diesem und dem Internet festzulegen.

Verschlüsselung

Der Zweck der Verschlüsselung besteht darin, Daten vertraulich zu halten. Die Verschlüsselung erfolgt mit einem kryptografischen Schlüssel. Verschlüsselung ist besonders wichtig in der Cloud, wo die Speicherung und Übertragung von Daten durch Dritte erfolgt. Es gibt verschiedene Arten von Verschlüsselung unterschiedlicher Stärke, aber letztendlich findet Verschlüsselung immer statt.

Es ist üblich, über Verschlüsselung im Datentransfer und im Ruhezustand zu sprechen. Der Zweck der Verschlüsselung von Daten während der Übertragung besteht darin, das Abhören zu verhindern. Selbst wenn jemand die Übertragung abhört, wird er die Natur der Kommunikation nicht verstehen können, wenn sie während des Transfers verschlüsselt ist. Es gibt viele Werkzeuge und Protokolle für diese Art der Verschlüsselung.

Die Verschlüsselung im Ruhezustand zielt darauf ab, Daten zu verschlüsseln, die auf einer Festplatte gespeichert sind, sei es in einer Datenbank, in einem Dateisystem oder auf einem anderen Speichermedium. Hier besteht die Bedrohung in einem unberechtigten Zugriff auf die gespeicherten Daten. Die Verschlüsselung kann manuell erfolgen, aber viele Dienste verschlüsseln die Daten beispielsweise einfach durch das Umlegen eines Schalters bei der Konfiguration der Datenbank.

Aber genauso wie Sie Ihre Hausschlüssel nicht verlieren wollen, wollen Sie auch die Codes zu Ihrer Datenverschlüsselung nicht verlieren. Im Gegensatz zu Ihrem Haus ist es nicht möglich, einen Schlüsseldienst zu rufen, um Ihre Daten zugänglich zu machen, wenn der Verschlüsselungscode weg ist. Das bedeutet, dass die Sicherung von Daten gegen Vertraulichkeitsverletzung tatsächlich die Zugänglichkeit gefährden kann, wenn der Schlüssel verloren geht. Deshalb sind Schlüsselmanagementtools beliebt. Mit Schlüsselmanagementtools können Schlüssel gespeichert und in einer bestimmten Frequenz verändert werden. Dies ist wichtig, da der Zugangscode sich regelmäßig ändert. Wenn jemand Zugang zu früheren Schlüsseln erlang, werden diese nach einem Wechsel des Codes nutzlos.

Sicherheitsbewertung und Schutz

Einer der Vorteile der Cloud ist, dass die Anbieter ein gutes Verständnis für die gängigen Bedrohungen entwickeln. Sie wissen genau, was in Bezug auf Sicherheit funktioniert, und zwar weit besser, als jedes Einzelunternehmen dies könnte. Sie erkennen auch aufkommende Bedrohungen viel schneller. Die Vorteile von Skaleneffekten gelten auch in diesem Kontext. Cloud-Anbieter haben dieses Wissen in Produkte umgewandelt, die den Kunden zur Verfügung stehen. Eine Art sieht sich die Konfiguration der Infrastruktur im Kundenkonto an und identifiziert potenzielle Probleme, die der Kunde anschließend beheben kann. Sie sucht nach Problemen wie offenen Ports zum Internet und fehlenden Sicherheitspatches sowie zu umfangreichen Zugriffsrechten.

Andere Sicherheitsbewertungstools konzentrieren sich auf Daten und können nach sensiblen Daten suchen, die möglicherweise fehl am Platz in Datenbanken oder in freigegebenen Dateien ohne angemessene Zugriffskontrolle gespeichert sind. Es gibt viele Vorschriften rund um Daten, und diese Dienste können potenzielle Verstöße dagegen markieren. Dies ist auch aus Sicht der Sicherheitsprüfung hilfreich.

Die letzte Möglichkeit, wie Anbieter ihr Wissen in Produkte umwandeln können, besteht in Produkten zum Schutz vor Bedrohungen. Vielleicht ist die bekannteste Art der Schutz in Form von Distributed Denial of Service (DDoS). Die entsprechenden Tools können DDoS identifizieren und reduzieren. Aber es gibt auch andere Arten von Angriffen, die häufig aus dem Internet heraus durchgeführt werden, die diese Tools identifizieren und abschwächen können.

Gute Sicherheitspraktiken für die Cloud

Wie wir zuvor gesehen haben, sind Werkzeuge allein nicht ausreichend. Gutes Sicherheitsverhaltens ist genauso wichtig für die Sicherheit in der Cloud. Die folgenden Abschnitte behandeln einige Aspekte guten Sicherheitsverhaltens, obwohl diese Liste nicht erschöpfend sein soll. Diese Hinweise zu beachten, ist ganz allgemein sinnvoll, aber besonders in der Cloud.

Sichere Datenverwaltung

Das sichere Verwalten von Daten ist eng verbunden mit der Frage, welche Daten Sie haben und wie sie klassifiziert werden. Der erste Schritt besteht daher darin, ein Inventar der Daten zu erstellen, die sich in der Cloud befinden. Oft wissen nur wenige Menschen, wenn überhaupt, welche Daten überhaupt vorhanden sind. Daten können kopiert und vergessen werden, aber wenn jemand unberechtigten Zugang erhält, werden sie gefunden. Ein Datenkatalog ist eine gute Möglichkeit, einen Überblick über die vorhandenen Daten zu bekommen. Auf diese Weise können sensible Daten identifiziert werden. Das bedeutet aber auch, dass Anstrengungen unternommen werden müssen, um die Daten zu klassifizieren. Es gibt heute Systeme, die Teile dieses Prozesses automatisieren und solche Daten identifizieren können, die normalerweise von Regulierungsregimen wie GDPR und HIPAA als sensibel angesehen werden. Beispielsweise finden diese Systeme den Ort, an dem Sozialversicherungsnummern gespeichert sind. Dies ist jedoch noch nicht ausreichend, da es menschliches Wissen erfordert, um zu wissen, wo andere Arten von sensiblen Informationen, wie geistiges Eigentum, gespeichert sind. Daher sind das Klassifizieren und Katalogisieren von Daten wichtige Vorgehensweisen.

Zugriff auf Systemressourcen minimieren

Als Nächstes steht die Verwaltung des Zugriffs auf die Daten an. Es ist notwendig, auch die kleinen Details des Datenzugriffs zu berücksichtigen. Vorschriften machen es zunehmend wichtig, genau zu verwalten, auf welche Daten der einzelne Nutzer zugreifen kann.

Systemressourcen sind Server, Netzwerke und Anwendungen. Den Zugriff auf sie zu verwalten ist systemkritisch. Auf der grundlegendsten Ebene haben die meisten Systemressourcen eine Art von Berechtigung, die den Nutzern den Zugriff ermöglicht. Es kann sich um ein Zertifikat, einen Schlüssel oder einen Benutzernamen/Passwort handeln. Diese machen das System sicher, wenn sie geheim gehalten und nur auf die vorgesehene Weise verwendet werden.

Zunächst muss man überlegen, auf welche Informationen die Nutzer Zugriff haben sollten. Den Zugriff auf das Notwendige zu minimieren, ist eine gute Möglichkeit, das Risiko zu senken. Statt einen uneingeschränkten Zugriff auf eine Systemressource zu erlauben, sollte er auf genau das, was für diesen Nutzer notwendig ist, beschränkt werden. Wenn ein Nutzer nur eine bestimmte Leseoperation durchführen muss, sollte er auf genau diese Operation limitiert sein und nicht die vollständigen Administrationsrechte besitzen. Es erweist sich jedoch oft als schwierig, genau zu bestimmen, welche Berechtigung benötigt wird, um eine bestimmte Aktion durchzuführen, was zur Vergabe von zu umfassenden Berechtigungen führt, um das System zum Laufen zu bringen. Wenn ein Nutzer alles tun kann, muss nicht genau bestimmt werden, welche Berechtigung dieser Nutzer benötigt. Dies kann während des Entwicklungsprozesses im Interesse der Geschwindigkeit und Experimentierfreudigkeit nützlich sein, von einer solchen Freigabe wird aber in Produktionsumgebungen dringend abgeraten.

Für erweiterte Berechtigungen sollten die Anmeldeinformationen streng verwaltet werden, da sie genau die Art von Systemoperationen ermöglichen, die ein schädlicher Befehl zur Verbreitung benötigt. Das bedeutet, dass Anmeldeinformationen nicht in den Code geschrieben oder auf Festplatten im Klartext gespeichert werden sollten, sondern irgendwie geschützt werden sollten. Idealerweise hat nicht einmal der Entwickler, der den Code schreibt, Zugriff auf die Anmeldeinformationen, sondern ein zentraler privilegierter Zugriffsverwaltungsdienst.

Aufgaben trennen

Die Trennung von Aufgaben ist in bestimmten Branchen vorgeschrieben, sie ist aber auch generell eine gute Praxis. Im Kontext der Systementwicklung bedeutet dies, dass unterschiedliche Personen die Systeme entwickeln resp. in der Produktion administrieren müssen. Dafür gibt es mehrere Gründe. Erstens kann die Exposition sensibler Daten auf diese Weise begrenzt werden. Zweitens können Änderungen an einer Anwendung nicht einseitig vorgenommen werden, was die Möglichkeit, ein System zu kompromittieren, etwas einschränkt. Drittens ist es einfach sinnvoller, dass einige Personen sich voll und ganz darauf konzentrieren, Systeme gemäß ihrer Dienstleistungsvereinbarung robust und widerstandsfähig laufen zu lassen, während andere Personen neue, innovative und per Definition ungetestete Funktionen entwickeln.

Die Trennung wird auch verwendet, um die Aufgaben der Entwickler von den Personen zu trennen, die die fertigen Systeme testen. Systemtester sind effizienter darin, Mängel im Design und in der Funktion eines Systems aufzudecken, als der Entwickler, der es erstellt hat. Aufgrund des Bestätigungsfehlers ist es schwieriger, nach Beweisen zu suchen, dass etwas nicht richtig funktioniert, als Beweise dafür zu finden, dass es wie beabsichtigt funktioniert. Schwachstellen sind daher wahrscheinlicher in Systemen, wenn es keine Trennung der Aufgaben zwischen den Entwicklern und Systemtestern gibt.

Daten sichern

Das Sichern von Daten ist eine Möglichkeit, sicherzustellen, dass Systemressourcen auch bei einem katastrophalen Systemausfall verfügbar sind. Dies ist eine Praxis, die schon seit Jahrzehnten notwendig ist und oft immer noch nicht ausreichend angegangen wird. Die erste Herausforderung besteht darin, genau auszuwählen, was gesichert werden soll. Ist es der gesamte Dienst, die Daten oder nur so viel, dass sie im Fall eines Systemausfalls rekonstituiert werden können? Die nächste Frage ist, welchen Zweck die Sicherung hat. Wird sie verwendet, um das System vom neuesten Sicherungspunkt aus wiederherzustellen, oder wird sie benötigt, um zu verschiedenen Generationen oder Versionen des Systems zurückzugehen? Mit der Codeversionierung können Sie eine beliebige Version auswählen, um sie neu zu kompilieren, aber bei Daten könnte es komplizierter gestalten. Wir möchten auch wissen, wie oft das System gesichert werden muss. Wie viele Daten können wir verlieren? Eine Stunde, zwei Tage oder mehr?

Dies wird als *Recovery Point Objective* (RPO) bezeichnet. Es ist möglicherweise nicht machbar, mehrere Kopien in Form von Schnappschüssen von einem oder mehreren Sicherungen pro Tag zu erhalten, die sogar Jahre zurückgehen, auch in der Cloud. Es gibt gute Gründe, System-Snapshots als Back-ups zu behalten(beispielsweise bei einem Ransomware-Angriff, bei dem der Verstoß erst später bemerkt wird). In diesem Fall ist es notwendig, zu einer früheren Version der Daten ohne das Virus zurückzukehren. Die letzte Sorge in diesem Zusammenhang gilt dem Prozess der Datenwiederherstellung. Wie lange sollte das dauern?

Dies wird als *Recovery Time Objective* (RTO) bezeichnet. Bei Plattformdiensten wird dies manchmal automatisch gehandhabt, aber es ist notwendig sicherzustellen, dass die Standardeinstellungen von RPO und RTO für den Anwendungsfall ausreichend sind, oder zusätzliche Sicherungen zu implementieren. Für viele IaaS-Produkte muss die Sicherung genauso eingerichtet werden wie in einem System vor Ort.

Systemzugriff protokollieren und überprüfen

Die Protokollierung beinhaltet viel mehr, als nur rückverfolgen zu können, was schief gelaufen ist, wenn ein System abstürzt. Dies ist zwar ebenfalls wichtig, jedoch können Zugriffsprotokolle auch verwendet werden, um verdächtige Muster zu erkennen und proaktiv zu bekämpfen. Sie sind darüber hinaus wichtig, um das Ausmaß eines Verstoßes zu ermitteln und um Maßnahmen zu seiner Bekämpfung und Eindämmung zu kommunizieren. Das Führen eines Protokolls ist daher der erste Schritt, aber auch die Überprüfung der Protokolle ist wichtig. Dies kann eine entmutigende Aufgabe sein, aber es gibt Lösungen, die diesen Prozess automatisieren. Viele Verstöße sind heute so ausgeklügelt, dass es Monate dauern kann, bis sie entdeckt werden. Eine ordnungsgemäße Protokollüberprüfung kann bei der frühzeitigen Erkennung helfen.

Die Protokollierung ist mehr als nur eine maschinell erzeugte Liste. Das Führen von Änderungsprotokollen ist genauso wichtig, da dies später Entscheidungen zur Bereitstellung von Zugriffen dokumentieren kann. Insofern können die Protokolle forensischen Zwecken dienen, wenn nach einem Verstoß oder Missbrauch Untersuchungen durchgeführt werden.

Bei den Protokollen ist sicherzustellen, dass sie nicht geändert werden können. Wenn sie geändert werden können, verringert sich ihr Nutzen erheblich. Wenn ein Krimineller die Dokumentation ändern kann, hat sie keinen wirklichen Nutzen.

Systeme warten

Die Bedrohungslandschaft ändert sich ständig, was erfordert, dass Dienste weiterentwickelt werden. Dies ist besonders der Fall in der Cloud, wo durch die Verbindung ins Internet die Daten großen Gefahren ausgesetzt sind. Bots und andere automatisierte Systeme suchen ständig nach Schwachstellen. Daher ist es wichtig, die Systeme so zu warten, dass sie mit den sich erst entwickelnden potenziellen Bedrohungen umgehen können. Wenn dies nicht geschieht, nehmen die Vertraulichkeit, Integrität und Zugänglichkeit des Systems schließlich Schaden.

- Neue Funktionen entwickeln – Ein Beispiel für eine neue Funktion ist die Zwei-Faktor-Authentifizierung, die in den letzten Jahren an Bedeutung gewonnen hat. Anwendungen, die dieses Merkmal bisher nicht hatten, müssen möglicherweise nachgerüstet werden. Diese Art von Systemwartung zielt darauf ab, die Anwendung zu sichern.

- Upgrade und Patch – Eine traditionellere Form der Wartung sind Upgrades und Patches, die darauf abzielen, identifizierte Schwachstellen zu beheben. Die eigentliche Herausforderung besteht darin, sicherzustellen, dass die Anwendungen kontinuierlich aktualisiert und gepatcht werden. Wiederum aufgrund der Natur der Cloud ist ein System, das nicht aktualisiert wird, stärker exponiert als das gleiche System hinter einer Unternehmensfirewall.

Überwachen und Verhindern

Die Überwachung der Systemleistung ist wichtig für die Aufrechterhaltung der Verfügbarkeit. Wenn ein Server überlastet ist oder offline geht, beeinträchtigt dies die Verfügbarkeit des Systems. Überwachung kann helfen, Situationen zu erkennen, in denen die CPU- („central processing unit") oder Speichernutzung über einen Schwellenwert hinaus ansteigt, bevor sie das System herunterfährt. Das System kann dann entweder das Unternehmen benachrichtigen oder automatisch zusätzliche Systemressourcen online bringen. Die Tools sind zwar vorhanden, müssen aber konfiguriert werden.

Zusammenfassung

Dieses Kapitel erklärte, dass Sicherheit kein einfaches Konzept ist. Es macht keinen Sinn, darüber zu sprechen, dass ein System mehr oder weniger sicher ist, ohne zu definieren, was das bedeutet. Beim Thema Sicherheit geht es darum, potenzielle Risiken zu minimieren. Das kann mit immer raffinierteren Tools geschehen, die die Cloud-Anbieter liefern. Wir haben die primären Gruppen der verfügbaren Tools gesehen. Aber solche Tools sind nicht ausreichend, um die Cloud zu sichern. Gute Sicherheitspraktiken sind ebenfalls notwendig.

Eine wichtige Erkenntnis ist, dass die Cloud an sich weder sicher noch unsicher ist. Es macht nicht viel Sinn, außerhalb des Kontextes ein bestimmtes Werkzeug oder Sicherheitsmaßnahmen als sicher zu bezeichnen. Selbst wenn Sicherheit einfach erscheint, müssen wir immer noch die Sicherheitsmaßnahmen mit den Kosten für ihre Implementierung abwägen. Diese Kosten sind nicht nur monetär, sondern beinhalten auch die Auswirkungen auf die Benutzerfreundlichkeit und Zeit. Bei der Sicherung der Cloud geht es darum, das richtige Gleichgewicht zwischen Sicherheit und Nutzen/Benutzerfreundlichkeit zu finden.

Cloud-Ökonomie

Für alle Organisationen ist die Wirtschaftlichkeit ein wichtiger Treiber, der die Grenzen dessen setzt, was möglich ist und zukünftige Ziele vorgibt. Das Gleiche gilt für Cloud Computing. Damit die Cloud eine praktikable Option sein kann, muss sie wirtschaftlich attraktiv sein. In diesem Kapitel betrachten wir, was das bedeutet und wie die Cloud einer Organisation aus wirtschaftlicher Sicht zugutekommen kann. Wir betrachten auch die praktischen Konsequenzen und berücksichtigen die Möglichkeiten, die für das Management und die Optimierung der Wirtschaftlichkeit in der Cloud bestehen. Es gibt verschiedene Funktionen, die Organisationen Einblick in und Kontrolle über die Wirtschaftlichkeit von Cloud-Implementierungen ermöglichen. Das Ziel des Kapitels ist es, die wichtigsten Aspekte und ökonomischen Treiber der Cloud zu beschreiben, die ihre Einführung lohnend machen.

Wie die Cloud die Wirtschaftlichkeit einer Organisation beeinflussen kann

Aus einer abstrakten Sicht wird die Wirtschaftlichkeit eines Unternehmens in Bezug auf den Gewinn bewertet. Dies ist eine grundlegende Messgröße, die alle Unternehmen betrifft oder letztendlich betreffen wird. Wenn ein

Unternehmen nicht am Ende einen Gewinn erzielt, wird dies ein Problem sein. Gewinn ist der Umsatz abzüglich der Kosten in einem bestimmten Zeitraum, etwa einem Jahr oder einem Quartal.

Es kann mehrere Umsatzströme und verschiedene Geschäftsmodelle geben. Diese unterscheiden sich stark zwischen den Unternehmen, was es schwierig macht, allgemeine Aussagen darüber zu treffen, wie die Cloud den Umsatz beeinflussen kann. Es gibt jedoch 3 Hauptwege, wie die Cloud den Umsatz beeinflussen kann. Der erste ist die Agilität des Unternehmens – seine Fähigkeit, sich an Veränderungen der Umstände anzupassen. Der zweite ist an die Kundenbindung gekoppelt, da die Bindung von Kunden einen kontinuierlichen Umsatz sicherstellt, und der dritte ist die Fähigkeit, neue Kunden anzuziehen.

Die andere Hälfte der Gleichung betrachtet die Kosten. Es gibt 2 Haupttypen: direkte und indirekte Kosten. Wir wollen diese senken. Die direkten Kosteneinsparungen resultieren aus geringeren Ausgaben für vergleichbare IT-Dienstleistungen. Die indirekten Kosteneinsparungen resultieren aus gesteigerter Effizienz im Betrieb des Unternehmens. in diesem Kapitel wird diskutiert, wie die Nutzung der Cloud den Umsatz steigern und die Kosten senken kann.

Aber zuerst eine kurze Anmerkung zu gemeinnützigen und staatlichen Organisationen. Da ihr Erfolg als Organisationen nicht direkt an den Gewinn gebunden ist, könnte man meinen, dass wirtschaftliche Argumente irrelevant sind. Das ist kaum der Fall. Während gemeinnützige und staatliche Organisationen nicht auf die gleiche Weise Einnahmen erzielen wie ein gewinnorientiertes Unternehmen, besteht ihr Zweck darin, die Wirksamkeit der erhaltenen Mittel zu maximieren. Da diese Organisationen trotzdem immer noch Kosten haben, ist die Kostensenkung ein wichtiges Anliegen. Der Hauptunterschied zwischen gewinnorientierten und gemeinnützigen (oder nicht gewinnorientierten) Organisationen besteht daher in einer unterschiedlichen Gewichtung der Kostensenkung.

Steigerung des Umsatzes

Wie bereits erwähnt, ist der Umsatz für jedes Unternehmen wichtig, aber die Cloud kann diesen je nach Branche sehr unterschiedlich beeinflussen. Wenn ein Unternehmen in der Bergbauindustrie tätig ist, stehen die Chancen gut, dass die Cloud keinen tiefgreifenden Einfluss auf dessen Umsatz haben wird. Wenn die Firma im Online-Gaming tätig ist, könnte die Situation ganz anders sein. Die folgenden Abschnitte diskutieren drei Beispiele dafür, wie Unternehmen ihren Umsatz durch die Nutzung der Cloud steigern können.

Agilität

Mit Agilität ist nicht nur die agile Entwicklung gemeint; es handelt sich um eine allgemeine Fähigkeit, sich schnell anzupassen, wenn sich die Umstände ändern. Diese Umstände können auf Makroebene, wie bei Marktverschiebungen, oder auf Mikroebene, wie bei Spitzen in der Nutzung von Systemressourcen, auftreten.

Wenn wir uns die Mikroebene ansehen, wird Agilität durch eine Cloud-Systemkonfiguration erreicht, die schnell skaliert, wenn die Kundennachfrage steigt. Dies kann aufgrund von Verkäufen oder plötzlicher Beliebtheit der Fall sein. Wenn die Systemressourcen sich nicht an die Kundennachfrage anpassen, können die Kunden das Produkt nicht nutzen, und der Umsatz steigt nicht so stark an, wie es möglich gewesen wäre. Diese Art von Agilität ist wichtig für Unternehmen, die große Schwankungen in der Nutzung ihrer System-ressourcen aufweisen.

Auf Makroebene hilft die Cloud dem Unternehmen, Lösungen zu liefern, die selbst subtile Veränderungen der Marktbedingungen berücksichtigen. Durch die Nutzung der Cloud ist es möglich, Lösungen schneller zu entwickeln als mit On-Premise-Lösungen. Diese Art von Agilität ist besonders nützlich für Unternehmen, die Innovatoren sind und einen erheblichen Teil ihres Umsatzes aus funktionaleren Produkten generieren.

Agilität ist wichtig, aber nicht überall im gleichen Ausmaß. In Branchen, in denen sich sehr wenig ändert, ist es unwahrscheinlich, dass Agilität den Um-satz steigert und dies möglicherweise kein Hauptmotivator für den Umstieg auf Cloud Computing ist.

Kundenbindung

Zufriedene Kunden gehen nicht weg. Das klingt ziemlich einfach, aber was macht Kunden glücklich? Es gibt offensichtlich viele Faktoren, die dazu bei-tragen, Kunden glücklich zu machen, auf die meisten davon hat die Cloud wenig oder keinen Einfluss. Ein Bereich jedoch, den die Cloud kontrolliert, ist die Verfügbarkeit des Dienstes. Wenn das Produkt über das Internet zugäng-lich ist oder davon abhängt, besteht eine gute Chance, dass die Cloud bei der Schaffung zufriedener Kunden eine bedeutende Rolle spielen kann. Ein Bei-spiel, das viele traditionelle Anbieter von On-Premise-Software sehen, ist, dass Kunden von ihnen erwarten, dass sie ihren Service als hochverfügbare Lösung anbieten, bei der sie die notwendigen Server nicht warten und bereitstellen müssen. Stattdessen kümmert sich der Anbieter darum. Ein weiterer Aspekt der Verfügbarkeit ist die Resilienz. Mit der Cloud ist es möglich, hochgradig be-lastbare Systeme aufzubauen, die im Falle eines Ausfalls schnell und einfach er-setzt werden können.

Ein weiterer Aspekt der Verfügbarkeit ist die Latenz oder Geschwindigkeit des Dienstes. Dies gilt ebenfalls für Dienste, die vom Internet abhängen. Die Cloud ermöglicht Unternehmen den einfachen Zugang zu leistungsfähigeren Rechenressourcen. Ein gutes Beispiel dafür sind Internetseiten. Um eine globale Präsenz mit einer Latenz von weniger als 1 Sekunde zu bieten, muss ein Unternehmen Server in der Nähe von Nutzern auf der ganzen Welt haben. Dies ist für jede einzelne Organisation unglaublich schwierig zu bewerkstelligen. Die Cloud-Anbieter halten dies als Standard vor. In der Unterhaltungs- und E-Commerce-Branche kann die Kundenbindung sehr wohl von der Reaktionsfähigkeit des Dienstes abhängen. Wenn der Kunde klickt und nicht schnell genug passiert, was er erwartet, könnte er zu einem Konkurrenten wechseln.

Wenn die Zufriedenheit der Kunden mit dem Internet assoziiert ist, kann die Cloud bedeutsam dafür sein, bestehende Kunden zu halten und damit den Umsatz zu steigern.

Neue Kunden

Wenn bestehende Kunden ihrer Peer-Gruppe eine Firma empfehlen, kann das zu neuen Kunden für das Unternehmen führen. Es gibt viele Dinge, die bewirken können, dass bestehende Kunden ein Produkt oder einen Dienst empfehlen. Ein Aspekt ist die Vernetzung. Die Cloud ist bereits mit dem Internet verbunden, was es trivial macht, sie in soziale Netzwerke zu integrieren. Das Teilen von Ergebnissen und die Internetpräsenz können entscheidend sein, um den Dienst neuen potenziellen Kunden vorzustellen. Ein Beispiel dafür ist die Personalbeschaffung. Wenn Stellenanzeigen online gehen, wird der Bewerber in das Rekrutierungssystem aufgenommen, was beim Bewerber Aufmerksamkeit erzeugt. Weitere Beispiele für diesen Ansatz sind Umfragetools. Es ist üblich, dass Cloud-basierte Dienste virale Funktionen einbauen, die helfen können, neue Kunden anzuziehen.

Eine andere Möglichkeit, neue Kunden anzuziehen, besteht in der Kundenzufriedenheit. Diese ist viel schwieriger zu bestimmen. Im Allgemeinen trägt die Bequemlichkeit der Cloud-Zugänglichkeit zur Zufriedenheit mit einem Produkt bei. Wenn Sie online oder mit einem Klick bestellen können, ist das bequem. Es könnte auch eine Online-Assistenzfunktion zur Verfügung stehen, bei der der Kunde mit einem KI-Helfer spricht oder chattet, um ein Problem zu lösen. Diese sind für einzelne Unternehmen schwierig zu schulen und bereitzustellen, aber viele Cloud-Dienste bieten sie als Standardfunktion an. Mehr menschliche Schnittstellen könnten daher die Kundenzufriedenheit steigern.

Kostenreduktion

Kostensenkung ist immer eine beliebte Agenda bei der Geschäftsleitung, und die Cloud bietet viele solcher Möglichkeiten. Die Cloud unterscheidet sich jedoch sowohl in Bezug auf die Dynamik der Kosten (Betriebsausgaben im Vergleich zu Kapitalausgaben für On-Premise) als auch in ihrer Funktionsweise. Die Kostensenkung hängt von den Einzelheiten des Falls ab. Es gibt keine Garantie.

Direkte Kosteneinsparungen

Wenn Sie das gleiche Produkt billiger bekommen können, haben Sie eine direkte Kosteneinsparung. Es ist nicht immer ganz einfach, einen direkten Vergleich in der Cloud durchzuführen. Im Fall von IaaS insbesondere und einigen SaaS-Produkten macht es Sinn, von einer Ersetzung 1:1 zu sprechen. Zum Beispiel ist eine virtuelle Maschine die gleiche, ob sie in der Cloud oder On-Premise läuft. Dies macht es einfach, die Kosteneinsparungen zu berechnen. Das Gleiche gilt für eine Datenbank. Wenn wir jedoch über ein Finanzsystem sprechen, lässt es sich möglicherweise nicht direkt mit einem bestehenden On-Premise-System vergleichen, und die direkten Einsparungen könnten schwer zu berechnen sein.

Während direkte Kosteneinsparungen einfacher zu berechnen sind und auf dieser Basis ein Geschäftsfall aufzubauen ist, wird es kompliziert. Die Wirtschaftlichkeit verschiebt sich oft von Kapitalausgaben, bei denen die Kosten im Voraus zum Zeitpunkt des Kaufs anfallen, zu Betriebsausgaben, die anfallen, wenn der Dienst genutzt wird. Ob das eine billiger ist als das andere, hängt davon ab, über welchen Zeitraum die Kapitalinvestition abgeschrieben wird, da dieses Modell einen durchschnittlichen monatlichen Preis liefert, der mit der Pay-as-you-go-Option, die in der Cloud üblich ist, verglichen werden kann. Es gibt keine einfache Lösung, und verschiedene Dienste haben unterschiedliche Dynamiken entwickelt. Einige schreiben schnell ab, während andere dies langsamer tun. Das Moore'sche Gesetz (eine Vorhersage von 1965, dass sich die Anzahl der Transistoren pro Siliziumchip jedes Jahr verdoppeln wird) macht deutlich, dass grundlegende IT-Dienstleistungen, wie Rechenleistung und Speicher, schnell an Wert verlieren. Um sicher zu gehen, dass direkte Kosteneinsparungen realisiert werden können, müssen Berechnungen der Gesamtbetriebskosten für jeden Dienst durchgeführt werden.

Indirekte Kosteneinsparungen

Wo direkte Kosteneinsparungen ein bisschen knifflig zu berechnen sein können, sind die indirekten Kosteneinsparungen noch schwieriger zu ermitteln. Sie resultieren hauptsächlich aus gesteigerter Effizienz. Ein typisches Beispiel sind Datenbankadministratoren, die in der Cloud x-mal mehr Datenbanken verwalten können, weil viele ihrer typischen Aufgaben vom Cloud-Anbieter übernommen werden. Diese Art der Effizienzsteigerung erhöht den Arbeitsumfang, den ein einzelner Mitarbeiter leisten kann.

Der häufigste Weg, Effizienzsteigerungen zu realisieren, besteht darin, manuelle Prozesse zu automatisieren. Dies ist ein Hauptaugenmerk von DevOps, das von den meisten Cloud-Anbietern unterstützt wird. Mit DevOps kann der Prozess der Bereitstellung neuer Anwendungen und deren Testen bis zu einem gewissen Grad automatisiert werden, wodurch Systemadministratoren und Testern Zeit gespart wird.

Effizienzsteigerungen werden auch durch Standardisierung erzielt. Wenn immer dieselben Technologien verwendet werden, ist es einfacher, diese zu verwalten. Dies ist jedoch nicht auf die Cloud als solche zurückzuführen, sondern eher eine Folge der Übereinstimmung von Cloud-Technologien.

Die Hauptquelle für indirekte Kosteneinsparungen hat damit zu tun, dass der Anbieter alle einfachen Verwaltungsaufgaben übernimmt, wie das Kaufen, Einrichten und Konfigurieren von Servern und das Installieren der Software. Der Anbieter kann dies oft preisgünstiger als der Kunde. Indirekte Kosteneinsparungen sind in der Cloud fast garantiert. Wenn der Anbieter dem Kunden keine Kosten durch gesteigerte betriebliche Effizienz einsparen kann, ist der Umzug in die Cloud schwerer zu rechtfertigen.

Praktischer Leitfaden zur Nutzung der wirtschaftlichen Vorteile der Cloud

Die vorherigen Abschnitte haben theoretische Überlegungen diskutiert. In der Praxis kann es schwierig sein, Geld zu sparen, wenn der Kunde nicht weiß, wie die Kostenstruktur der Cloud aufgebaut ist. Wenn man nicht aufpasst, kann der theoretische Vorteil schnell verschwinden, weil die praktische Umsetzung nicht folgt. Schauen wir uns einige praktische Aspekte der Verwaltung der Cloud-Ökonomie an.

Kostenmodell

Das Erste, worauf man achten sollte, ist die Struktur des Cloud-Kostenmodells. Es kann ziemlich fremd anmuten, wenn man an ein On-Premise-Modell gewöhnt ist, das mit Vorauszahlungen für Lizenzen und anschließenden jährlichen Supportgebühren vorhersehbarer ist. Wie Sie früher gelernt haben, ist ein Schlüsselprinzip der Cloud, dass Sie nur für das bezahlen, was Sie nach gemessener Nutzung verwenden. Es gibt keine Vorabkosten. Das bedeutet, dass das, was genau gemessen wird, von großer Bedeutung für die Gesamtkosten sein kann. Die folgende Liste erklärt typische Einheiten, die in der Cloud verwendet werden. Einige ähneln On-Premise-Lizenzkäufen, aber in der Cloud werden sie in der Regel nicht im Voraus erworben. Stattdessen skalieren sie mit der Nutzung.

- **Nutzer** – Dies ist ein klassisches Maß, das bei On-Premise-Software in großem Umfang genutzt wird. Es wird in der Regel mit verschiedenen Nutzertypen kombiniert, die unterschiedliche Fähigkeiten im System haben. Der Preis wird in der Regel nach diesen verschiedenen Typen differenziert. Die Herausforderung, den Preis niedrig zu halten, besteht darin, genau zu bestimmen, wie viele Nutzer die verschiedenen Arten von Zugriff benötigen. Wenn jedem der teuerste Zugriffstyp gegeben wird, wird der ganze Dienst wahrscheinlich zu teuer. Es erfordert daher oft eine ziemlich genaue Analyse, um zu verstehen, was die Organisation ihren verschiedenen Nutzern tatsächlich zur Verfügung stellen muss.

- **Zeit** – Eine der häufigsten Möglichkeiten, die Nutzung zu messen, ist die verwendete Zeit. Je nach Dienst können dies Stunden, Minuten oder sogar Sekunden sein. Es ist eine effektive und ziemlich intuitive Methode. Kosten fallen zur an, wenn die Ressource genutzt wird. Die meisten Infrastruktur- und Plattformdienste werden zeitlich gemessen. Es kann Abstufungen geben, je nachdem, welche Funktionalität oder Rechenleistung benötigt wird. Der Preisunterschied zwischen niedrigeren und höheren Stufen kann erheblich sein. Ähnlich wie bei der Benutzermetrik ist es daher oft wichtig, genau zu analysieren, wie viel Zeit benötigt wird, um nicht unnötig viel zu bezahlen.

- **Speicher** – Obwohl Speicherkapazität im Allgemeinen billiger wird, wird er immer noch weit verbreitet verwendet. Natürlich ist dies insbesondere bei speicherbasierten Diensten wie Datenbanken der Fall. Dienste, die nach Speicherkapazität bemessen werden, sind daher selten diejenigen, die die größten Überraschungen bereithalten.

- **Transaktionen** – Einige Dienste bemessen die Leistung nach der Anzahl der Transaktionen oder eher nach Schwellenwerten wie Millionen von Transaktionen. Natürlich wird diese insbesondere bei transaktionalen Diensten wie Webdiensten oder Messaging eingesetzt. Diese Metrik wird nicht verwendet, wenn ein On-

Premise-IT-Setup betrieben wird, bei dem die Anzahl der Transaktionen keinen Unterschied macht. Der Umzug in die Cloud kann erfordern, dass die Architektur weniger „gesprächig" gestaltet wird, um kosteneffektiv zu sein.

- **Benutzerdefiniert** – Es gibt andere Maßnahmen, die auf eine Anwendung zugeschnitten sind. Sie könnten etwas mit dem Geschäftsfluss zu tun haben, wie die Anzahl der Leads oder der abgeschlossenen Geschäfte. Dies ist häufiger bei SaaS der Fall, wo der Dienst näher an die Geschäftsprozesse angelehnt ist, aber es kann auch auf den unteren Ebenen des Cloud Computing auftreten.

- **Zusammengesetzte Maßnahmen** – Es gibt zwei Arten von zusammengesetzten Maßnahmen. Eine ist, wenn zwei oder mehr verschiedene Maßnahmen gleichzeitig gemessen werden, wie Speicher und Transaktionen. Eine andere ist, wenn verschiedene Maßnahmen zusammen berechnet werden, wie die Anzahl der CPU-Kerne („central processing unit"), die Leistung der Kerne, Zeit und Speicher. Oracle und IBM haben diesen Messansatz bei On-Premise-Geräten verwendet und versucht, ihn in die Cloud zu übertragen. Sie sind besonders intransparent und können erst festgestellt werden, nachdem das System eine Weile beobachtet wurde und seine Auswirkungen auf die Kosten gekannt sind.

Wirtschaftsplan und Kontenstruktur

Wie viele Kritiker der Cloud hervorgehoben haben, kann es schnell teuer werden, IT in der Cloud zu betreiben. Das passiert in der Regel, wenn man nicht weiß, wer wofür bezahlt und warum.

Die ordnungsgemäße Strukturierung der Konten wird umso wichtiger, je größer die Investition und das Engagement für die Cloud sind. Wenn das Unternehmen über einige Teams verfügt, die sich zu Experimentier- und Entwicklungszwecken mit der Cloud beschäftigen, kann es in Ordnung sein, sich für den traditionellen Typ "eine Kreditkarte, ein Konto" zu entscheiden. Aber wenn die Organisation mehrere Einheiten hat und Produktions-Workloads betreiben möchte, könnte es klug sein, zu überlegen, wie das Konto strukturiert ist. Sollte es eines für die gesamte Organisation geben, eines für jede Geschäftseinheit oder jedes Team, oder ganz anders organisiert sein?

Es könnte klug sein, ein Konto für das Unternehmen zu haben, da der Kunde Rabatte aushandeln kann, aber dann wird es schnell problematisch, wie die Rechnung intern aufgeteilt wird. Die verschiedenen Geschäftseinheiten, die die Cloud nutzen, haben wahrscheinlich ihre eigenen Budgets. Da die Cloud-Kosten leicht aus dem Ruder laufen können, wenn man nicht aufpasst, kann es notwendig sein, die Kosten dorthin zu lenken, wo sie anfallen. Die Cloud ist nicht auf die gleiche Weise konzipiert wie der Verkauf und Support von On-Premise-Lizenzen, bei denen eine Rechnung an ein bestimmtes Kostenzentrum gesendet wird. Es gibt eine große Rechnung für alles. Darüber hinaus können verschiedene Dienste unterschiedliche Zwecke haben, die auf der Rechnung dargestellt werden müssen.

Die Herausforderung besteht daher darin, die Kosten zu einzeln aufzuführen und sie den richtigen internen Kostenstellen zuzuordnen. Dies wird in der Regel mit Tags erreicht, es kann dennoch herausfordernd für die Finanzab-teilung sein, diese Art von Rechnung zu bearbeiten. Sie sollten im Voraus fest-legen, wie das Unternehmen das Cloud-Konto und den Rechnungsprozess handhabt, um die Kosten- und Buchhaltungsstruktur der Organisation ent-sprechend abzustimmen.

Kostenüberwachung

Ob es nun tatsächlich bereits ein Budget dafür gibt oder nicht, wäre es gut, in der Cloud mit Budgets zu arbeiten. Die Budgets können verwendet werden, um die Ausgaben in der Cloud zu kontrollieren. Ein Budget kann für eine be-liebige Anzahl von Diensten erstellt werden, und Regeln können eingerichtet werden, um Alarm zu schlagen, wenn eine bestimmte Schwelle erreicht wird, zum Beispiel, wenn 80% des Budgets erreicht sind. Dies ist hilfreich, auch wenn es kein tatsächliches Budget im finanziellen Sinne gibt, sondern nur die Er-wartung, dass ein Produkt einen bestimmten Betrag kosten wird. Es ist auch möglich, den Dienst ganz abzuschalten, sobald die Budgetgrenze erreicht ist, wenn die Wirtschaftlichkeit ein zentrales Anliegen ist.

Die Cloud-Anbieter haben eine Vielzahl von Dashboards, die detaillierte Aus-künfte über die aktuellen Ausgaben über alle Dienste hinweg liefern. Wenn die Tags eingerichtet sind, kann auch nach Tags aufgeschlüsselt werden. Die wirtschaftliche Überwachung konzentriert sich also auf die Frage, wie um-fassend sie durchgeführt werden soll. Abhängig von den konfigurierten Meta-daten können sehr detaillierte Analysen über die Nutzung der Cloud über Produkte, Einheiten, Umgebungen oder jede andere Sparte erstellt werden.

Die Überwachung erfolgt auch nahezu in Echtzeit. Mit dieser Einsicht wird es möglich sein, Prognosen über die zukünftige Nutzung dazustellen. Basierend auf den tatsächlichen oder prognostizierten Ausgaben können Alarme konfi-guriert werden. Dies ist eine gute Sicherheitsmaßnahme, da es leicht ist, unbe-

absichtigt Dienste zu aktivieren, oder zu vergessen, sie nach Gebrauch auszuschalten. Es ist sehr ratsam, zumindest einige Maßnahmen zur Kostenüberwachung einzurichten, zumindest für das Konto.

Kostenoptimierung

Wie erwähnt, ist die Cloud nicht automatisch die günstigere Option. Tatsächlich werden Sie, wenn Sie die Cloud auf die gleiche Weise betreiben wie Ihr
On-Premise-Rechenzentrum, fast sicher höhere Kosten haben. Es ist notwendig, die folgenden Schlüsseltechniken zur Cloud-Kostenoptimierung einzusetzen, um erfolgreich Geld in der Cloud zu sparen.

- **Richtige Menge** – Da Sie für das bezahlen, was Sie nutzen, ist es besonders wichtig herauszufinden, was Sie
  genau *nutzen* müssen. Anderenfalls zahlen Sie schnell
  mehr, als Sie benötigen. Das ist nicht trivial. Zum Beispiel
  werden virtuelle Maschinen (VMs) je nach ihren
  Spezifikationen bepreist, und nichts ist kostenlos. Deshalb
  müssen Sie den richtigen Typ von VM und die richtige
  Menge für jede einzelne Aufgabe finden. Wenn Sie das
  nicht tun, werden Sie konsequent mehr bezahlen.

- **Öffnungszeiten** – Wenn Sie ein On-Premise-
  Rechenzentrum betreiben, bedeutet das Betreiben von
  zusätzlichen Umgebungen Tag und Nacht zusätzlichen
  Strom, der vergleichsweise preisgünstig ist. In der Cloud
  sind Lizenzen mit Strom gekoppelt und werden stündlich
  oder minutengenau abgerechnet. Das bedeutet, dass jede
  Stunde, in der etwas läuft, aber nicht genutzt wird, ver-
  schwendetes Geld ist. Daher könnte es sinnvoll sein,
  Öffnungszeiten für Nicht-Produktionsumgebungen oder
  sogar Produktionsumgebungen festzulegen. Wenn
  Systemressourcen nur an Wochentagen tagsüber verfügbar sein müssen, können Sie mehr als 60% einsparen,
  indem Sie sie abends und am Wochenende den
  Dienst herunterfahren.

- **Rechtzeitiges Computing** – Für einige Arten von
  Computing variiert der Preis über die Zeit, und es kann
  Kosteneinsparungen geben, wenn man mit nicht zeit-
  kritischen Workloads wartet. Dies liegt daran, dass
  Ressourcen zu bestimmten Tageszeiten stärker genutzt
  werden als zu anderen, was zu überschüssigen Kapazitäten
  zu anderen Zeiten führt.

- **Speicherklassen** – Obwohl Speicher günstig geworden ist, kostet er immer noch Geld. Dies hängt davon ab, wie häufig auf Daten zugegriffen wird, wie redundant die Daten sind und anderen Aspekten. Auch hier kann das Wissen, wie Ihr Unternehmen den Speicher für jeden Anwendungsfall nutzen möchte, viel Geld sparen.

- **Nicht genutzte Ressourcen abschalten** – In On-Premise-Rechenzentren ist es nicht ungewöhnlich, dass Server im Leerlauf laufen. Wie bereits erwähnt, kostet das Strom, der einen Bruchteil der abgerechneten Nutzung pro Stunde ausmacht, da Lizenzkosten in diesen Preis einfließen. Es macht daher Sinn, ungenutzte Ressourcen zu identifizieren und abzuschalten.

- **Verbraucher für Kosten verantwortlich machen** – Da sehr leicht Systemressourcen hochgefahren werden und dann vergessen wird, dass sie laufen, ist es notwendig, Anreize zur Begrenzung solcher unnötigen Kosten zu schaffen. Dies geschieht am besten, indem man die Verbraucher für die Kosten verantwortlich macht. Auf diese Weise kennen sie die wirtschaftlichen Konsequenzen und berücksichtigen diese in ihrem Verhalten.

- **Für die Cloud neu architektieren** – Wenn Workloads, die für das On-Premise-Computing entwickelt wurden, in die Cloud verlagert werden, macht es manchmal Sinn, sie neu zu architektieren, um sie besser an die Kostenstrukturen der Cloud anzupassen. Wenn ein Dienst beispielsweise nach Anzahl der Transaktionen abgerechnet wird, sollten unnötige Transaktionen minimiert oder in weniger Transaktionen zusammengefasst werden. Wenn Datenstrukturen eine große Menge an Redundanzen beinhalten, könnten einige davon eliminiert werden.

Zusammenfassung

In diesem Kapitel wurde diskutiert, wie die Cloud die Wirtschaftlichkeit von IT-Ressourcen beeinflusst. Es gibt 2 Möglichkeiten, wie dies zum Vorteil des Kunden wirkt: Die Cloud kann den Umsatz steigern und die Kosten senken.

Wir haben 3 Möglichkeiten behandelt, wie die Cloud potenziell den Umsatz steigern könnte. Die erste Möglichkeit besteht darin, das Unternehmen agiler zu machen; das heißt, schnell auf Veränderungen reagieren zu können, wie zum

Beispiel bei plötzlichen Nutzungsspitzen oder Veränderungen auf dem Markt. Die zweite Möglichkeit besteht darin, die Kundenbindung zu erhöhen, und die dritte, neue Kunden anzuziehen, was zusätzlichen Umsatz generieren kann.

Was die Kostenreduktion betrifft, so haben wir zwei Möglichkeiten identifiziert, wie die Cloud hier zweckmäßig sein kann: durch die Reduzierung direkter und indirekter Kosten. Die direkten Kosteneinsparungen resultieren aus geringeren Ausgaben für vergleichbare IT-Dienstleistungen, was zu niedrigeren Gesamtbetriebskosten führt. Die indirekten Kosteneinsparungen resultieren aus gesteigerter Effizienz in den Unternehmensabläufen.

Wir haben auch einige Richtlinien zur Kostenreduktion überprüft. Zunächst einmal ist es notwendig, die Unterschiede in den Kostenmodellen der Cloud im Vergleich zu den traditionellen On-Premise-Modellen zu beachten. Zweitens muss man berücksichtigen, wie die Cloud-basierten Kosten in die Buchhaltungsstrukturen des Unternehmens passen. Die Arbeit mit Cloud Computing erfordert ein höheres Bewusstsein für Budgetierung und Kostenüberwachung.

Am Ende haben wir einige praktische Tipps vorgestellt, wie man die Kosten in der Cloud niedrig halten kann. Eine allgemeine Beobachtung ist, dass man viel aufmerksamer auf die tatsächliche Nutzung achten und ein tieferes Verständnis dafür entwickeln muss, was tatsächlich benötigt wird.

Arbeiten mit der Cloud

Dieses Kapitel konzentriert sich darauf, wie Cloud Computing die Arbeit beeinflusst. Da die Cloud schnell wächst, wirkt sie sich auf alle Organisationen auf die eine oder andere Weise aus. Die im Arbeitsmarkt benötigten Fähigkeiten ändern sich schnell. Derzeit sind die entsprechenden Fähigkeiten noch Mangelware.

Einige Aufgaben verschwinden, einige bleiben bestehen, neue treten in Erscheinung, und von den verbleibenden Aufgaben ändern sich viele. Eine Reihe neuer Rollen entstehen, und alte Rollen verschwinden oder müssen angepasst werden, um die Arbeit in der Cloud zu ermöglichen. Einige davon sind Kernpositionen, die immer für jede bedeutende Cloud-Investition vorhanden sein müssen. Andere sind spezialisierter und gelten nur für bestimmte Arten von Organisationen. Ein weiterer Punkt, den man im Auge behalten sollte, ist, dass traditionelle Aufgabenbereiche neu definiert werden, was Umrüstungen und Aufwand für die Schulung der Mitarbeiter erfordert und sie aus ihrer Komfortzone herausbringt.

Das Kapitel untersucht, wie wir den Übergang zur Cloud bewältigen können, indem wir überlegen, wie wir diese neuen Fähigkeiten erwerben können. Es bietet auch einige praktische Richtlinien für die Bewältigung der Auswirkungen auf die Organisation.

© Der/die Autor(en), exklusiv lizenziert an APress Media, LLC, ein Teil von
Springer Nature 2024
A. Lisdorf, *Grundlagen des Cloud Computing*,
https://doi.org/10.1007/979-8-8688-0089-4_13

Sich verändernde Aufgaben in der Cloud

Wie bei jeder technologischen Revolution gibt es damit verbundene Veränderungen der zu erledigenden Aufgaben. Zur Veranschaulichung betrachten wir, wie das Automobil den Transport revolutioniert und Pferd und Kutsche als primäres Transportmittel abgelöst hat.

Um die vorige Jahrhundertwende waren Pferd und Kutsche die unbestrittene Nummer 1 des Transports. Industrien und Arbeitsplätze waren auf das Pferd als Transportmittel ausgerichtet. Der Einfluss der Dominanz des Transport durch Pferde ist über Jahrtausende und ganze Landstriche hinweg in Hunderten von Namen und Nachnamen zu sehen. Rosalind, Farrier, Phillip, Marshall, Achaius, Cafferty, Ahern, Steadman und Coltrane sind alles Beispiele für Namen, die mit dem Pferd resp. Berufen in Verbindung stehen, die mit Pferden zu tun haben. Obwohl die IT-Branche noch nicht den gleichen Einfluss auf Personennamen hat, ist die Veränderung in vielerlei Hinsicht ähnlich.

Damit das Pferd ein praktikables Transportmittel sein konnte, war eine Vielzahl von Aufgaben zu bewältigen. Zunächst einmal mussten die Pferde von Züchtern gezüchtet werden. Sie wurden in Ställen gehalten, versorgt und gefüttert. Um auf der Straße lange Strecken zurücklegen zu können, benötigten sie Hufeisen. Um mehr Menschen und Güter zu transportieren, waren Kutschen notwendig. Berufe und Industrien entwickelten sich um das Pferd als Transportmittel. Millionen von Menschen auf der ganzen Welt verdienten ihren Lebensunterhalt in der damaligen Mobilitätsindustrie.

Als das Automobil aufkam, wurde der Transport durch Pferde innerhalb von ein paar Jahrzehnten eliminiert, und das hatte einen spürbaren Einfluss auf die Arbeit der Menschen. Einige Aufgaben waren nicht mehr notwendig. Neue Aufgaben entstanden, wie das Tanken mit Benzin und die Reparatur des Fahrzeugs. Viele Aufgaben blieben bestehen. Der Verkauf von Fahrzeugen wechselte von Kutschen zu Automobilen. Das Fahren wechselte von Pferdekutschen zu Automobilen. Berufe wie die Vermietung von Hackney-Kutschen, ursprünglich ein Verleihservice für Pferdekutschen inkl. Kutscher, wechselten zu Automobilen und wurden zu Taxiunternehmen. Einige Aufgaben blieben sogar unverändert. Es war immer noch notwendig, das Fahrgeld einzusammeln, Fahrer einzustellen und die Fahrzeuge zu beladen.

Auswirkungen auf Tätigkeiten in der Cloud

Etwas Ähnliches wie der Übergang vom Pferdetransport zum Automobiltransport geschieht beim Übergang von On-Premise- zu Cloud-Systemen. Zum Beispiel müssen Datenbankadministratoren viele der Aufgaben, die sie heute erledigen, nicht mehr durchführen, und Servertechniker müssen keine Serverkartons mehr auspacken und in Serverracks montieren, aber beide

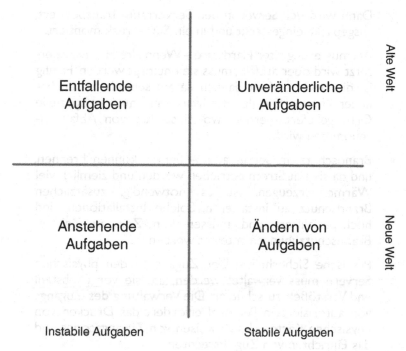

Abb. 13.1 Aufgaben in der Cloud

müssen neue Dinge tun, die sie heute nicht tun. Völlig neue Aufgaben entstehen, während andere verschwinden. Andere Aufgaben wiederum bleiben auch in der Cloud bestehen, einige davon verändert und einige davon unverändert. Wir können diesen Prozess in einem Raster darstellen (siehe Abb. 13.1).

Bei der Verwaltung von Informationstechnologie gibt es Tausende von verschiedenen Aufgaben, einige davon sehr spezifisch für bestimmte Technologien. Werfen wir einen Blick auf einige der am weitesten verbreiteten Aufgabenstellungen. Sie sollen nur einen Eindruck davon vermitteln, über welche Arten von Tätigkeit wir hier sprechen.

Aufgaben, die verschwinden

Aufgaben verschwinden, weil sie aufgrund der sich ändernden Natur der Cloud nicht mehr notwendig sind. Betrachten wir die folgenden Tätigkeiten:

- Kaufen, Empfangen und Montieren von Servern in Racks
  – Ein Server wird bei einem Anbieter bestellt. Wenn er geliefert wird, wird er in Empfang genommen, und anhand der Papiere wird überprüft, ob die Lieferung korrekt ist.

Dann wird der Server in den Serverraum transportiert, ausgepackt, eingesteckt und in ein Serverrack montiert.

- Ausmusterung alter Hardware – Wenn alte Hardware ersetzt wird oder ausfällt, muss sie entsorgt werden. Häufig ist dies nicht einfach, da sich darauf sensible Daten befinden können. Die alte Hardware muss auch an spezielle Orte geliefert werden, wo diese Art von Abfall angenommen wird.

- Brandschutz im Serverraum – Server können brennen, und da sie mit Strom betrieben werden und ziemlich viel Wärme erzeugen, ist es notwendig, zusätzlichen Brandschutz zu installieren. Solche Installationen sind hochspezialisiert und müssen von Zeit zu Zeit in Brandschutzübungen getestet werden.

- Physische Sicherheit – Der Zugang zu den physischen Servern muss verwaltet werden, um sie vor Diebstahl und Verstößen zu schützen. Die Verwaltung des Zugangs von autorisiertem Personal erfordert das Drucken von physischen Karten, das Zuweisen von Zugangscodes und das Einrichten von Zugriffsrechten.

- Software-Upgrade – Bei der Arbeit On-Premise muss die Software mit einer bestimmten Frequenz aktualisiert werden. Dies umfasst alles von kleinen Patches bis hin zu großen System-Upgrades und sogar Migrationen. Dies ist in PaaS- oder SaaS-Systemen nie notwendig, könnte aber in einigen IaaS-Lösungen noch erforderlich sein.

- Datenbankadministration – Ähnlich gilt für PaaS-Datenbanken: Die meisten Aufgaben, wie das Verwalten des von Rangplätzen und die Leistungsoptimierung, entfallen zusammen mit den Upgrades. Wenn die Datenbank in IaaS implementiert ist, bleiben diese Aufgaben bestehen. Datenbankadministratoren (DBAs) werden jedoch immer noch benötigt, um die Datenbanken richtig zu dimensionieren und zu überwachen und die Integrität der Back-ups zu testen.

Neue Aufgaben

Die im Folgenden aufgeführten neuen Aufgaben sind aufgrund der Cloud notwendig. Es handelt sich um Aufgaben, die eine Organisation vor der Nutzung der Cloud nicht durchgeführt hat.

- Kostenüberwachung – Wie bereits beschrieben wurde, ist ein gewisses Maß an Kostenüberwachung notwendig. Da die Kosten nach Verbrauch abgerechnet werden, ist es erforderlich, die Nutzung zu überwachen, um sicherzustellen, dass die Kosten nicht außer Kontrolle geraten. Dies war in der On-Premise-Welt nicht notwendig, da die meisten Kosten fix waren. Lizenzen wurden im Voraus bezahlt, und Server hatten vorhersehbare Kosten. Die einzig wirklich variablen Kosten waren Stromkosten, aber auch diese Schwankungen waren begrenzt, da die Server die meiste Zeit in Betrieb waren. In der Cloud sind alle Faktoren variabel, und man erfährt es erst im Nachhinein. Deshalb ist die Kostenüberwachung notwendig.

- Kontoverwaltung – Dies beinhaltet die Verwaltung der Kontenstruktur und wer was in der Cloud zu tun berechtigt ist. Richtlinien für die Nutzung von Diensten und Infrastruktur müssen vorhanden sein, und die Kostenverteilung muss eingerichtet werden. Die Sicherheit muss ebenfalls in die Einrichtung des Cloud-Kontos integriert werden.

- Infrastrukturautomatisierung – Infrastrukturautomatisierung existiert auch On-Premise, aber in der Cloud stehen viele zusätzliche Optionen zur Verfügung. Da kein menschliches Eingreifen zur Beschaffung von Systemressourcen erforderlich ist, kann diese automatisiert werden, zum Beispiel in Bezug auf Skalierung oder Failover im Zusammenhang mit einem Ausfall. Das Festlegen dieser Regeln und dann das Konfigurieren und Testen ist ein neues Aufgabengebiet.

Unveränderte Aufgaben

Einige Aufgaben verschwinden nicht beim Wechsel in die Cloud. Sie ändern sich nicht einmal. Betrachten wir diese als Nächstes:

- Nutzerverwaltung – Es gibt Nutzer in der Cloud genauso wie On-Premise. Sie haben Benutzernamen und Passwörter und/oder Schlüssel, was gleich bleibt. Sie müssen erstellt und gewartet werden wie immer schon.

- Zugriffskontrolle – Ebenso wird die Zugriffskontrolle identisch sein wie On-Premise. Die gleichen Protokolle und Tools, die hier verwendet werden, werden in Cloud-Systemen eingesetzt. Single Sign-On und

Identitätsmanagement werden in der gleichen Form fortgesetzt, eben mit Endpunkten in der Cloud.

- Support – Wenn Probleme mit Systemen auftreten, benötigen wir auch in der Cloud noch Support. Offensichtlich müssen neue Supportrichtlinien entwickelt werden, das Personal muss geschult werden – aber das gilt für jede neue Technologie.

- Code schreiben – Entwickler und Ingenieure werden weiterhin programmieren. Obwohl bestimmte Bereiche, die zuvor nur durch Programmierung umgesetzt wurden, nun mit Point-and-Click-Benutzeroberflächen oder Pseudocodes, wie es im aufkommenden No-Code-Trend der Fall ist, realisiert werden können, wird der Großteil der IT-Entwicklung weiterhin durch Programmierung vorangetrieben. Diese Codes werden in den gleichen integrierten Entwicklungsumgebungen (IDEs) entwickelt und in den gleichen Versionskontrollwerkzeugen ein- und ausgecheckt. In der Cloud werden sie auf einem Server bereitgestellt, der nicht physisch im Rechenzentrum der Organisation läuft.

- Change Management – Das Verwalten von Änderungen an Systemen bleibt auch in der Cloud eine Aufgabe. Wenn ein Fehler auftritt, muss er behoben werden, und der Prozess bleibt der gleiche. Wenn ein Upgrade oder eine Implementierung im Gange ist, muss es dem gleichen Verfahren folgen wie jedes andere Upgrade und jede On-Premise-Implementierung.

Aufgaben, die sich geändert haben

Einige Aufgaben bleiben, müssen aber aufgrund der Cloud geändert werden. Die Änderungen sind so erheblich, dass sie nicht ohne das Erlernen neuer Fähigkeiten durchgeführt werden können, aber dennoch nah genug, dass vorhandenes Wissen genutzt werden kann.

- Systemüberwachung – Auch in der Cloud fallen Systeme aus, und es ist immer noch wichtig zu wissen, wann dies passiert. Deshalb werden sie überwacht. Die Cloud ermöglicht auch die Überwachung von Systemressourcen, aber sie muss anders eingerichtet werden. Es müssen spezielle Tools des Cloud-Anbieters verwendet werden; diese unterscheiden sich von On-Premise-Tools und zwischen den Anbietern.

- Bereitstellung von Systemressourcen – Die Bereitstellung von Systemressourcen ist immer noch wichtig, aber während in einer On-Premise-Umgebung die Bereitstellung in der Regel von einem Infrastrukturteam nach einer Anfrage durchgeführt wird, kann sie in der Cloud von jedem durch Selbstbedienung durchgeführt werden. Ob das wünschenswert ist oder nicht, ist eine andere Frage, aber es ist anders als bisher.

- Netzwerkkonfiguration – Das Entwerfen und Konfigurieren eines Netzwerks ist eine komplexe Aufgabe für ein On-Premise-Rechenzentrum, das Router, Switches und Firewalls beinhaltet. In der Cloud ist es nicht weniger komplex, aber die Tools und Technologien können sich unterscheiden. Es ist immer noch notwendig, Netzwerksegmente zu errichten und Regeln für den Datenverkehr zu erstellen, aber es wird auf eine andere Weise durchgeführt.

Rollenverteilung in der Cloud

Es kann unter Umständen schwierig sein, die Bedeutung der geänderten Aufgaben in Bezug auf die Personalressourcen genau zu erfassen. Die folgenden Abschnitte beschreiben die notwendigen Rollen. Zuerst betrachten wir die Kernrollen, die jede bedeutende produktionsreife Nutzung der Cloud erfordert. Danach folgen einige Spezialisierungen, die üblich sind, aber nicht in allen Fällen benötigt werden. Die Relevanz hängt vom Kontext ab. Für alle Aufgaben werden Schulungskurse angeboten. In den meisten Fällen gibt es auch Zertifizierungen, zumindest ist das bei AWS, Azure und Google der Fall.

Kernrollen

Es gibt einige Rollen, die vorhanden sein müssen unabhängig davon, wie eine Organisation die Cloud nutzt, zumindest wenn sie für mehr als nur Experimente und Tests verwendet wird. Diese Rollen müssen besetzt sein, um die Erfolgschancen zu maximieren.

Solution Architect

Der Solution Architect hat die Aufgabe, optimale, sichere und robuste Lösungen auf Basis der in der Cloud verfügbaren Einsatzmöglichkeiten zu entwerfen. Das bedeutet, dass der Solution Architect umfassendes Wissen über die Cloud, die verfügbaren Dienste und deren Nutzung benötigt. Dies kann eine Herausforderung sein, da nur wenige IT-Profis mit Infrastruktur, Sicherheit, Netzwerk, Datenbanken und Entwicklungsframeworks vertraut sind. Darüber hinaus wird erwartet, dass er Kenntnisse über Architekturprinzipien, Verhaltensregeln und gängige Architekturmuster für den Aufbau optimaler Cloud-basierten Lösungen hat.

Diese Fähigkeiten werden alle genutzt, um das Design zu entwickeln und zu spezifizieren, das die Entwickler zur Implementierung der Anwendung einsetzen. Wenn die Entwickler und Spezialisten die Arbeit übernehmen, wird der Solution Architect nur noch für Implementierungsanleitungen herangezogen.

Entwickler

Entwickler haben die Aufgabe, die Lösungen zu implementieren, die der Solution Architect entworfen hat. Entwickler werden auch manchmal als Ingenieure bezeichnet. Sie bauen, testen und warten Lösungen.

Das bedeutet, dass der Großteil der Arbeit mit Programmieren und Konfigurieren von Lösungen zu tun hat, um ein funktionierendes System oder eine Komponente zu erstellen. In der Cloud hat der Entwickler in der Regel mehr Verantwortung als üblich bei On-Premise und kann für die Bereitstellung von Lösungen herangezogen werden. Debugging, Logging und das Definieren von Metriken zur Überwachung der Systemleistung sind ebenfalls Aufgaben des Entwicklers.

Die Werkzeuge sind für einen Entwickler in der Regel vertraut, wie Befehlszeilenschnittstellen (CLI) zum Schreiben von Anweisungen, Software Development Kits (SDK) zum Erstellen von anwendungsspezifischen Komponenten und Application Programming Interfaces (API) zur Interaktion mit anderen Anwendungen. Oft ist es möglich, in der gleichen integrierten Entwicklungsumgebung (IDE) zu arbeiten wie On-Premise, nur dass diese jetzt in der Cloud bereitgestellt wird.

Im Allgemeinen ist der Entwickler für das Lebenszyklusmanagement der Anwendung verantwortlich. In der Cloud können mehr Verantwortlichkeiten bestehen, und bestimmte Cloud-spezifische Fragen wie Netzwerkmanagement und Sicherheit müssen berücksichtigt werden, aber abgesehen davon ist die meiste Arbeit recht ähnlich wie in der On-Premise-Umgebung.

Cloud-Administrator

Cloud-Administratoren installieren die Systeme und halten sie am Laufen. Diese Rolle wird manchmal auch als SysOps („System Operator") bezeichnet, da die Rolle eine Vielzahl von Aufgaben im betrieblichen Bereich umfasst. Sobald Lösungen entwickelt und getestet wurden, liegen sie in der Verantwortung des Cloud-Administrators. Das bedeutet, dass traditionelle Aufgaben wie Bereitstellung und Überwachung dem Cloud-Administrator obliegen. Cloud-Administratoren sind auch verantwortlich für Kostenkontrollmechanismen, wie das Einrichten und Überwachen von Nutzung und Alarmen.

Die Wartung und Implementierung von Netzwerkkonfigurationen ist ein bedeutender, komplexer Teil der Arbeit, der große Auswirkungen auf die Resilienz und Sicherheit des Systems hat. Dies kann besonders herausfordernd sein, wenn die Cloud hybrid ist und die On-Premise-Netzwerkstruktur berücksichtigt werden muss.

Sicherheit ist aus betrieblicher Sicht ebenfalls eine wichtige Aufgabe und könnte die Überwachung mit Alarmen, verschiedene Arten von Scans, Patches und Audits bestehender Lösungen beinhalten.

Die Rolle des Cloud-Administrators ähnelt in vielerlei Hinsicht der des Systemadministrators von On-Premise-Installationen, aber er nutzt andere Werkzeuge, und die Verantwortlichkeiten können breiter gestreut sein.

Spezialisierung

Die Spezialisierungen bauen auf den Kernrollen auf. Sie nehmen bestimmte Aspekte von deren Verantwortung wahr und konzentrieren sich auf diese. Das bedeutet, dass Spezialisierung eingesetzt wird, wenn bestimmte Aspekte für die Organisation besonders wichtig sind. Wenn beispielsweise eine Kernfunktion darin besteht, Daten für fortgeschrittene analytische Zwecke zu verwenden, kann ein Data-Science-Spezialist benötigt werden. Schauen wir uns die gängigsten Spezialisierungen an.

Data Science

Obwohl Data Science wie reguläres Programmieren anmutet, ist es in der Praxis etwas anderes. Data Scientists bewegen sich oft in einem besonderen Raum zwischen Business und IT, da sie mit ihrem tiefgreifenden Wissen über die geschäftlichen Belange und den Daten arbeiten sowie fortgeschrittene Entwicklerkenntnisse in bestimmten Bereichen haben. Sie arbeiten auch typischerweise mit Produktionsdaten und bauen und warten die Lösungen selbst. Data Science-Tools bilden ein eigenes, sehr spezialisiertes Ökosystem.

Ein Data Scientist muss die Tools dieses Ökosystems kennen und wissen, wie man sie richtig einsetzt.

Sicherheit

Der Sicherheitsspezialist konzentriert sich auf die Validierung der Sicherheit von Designs, die Konfiguration bestimmter Arten von Lösungen im Zusammenhang mit Sicherheit und die Überprüfung bestehender Systeme. Die Sicherheitstools in der Cloud sind zahlreich, und es ist ein Bereich ständiger Weiterentwicklung. Deshalb wird manchmal ein Spezialist eingesetzt. Der Sicherheitsspezialist muss verstehen, wie die verschiedenen Lösungen in der Cloud funktionieren, um die dort laufenden Anwendungen zu schützen. Einige sind diagnostische Tools und andere überwachen und erkennen Sicherheitsprobleme.

Netzwerk

Die meisten Organisationen mit bedeutender On-Premise-Infrastruktur haben eine Netzwerkabteilung, die nur mit Netzwerken arbeitet. Dies liegt daran, dass es wichtig ist, die Vertraulichkeit und Integrität der Daten zu schützen. Das Gleiche gilt für die Cloud; die Komplexität und Herausforderungen verschwinden nicht. Der Netzwerkspezialist muss das Netzwerk im Detail verstehen, einschließlich seiner Anwendung auf die Cloud-Dienste. Es gibt keinen Unterschied zwischen den Standards, Protokollen und funktionalen Komponenten, da das Internet nur ein Netzwerk ist. Was anders ist, sind die Werkzeuge und die Wege, das Ergebnis zu erreichen.

Datenbank

Der Datenbankspezialist darf nicht mit einem traditionellen Datenbankadministrator (DBA) verwechselt werden, der eine relationale Datenbank administriert. Mit der Cloud ist eine große Anzahl verschiedener Arten von Datenbanken verfügbar geworden, wie wir schon gesehen haben. Der Datenbankspezialist muss verstehen, wie diese verschiedenen Datenbanken funktionieren und wofür sie gut sind, sowie komplexere Aufgaben im Zusammenhang mit Datenbanken bewältigen. Für Organisationen mit unterschiedlichen Datenbedürfnissen kann dies eine wichtige Rolle sein, um Lösungen zu optimieren.

DevOps

Der DevOps-Spezialist arbeitet mit einer Kombination aus Entwicklung („development") und Betrieb („operation"), was die Grundlage für das Kofferwort DevOps bildet. Es ist seit Langem ein Trend in der agilen Entwicklung, Lösungen so schnell wie möglich in der Produktion zu implementieren. Dies wird mit DevOps erreicht. Der Spezialist muss die Werkzeuge verstehen und konfigurieren. Ein großer Teil davon basiert auf Prozessen und der Automatisierung der Infrastruktur und des Testsystems. Die Einrichtung der Infrastruktur und deren Wartung fällt in die Verantwortung des DevOps-Spezialisten.

Veränderungen in der Belegschaft managen

Die Einführung eines Cloud-Systems bedeutet eine erhebliche Veränderung der zu erledigenden Aufgaben und der darin enthaltenen Rollen, sodass es notwendig ist, die Fähigkeiten der Mitarbeiter anzupassen. Die neuen Aufgaben erfordern insbesondere Aufmerksamkeit in Bezug auf die Entwicklung relevanter Fähigkeiten. Es gibt einen Unterschied zwischen den neuen und den sich verändernden Aufgaben in der Cloud in Bezug auf das Lernen. Es kann einfacher sein, vorhandene Mitarbeiter für sich ändernde Aufgaben umzuschulen als für völlig neue Aufgaben auszubilden. Es stehen verschiedene Schulungsoptionen zur Verfügung, die wir nun betrachten werden.

Es gibt noch eine wesentlich größere organisatorische Herausforderung bei der Hinführung der Belegschaft an die Cloud. Einige Mitarbeiter werden den Wert ihrer Fähigkeiten durch die Einführung der Cloud gemindert sehen. Sie werden nicht von einem Tag auf den anderen überflüssig, was bedeutet, dass sie gehalten werden müssen. Insofern stellt der Übergang zur Cloud auch eine erhebliche organisatorische Herausforderung dar, bei der zahlreiche Mitarbeiter umgeschult, entlassen oder deren Rollen neu definiert werden müssen. Umgekehrt muss sich, da viele neue Rollen und Fähigkeiten erworben werden müssen, die Organisation darauf konzentrieren, wie sie neue Talente anzieht oder ihre vorhandenen Mitarbeiter schulen kann.

Erwerb neuer Fähigkeiten

Sofern Cloud-Fähigkeiten nicht bereits bekannt sind, müssen sie möglicherweise erlernt oder irgendwie beschafft werden. Die folgenden Abschnitte diskutieren übliche Wege des Erwerbs entsprechender Fähigkeiten.

Online-Ressourcen

Heute gibt es eine Anzahl guter Online-Quellen, die praktisch jeden Aspekt der Cloud erklären. Insbesondere Themen, die sich auf spezifische Zertifizierungen beziehen, finden sich online weit verbreitet und sind von guter Qualität. Gute und pädagogische Videos gibt es zur Prüfungsvorbereitung für die meisten Zertifizierungen der Cloud-Anbieter, zu finden bei den großen Online-Kursanbietern, wie Udemy und Coursera. Wenn die Organisation auf ein bestimmtes Problem stößt, ist es oft möglich, entweder ein Video oder eine Beschreibung irgendwo auf GitHub, Stack Overflow oder einem ähnlichem Format zu finden.

Eine weitere gute Online-Quelle sind die Cloud-Anbieter selbst. Sie sind daran interessiert, so viele Informationen wie möglich zu verbreiten, um die Einführung der Cloud voranzubringen. Daher stellen sie viele gute Tutorials, Workshops, Richtlinien, Wikis, Whitepapers und E-Books zur Verfügung. Die Videos von ihren Entwicklerkonferenzen sind beliebt und inspirierend, und sie zeigen auch manchmal praktische Demos und diskutieren Kundenfälle.

Kurse

Cloud-Anbieter oder ihre Partner bieten oft Kurse zu Cloud-bezogenen Themen an. Alle zuvor erwähnten Aufgabenfelder sind hier in der einen oder anderen Form zu finden, vielleicht unter einem leicht veränderten Titel. Es ist inzwischen üblich, unterschiedliche Könnensstufen auszuweisen, wobei die grundlegendste den Praktiker, dann den Associate und die oberste Stufe den Professional bezeichnet. Die Cloud-Anbieter geben die Reihenfolge vor, in der die Kurse zu absolvieren sind.

Partnertraining

Die Einstellung eines Implementierungspartners oder eines erfahrenen Beraters mit praktischer Erfahrung ist eine weitere zuverlässige und beliebte Alternative. Dieser Partner begleitet gemeinsam mit einem Team die praktische Umsetzung beim Cloud-Kunden. Der Partner kann praktische Ratschläge geben, während man an der Implementierung arbeitet. Ein solches praktisches Wissen ist schwer zu finden, da Kurse idealisierte Fälle abdecken und Tutorials und Expertenratschläge eher spezifisch sind. Partnertraining ist ein wichtiger Weg, um sicherzustellen, dass das für den Erfolg benötigte praktische Wissen weitergegeben wird.

Versuch und Irrtum

Es ist natürlich auch möglich, so lang an dem System zu arbeiten, bis es funktioniert. Das ist ein bewährter Ansatz, der seit Jahrzehnten funktioniert. Wenn es keine Zeit- oder Budgetbeschränkungen gibt, ist dies ein vernünftiges Modell, da es „organisches" Lernen fördert, indem es Entwicklern erlaubt, das System zu erkunden und selbst Lösungen zu finden. Die Methode wird nicht empfohlen, wenn das Ziel produktionsreife Lösungen sind. Es besteht auch die Gefahr, dass von Anfang an schlechte Gewohnheiten erlernt werden, die den späteren Fortschritt untergraben.

Umgang mit den organisatorischen Auswirkungen

Wie bereits erwähnt, führt eine grundlegende technologische Veränderung wie die Einführung in die Cloud zwangsläufig zu Besorgnis und Unruhe unter den Mitarbeitern, deren Existenzgrundlage und sogar Identität an die Technologie gebunden ist, die ersetzt wird. Wenn wir uns eine technologische Veränderung vom Ausmaß des Cloud Computing vergegenwärtigen, wird dies zwangsläufig Auswirkungen auf die Arbeit vieler Mitarbeiter und daher auf ihr Leben haben. Dies zu erkennen und im Voraus dafür zu planen, ist ein guter Weg, um die Störungen später zu minimieren und den Übergang ins Cloud Computing reibungsloser zu gestalten.

Mögliche Auswirkungen auf die Belegschaft ermitteln

Wenn eine Organisation beginnt, die Reise zur Cloud anzutreten – ob sie sofort vollständig einsteigt oder es eher abschnittsweise tut – wird dies Auswirkungen auf die Organisation haben. Die bloße Tatsache der kommenden Veränderung wird einige Menschen, die ein Interesse daran haben, den Status quo aufrechtzuerhalten, zwangsläufig verärgern. Darüber hinaus werden einige Mitarbeiter feststellen, dass ihre Jobs mehr oder weniger obsolet werden, während andere sich dramatisch verändern müssen. Es ist wichtig, diese Auswirkungen zu verstehen, um beginnen zu können, sie positiv anzugehen.

Der erste Schritt besteht darin, die Aufgaben zu ermitteln, die verschwinden werden. Herauszufinden, wer sie heute erledigt, gibt Ihnen einen Hinweis darauf, wer Gefahr läuft, seinen Job zu verlieren. Dies ist die schwerwiegendste Auswirkung, die zu bewältigen ist, und es muss eine Entscheidung darüber getroffen werden, was diese Mitarbeiter danach tun werden. Wenn sie entlassen werden, ist es eine gute Idee, Anreize zu finden, um sie bis zum Abschluss des Umstiegs zu halten. Diese Menschen sind oft die einzigen, die wissen, wie die alten Technologien funktionieren, und sie sind daher für eine reibungslose Migration unerlässlich.

Der nächste Schritt besteht darin, die Aufgaben zu ermitteln, die sich ändern werden. Diejenigen, die diese Aufgaben heute ausführen, müssen über die Pläne informiert und geschult werden, um ihre Arbeit in der Cloud fortsetzen zu können. Es ist entscheidend herauszufinden, wie man mit ihnen kommuniziert und anschließend ein Schulungsprogramm erstellt, das funktioniert. Dies kann jede beliebige Kombination aus Kursen, Online-Ressourcen und Partnertraining sein, wie bereits geschildert wurde.

Der letzte Schritt besteht darin, die neu entstehende Aufgaben zu identifizieren. Wer wird diese Jobs in Zukunft erledigen? Werden interne Mitarbeiter umgeschult und neu zugewiesen? In diesem Fall muss jemand anders rekrutiert werden, um ihre derzeitigen Aufgaben zu erledigen. Es könnte auch sinnvoll sein, neue Mitarbeiter einzustellen, die bereits qualifiziert sind. Insbesondere die Kernrollen sollten mit erfahrenen Mitarbeitern besetzt werden. Deren Einstellung kann sich schwierig gestalten.

Wenn man zur Cloud wechselt, ist es notwendig, die verschwindenden, sich ändernden und neuen Aufgaben zu identifizieren. Bestimmen Sie, wie dies alles Ihre Organisation beeinflusst. Basierend auf den Ergebnissen kann ein Plan erstellt werden, um die Belegschaft an die neuen Anforderungen heranzuführen.

Karrierewege für die Cloud entwickeln

Wenn die Investition in die Cloud erheblich ist, kann es sich lohnen, Karrierewege für die Mitarbeiter zu entwickeln. Auf dem aktuellen Arbeitsmarkt kann es schwierig sein, sich auf externe Rekrutierung zu verlassen, wenn die Organisation nicht bereits in der obersten Liga spielt. Ein nachhaltigerer Ansatz besteht darin, von Anfang an Karrieren in der Cloud zu planen. Die Entwicklung von Karrierewegen kann helfen, die Richtung und Erwartungen zu kommunizieren und vorhandene Mitarbeiter zu halten.

Karrierewege, die sich auf die Kernrollen konzentrieren und zu Spezialisierungen führen, ist eine Möglichkeit, dies anzugehen, da mehr Menschen aus der vorhandenen Belegschaft in den Kernrollen eingesetzt werden.

Identitäten und Kommunikation neu definieren

Da Arbeit oft einen großen Teil der Identität eines Individuums darstellt, kann es dazu beitragen, die Arbeitszufriedenheit zu erhöhen, wenn den Mitarbeitern geholfen wird, ihre Jobs neu zu definieren. Anstatt die Cloud als etwas zu beschreiben und zu planen, das dem bestehenden Prozess entgegenläuft und besser als dieses System ist, könnte es sinnvoll sein, Cloud Computing als dessen Fortsetzung zu kommunizieren.

Die Implementierung der Cloud beinhaltet viele Meetings, vielleicht sogar Seminare oder Betriebsversammlungen. Für diese Zwecke sollte sehr darauf geachtet werden, auf welche Weise der Umstieg in die Cloud kommuniziert wird. Ein inklusives Narrativ über organische Veränderungen ist besser als eine Geschichte über disruptive Effizienzsprünge – nicht zuletzt, weil solche Sprünge im wirklichen Leben selten sind.

Die Qualifikationslücke schließen

Wie erwähnt, gibt es viele Möglichkeiten, die Qualifikationslücke beim Übergang zum Cloud Computing zu schließen. Die erste Entscheidung ist, ob die Fähigkeiten im eigenen Haus vorgehalten werden sollen. Wenn die Organisation systemkritisch auf IT angewiesen ist, wie zum Beispiel beim Aufbau von Technologieprodukten oder beim Betrieb von Websites, könnte ein internes Modell lohnenswert sein. Die Option besteht dann darin, die bestehende Belegschaft zu schulen oder extern zu rekrutieren. Manchmal gibt es nicht viel Auswahl, da eine externe Rekrutierung sehr schwierig sein kann, wenn die Organisation nicht bekannt ist oder nicht gut bezahlt. Daher kann es notwendig sein, auf interne Ressourcen aufzubauen. Ein gutes Modell hierbei ist, sich auf Mitarbeiter zu konzentrieren, die Generalisten oder Nachwuchskräfte sind, die sich noch nicht spezialisiert haben. Die Cloud ist für jeden gleich neu und muss erlernt werden. Sich auf die Schulung von Menschen zu konzentrieren, kann ein guter Weg sein, sie zu motivieren und zu halten.

Alternativ können Fähigkeiten extern bezogen werden. Es geht einfacher und schneller, qualifizierte Ressourcen bei Beratungsunternehmen zu finden. Sie können in der Regel die benötigten Fähigkeiten abdecken. Es muss eine Wahl getroffen werden zwischen Nearshore- oder Offshore-Ressourcen. Offshore-Ressourcen mögen leichter und zu günstigeren Kosten verfügbar sein, jedoch um den Preis einer schwierigeren Koordination. Nearshore-Ressourcen sind in der Regel teurer, aber einfacher einzubinden und als Teil eines Teams einzusetzen. Dieses Vorgehen ist notwendig für das Partnermodell, bei dem ein erfahrener Berater an der täglichen Arbeit teilnimmt und praktische Expertise und Schulung liefert. Theoretisch könnte dies auch mit Offshore-Ressourcen durchgeführt werden, aber die Koordination und die Zusammenarbeit bei den alltäglichen Herausforderungen der Kunden sind schwierig, wenn man nicht vor Ort ist.

Auch eine hybride Lösung wäre möglich, bei der Kernrollen in House besetzt und Spezialisierungen outgesourct werden. Es könnte auch die Entwicklung sein, die ausgelagert wird, während Betrieb und Sicherheit in House gehalten werden. Diese Entscheidungen hängen vom Geschäftsmodell und den Prioritäten der Organisation ab.

Zusammenfassung

In diesem Kapitel wurde diskutiert, wie Cloud Computing die Arbeit der Menschen beeinflusst. Der Übergang vom Pferde- zum Automobil-Mobilitätssektor schuf neue Jobs, ließ einige verschwinden und veränderte andere. Auch die Cloud bringt erhebliche Veränderungen der zu erledigenden Arbeit mit sich. Wir stellten einige Beispiele für die jeweiligen Aufgaben vor.

Die Rollen in der Cloud können in Kernrollen und Spezialisierungen unterteilt werden. Kernrollen müssen immer besetzt sein, um alle bedeutenden Investitionen in die Cloud zu verwalten, und Spezialisierungen hängen von der Art und den Prioritäten des Unternehmens ab.

Diese Veränderungen werden zwangsläufig die Belegschaft beeinflussen und müssen gemanagt werden. Arbeit hat einen großen Einfluss auf Identität und Glück eines Individuums, und Veränderungen können daher das Wohlbefinden und die Fluktuation der Mitarbeiter beeinflussen. Die diesbezüglichen Auswirkungen der Cloud auf die Organisation müssen ermittelt und geplant werden.

Es ist wichtig, die Mischung der Möglichkeiten zur Schulung der Belegschaft zu verstehen, um die richtigen Anreize und Fähigkeiten zu entwickeln. Schließlich haben wir eine Reihe von Empfehlungen überprüft, wie die Belegschaft mit minimalen Störungen an die zukünftigen Anforderungen in der Cloud herangeführt werden kann.

Einführung der Cloud

Wir haben uns die Geschichte der Cloud angesehen, ihre Hauptanbieter diskutiert und gelernt, wie sich die vier Aspekte Technologie, Sicherheit, Wirtschaft und Arbeit in der Cloud im Vergleich zur IT vor Ort unterscheiden. Dieses Kapitel konzentriert sich darauf, wie Organisationen die Cloud einführen können. Obwohl jedes Unternehmen einzigartig ist, gibt es viele Gemeinsamkeiten. Es gibt viele Dinge, die branchenübergreifend und in verschiedenen Arten von Organisationen ähnlich sind. Anstatt bei Null starten zu müssen, schauen wir uns an, was andere in ähnlichen Situationen getan haben, um Cloud Computing auf organisatorischer Ebene zu einführen. Basierend auf diesen Beispielen bieten wir eine Reihe von Modellen an, die sich als erfolgreich erwiesen haben.

Nicht alle Organisationen können sich wie die gehypten Start-ups, die bisher die Agenda des Cloud Computing bestimmen, als Cloud-affin hervortun. Die meisten Unternehmen sind bei ihrer Übernahme viel selektiver und eingeschränkter. Dieses Kapitel beschreibt, wie Organisationen die Cloud-Einführung auf strukturierte und bewährte Weise angehen und ein Muster finden können, das ihren speziellen Bedürfnissen entspricht. Das Ziel ist daher, die gängigsten Wege zu beschreiben, wie Organisationen Cloud Computing angehen können.

Einführungsmuster

In der Technikbranche wird gern über Muster gesprochen. Ob es sich um Entwicklung, Integration oder sogar eine PowerPoint-Präsentation handelt, es existiert Literatur über Muster. Diese Denkweise wurde ursprünglich in der Architektur von Christopher Alexander entwickelt, der den Ehrgeiz hatte, eine Mustersprache für die Architektur zu entwickeln. Ein *Muster* ist die optimale Lösung für ein wiederkehrendes Problem. In Alexanders Denken existieren Muster auf verschiedenen Ebenen, von der Makroebene der Stadtplanung bis hin zur Mikroebene des detaillierten Designs. Ähnlich wurden Muster der Cloud-Einführung bereits auf vielen Ebenen dokumentiert, hauptsächlich für das Low-Level-Design. Anbieter wie AWS und Azure haben viele Best-Practice-Lösungen für Probleme in Form von Mustern hervorragend dokumentiert. Was wir hier betrachten, ist ein Versuch, die Muster auf der höchsten Ebene der Cloud-Einführung zu beschreiben, was analog zur Stadtplanung gelingt. Nur entspricht hier die Stadt einer Organisation, und die Gebäude sind IT-Lösungen.

Das Format, das wir zur Beschreibung der Muster verwenden, ist das Folgende:

- **Kontext** – In welchem Kontext entsteht der Bedarf für das Muster? Dies ist eine Beschreibung der Situation, in der das Muster zum Einsatz kommen sollte.

- **Problem** – Welches Problem adressiert das Muster? Dies ist eine prägnante Beschreibung des typischen Problems, das das Muster zu lösen sucht.

- **Kräfte** – Was sind die Schlüsselkräfte? Dies sind die wichtigsten Faktoren, die das Muster beeinflussen.

- **Lösung** – Was ist die Lösung für das Problem? Dies ist eine Beschreibung dessen, was getan werden kann, um das Problem zu überwinden.

- **Beispiel** – Was ist ein Beispiel? Dies ist eine Illustration einer Lösung mit diesem Muster.

- **Verwandte Muster** – Welche Muster können vorher oder nachher zur Anwendung kommen? Einige Muster folgen natürlich anderen oder gehen ihnen voraus.

Die Verwendung von Mustern ist keine exakte Wissenschaft. Sie sollten zur Inspiration genutzt werden. Fokussieren Sie sich nicht so sehr auf ein bestimmtes Muster, dass Sie etwas entwickeln, das nicht zu den Bedürfnissen Ihrer Organisation passt. Muster bringen auch Herausforderungen mit sich, die wir hervorheben werden.

Cloud-Native

Wir hören oft von Unternehmen, die vollständig auf Cloud Computing basieren; dies scheint der Standard für Cloud-Anbieter zu sein. Wir sehen dies in den Beispielen, die auf Konferenzen und in Whitepapers gezeigt werden. Diese Unternehmen haben oft ein Produkt, das an sich Cloud-basiert ist, und es handelt sich oft um Start-ups und relativ junge Unternehmen. Das Cloud-Native-Muster ist eines, bei dem die gesamte IT in der Cloud läuft. Dies ist für alle Menschen in der Organisation natürlich. Dieses Muster ist oft der Referenzrahmen in Marketingmaterialien und Beispielen, die auf Anbieterkonferenzen beschrieben werden.

- **Kontext** – Eine Organisation ohne bestehende On-Premise-Lösungen muss schnell funktionale Lösungen aufbauen. Es handelt sich oft um neue Unternehmen, es könnten aber auch Unternehmen sein, das alle Geschäftsbereiche in die Cloud verlagert haben.

- **Problem** – Wie konstruiert man hochmoderne Software ohne eine große Infrastruktur- und Betriebseinheit und ohne große Investitionen in Hardware? Der Schlüssel hier ist, dass die Organisation kein Kapital binden und keine Expertise für den Betrieb von On-Premise-Infrastrukturen rekrutieren möchte.

- **Kräfte** – Es besteht die Notwendigkeit, sich schnell an wechselnde Umgebungen anzupassen. Die Wettbewerbslandschaft kann sich schnell wandeln, aber Veränderungen könnten auch aufgrund anderer Kräfte vonstatten gehen wie Verbraucherpräferenzen, regulatorischer Anforderungen oder technologischen Fortschritts. Eine weitere Kraft ist die Kosteneffizienz, wobei Investitionen in IT optimiert werden müssen. Dies kann bedeuten, ein günstigeres Angebot zu finden, aber es könnte genauso gut eine Suche nach etwas Besserem zu einem vergleichbaren Preis sein.

- **Lösung** – Wählen Sie einen Cloud-Anbieter, der alle unmittelbaren Anwendungsbedürfnisse befriedigen kann. Nutzen Sie PaaS- und serverlose Lösungen, wo immer möglich, da sie weniger operationale Aufmerksamkeit erfordern. Eine Variante könnte sein, einen Multi-Cloud-Ansatz zu verfolgen. Das erfordert eine Entscheidung über Standards, um Arbeitslasten verschieben zu können. Richten Sie eine zentrale, Cloud-basierte Lösung für IAM (Identity and Access Management) ein, um die vollständige Kontrolle über den Zugriff auf das Cloud Computing zu haben. Das Gleiche gilt für das Lebenszyklusmanagement der Anwendungen, bei dem Schlüsselfunktionen wie Versionierung, Bereitstellung und Service-Management ebenfalls in einer einzigen Lösung zusammenlaufen sollten, wenn mehr als ein Cloud-Anbieter verwendet wird. Im Allgemeinen benötigt das Cloud-First-Modell eine gewisse Standardisierung und Kontrolle.

- **Beispiel** – Ein Beispiel für ein Cloud-natives Unternehmen ist Pinterest. Es liefert ein Cloud-basiertes Produkt und ist vollständig in der Cloud ansässig. Interessanterweise hat Pinterest jedoch nicht auf diese Weise angefangen. Das Unternehmen wechselte 2017, sieben Jahre nach seiner Gründung, vollständig in die Cloud.

- **Verwandte Muster** – Das Cloud-Native-Muster kann dem Lift-and-Shift-Muster (wie bei Pinterest) und dem Anarchie-Modell vorausgehen, bei dem eine Vielzahl von Cloud-basierten Lösungen standardisiert und systematisch gestaltet werden.

Das Cloud-Native-Muster ist selten der Ansatz für etablierte Unternehmen mit mehr als nur ein paar Jahren Geschichte. Dies liegt daran, dass diese Unternehmen in der Regel bereits eine erhebliche Menge an Systemen vor Ort haben. Obwohl dieses Muster für Demonstrationen und Marketing verwendet wird, ist es oft irreführend zu denken, dass es befolgt werden sollte, da die meisten Unternehmen nicht in einer Position sind, in der ein Wechsel Sinn macht. Das würde nämlich erfordern, dass sie das gesamte IT-Personal zu Cloud-Experten umschulen. Daher sollte man sich dieses Musters bewusst sein und überlegen, ob es wirklich gut passt, das heißt, ob der Kontext wirklich derselbe wie im eigenen Unternehmen ist. Für neu gegründete Unternehmen sollte das Cloud-Nativ-Modell jedoch Standard sein. Es gibt keinen Grund, nicht Cloud-nativ zu starten.

Eine der Herausforderungen der Cloud-nativen Lösung besteht darin, das gleiche Maß an Standardisierung und Kontrolle zu etablieren, das typischerweise mit der IT vor Ort verbunden ist. In der Cloud kann jeder alles tun, was bei einer On-Premise-Infrastruktur nicht der Fall ist. Dies bedeutet, dass strengere Kontrolle und umfangreiches Monitoring aktiv eingerichtet werden müssen. Der Punkt ist, dabei die betriebliche Stabilität, Sicherheit und Wirtschaftlichkeit nicht zu untergraben. Eine weitere Herausforderung, insbesondere in einem Multi-Cloud-Szenario, besteht darin, wie die Infrastruktur der Organisation überwacht werden kann. Wenn Lösungen über mehrere Cloud-Anbieter verteilt sind, ist ein effektives Monitoring eine Herausforderung. Redundante Funktionen könnten leichter auftreten, was sich negativ auf die Gesamtkosten auswirkt.

Cloud-First

Cloud-First unterscheidet sich vom Cloud-Native-Muster darin, dass es nicht voraussetzt, dass die aktuelle IT sich in der Cloud befindet. Das Cloud-First-Muster erfordert lediglich eine Entscheidung über die Cloud als Standardoption für alle IT-Bedürfnisse. Es kann von jeder Organisation genutzt werden, unabhängig von ihrer aktuellen Expertise oder Investition in IT. Es erfordert auch nicht, dass die IT in der Cloud beheimatet ist, nicht einmal für neue Entwicklungen. Es erfordert nur, dass die Cloud die erste Option ist, wann immer Änderungen wie neue Entwicklung, Upgrades oder Modernisierungen vorgenommen werden.

- **Kontext** – Eine Organisation oder Geschäftseinheit möchte so schnell wie möglich die Vorteile der Cloud nutzen, ohne sich gleichzeitig auf die Migration bestehender Lösungen festzulegen. Es kann alles von einem Start-up bis hin zu großen, reifen Organisationen sein, die entschieden haben, dass die Cloud in der Zukunft die einzige sinnvolle Option ist.

- **Problem** – Wie können die Vorteile der Cloud so schnell wie möglich genutzt werden?

- **Kräfte** – Die Notwendigkeit, sich schnell an verändernde Umgebungen anzupassen, ist ein starker Treiber. Ein weiterer ist die Kosteneffizienz, da die Cloud weniger Kapitalaufwand und Vorabinvestitionen erfordert.

- **Lösung** – Im Unternehmen sollte die Richtlinie eingeführt werden, dass alle neuen IT-Entwicklungen standardmäßig auf Cloud-Lösungen basieren sollten. Gleiches sollte für die Modernisierung von Anwendungen und Upgrades gelten. Das bedeutet, dass die Cloud zwar die erste Option für neue Entwicklungen ist, aber nicht die einzige Option sein muss. Wenn es gute und legitime Gründe gibt, die Cloud nicht zu nutzen, existieren On-Premise-Alternativen. Diese Lösung geht auch nicht davon aus, dass alte Technologien aktiv in die Cloud verlagert werden.

- **Beispiel** – New York City hat sich 2017 für eine Cloud-First-Strategie entschieden, um Kosteneinsparungen und Effizienzsteigerungen zu erzielen. Bei allen neuen Entwicklungsprojekten war die Cloud die erste Wahl. Nur wenn keine adäquate Cloud-Lösung entworfen werden konnte, kam eine andere Lösung zur Anwendung. Dies hatte keine Auswirkungen auf bestehende Dienste, die weiterhin so liefen wie zuvor, aber es beeinflusste neue projektierte Systeme und alle Modernisierungsbemühungen.

- **Verwandte Muster** – Das experimentelle Muster kann verwendet werden, um Erfahrungen mit der Cloud zu sammeln und zu bewerten, ob sie in der Zukunft die gewünschte Richtung sein könnte. Das Muster des inkrementellen Wandels kann durch das experimentelle Muster ergänzt werden oder diesem nachfolgen, um die verbleibenden Systeme auf Cloud-basierte Prozesse umzustellen.

Das Cloud-First-Muster kann effektiv von jeder Organisation genutzt werden, die davon überzeugt ist, dass die Cloud die Zukunft ist. Mehr braucht es nicht. Der Start dieses Musters gelingt leicht und kann schnell zu Verbesserungen in Bezug auf Kosteneffizienz, Skalierbarkeit und Sicherheit führen.

Die Herausforderung besteht darin, dass es wenig zur Änderung der bestehenden Infrastruktur beiträgt. Nur wenn ein Upgrade oder eine Modernisierung durchgeführt werden muss, wird es Auswirkungen auf bestehende Prozesse haben, was bedeutet, dass es keine endgültige Lösung bietet. Es müssen immer noch Anstrengungen unternommen werden, um weiterhin On-Premise-Datenzentren zu betreiben. Es kann auch die Organisation der Technologie in solche Segmente aufteilen, die auf den alten Systemen laufen, und solche, die mit der neuen Technologie arbeiten, was bedauerlich ist und eine eingeschränkte interne Zusammenarbeit zur Folge haben kann.

Lift and Shift

Insbesondere für IaaS bietet die Cloud eine 1:1-Alternative zum Betrieb eines On-Premise-Daten-Zentrums. Dies kann sicherer und effizienter, kostengünstiger und widerstandsfähiger erfolgen. Deshalb macht es Sinn, die On-Premise-Infrastruktur in die Cloud zu verschieben. Das Lift-and-Shift-Muster eignet sich gut für niedrig hängende Früchte, bei denen sehr wenig, wenn überhaupt, Änderungen vorgenommen werden müssen, um von On-Premise in die Cloud zu wechseln.

- **Kontext** – Eine Organisation möchte die On-Premise-Infrastruktur minimieren, um die Infrastruktur- und Betriebskosten zu senken und/oder die Widerstandsfähigkeit und Skalierbarkeit in ihrem Infrastrukturangebot zu erhöhen.

- **Problem** – Wie können Sie die Kosten und den Overhead bei der Bereitstellung und Wartung grundlegender IT-Infrastrukturdienste reduzieren?

- **Kräfte** – Der Haupttreiber ist die Kostensenkung beim Betrieb bestehender IT-Assets, aber auch eine erhöhte Widerstandsfähigkeit ist ein häufiger Treiber. On-Premise-IT-Betriebe haben hohe Overheadkosten bei der Bereitstellung von Standardinfrastrukturdiensten mit einem SLA im Vergleich zur Cloud.

- **Lösung** – Wählen Sie einen Cloud-Anbieter, der mit dem Legacy-Software-Stack kompatibel ist, und stellen Sie eine direkte Verbindung zum Rechenzentrum des Cloud-Anbieters her. Dies erweitert das On-Premise-Datenzentrum um ein virtuelles. Verschieben Sie alle standardisierten Elemente, wie VMs und Datenbanken, mit einem schrittweisen Lift-and-Shift-Prozess in die Cloud, der die bestehende Lösung mit wenig oder keinen Änderungen beibehält.

- **Beispiel** – Netflix begann seine Reise in die Cloud im Jahr 2008, indem es seine Datenbanken und VMs in die Cloud verlagerte. Sie hätten einfach nicht schnell genug Server aufstellen können, um Schritt zu halten, und sie erlebten Ausfälle aufgrund von Fehlern bei Upgrades.

- **Verwandte Muster** – Ein verwandtes Muster ist das Offload-Muster, das sich auf niedrigere Infrastrukturangebote bezieht. Lift and Shift funktioniert auch mit standardisierten Anwendungen wie Datenbanken. Das Lift-and-Shift-Muster kann vom Muster des Inkrementellen Wandels gefolgt werden, das sich mit komplexeren Anwendungsstapeln befasst.

Lift and Shift ist ein gutes Muster, um schnell Ergebnisse zu demonstrieren und wird häufig für die leicht erreichbaren Ziele verwendet. Es wird einem Unternehmen nicht alle Vorteile des Cloud Computing bringen, da nur eine On-Premise-Anwendung ohne Änderungen verschoben werden, aber das kann später zum Beispiel mit dem Muster des inkrementellen Wandels noch behoben werden. Lift and Shift ist auch vergleichsweise einfach, da es im Grunde genommen auf dem gleichen Betriebsmodell wie On-Premise arbeitet, was den Reibungswiderstand bei der Einführung reduziert.

Ein Vorbehalt ist, dass, um die vollen Vorteile der Cloud auf lange Sicht nutzen zu können, einige Gedanken in die Architektur und Kontrolle des finalen hybriden Set-ups gesteckt werden sollten. Die Herausforderungen bestehen darin, On-Premise-Gewohnheiten in der Cloud zu vermeiden, die wahren Bedürfnisse neu zu bewerten und die verfügbaren Tools und empfohlenen Vorgehensweisen in der Cloud einzusetzen.

Auslagerung

Die Auslagerung in die Cloud ähnelt im Prinzip dem Lift-and-Shift-Muster, da beide innerhalb des On-Premise-Paradigmas arbeiten. Es geht darum, die bestehende Infrastruktur nahtlos in die Cloud zu erweitern. Das bedeutet, dass das Cloud Computing grundlegende Infrastrukturdienste wie Speicher, Netzwerk und Rechenleistung beinhaltet.

- **Kontext** – Eine Organisation mit einer großen bestehenden Investition in grundlegende Infrastruktur, wie virtuelle Maschinen, Datenserver, Speicher und Back-up-Systeme, sucht nach einer günstigeren, sichereren, skalierbaren oder effizienteren Möglichkeit, die bestehende Infrastruktur zu betreiben.

- **Problem** – Wie baut man robuste Infrastrukturlösungen, die ein bestehendes diversifiziertes Systemportfolio aufrechterhalten?

- **Kräfte** – Kostenreduktion und Resilienz sind häufige Motivationen für die Wahl des Auslagerungsmusters.

- **Lösung** – Es sollte ein Cloud-Anbieter mit einer ausgereiften Infrastrukturfähigkeit gewählt und eine direkte Verbindung hergestellt werden, um standardisierte Infrastrukturlösungen für Back-up, virtuelle Maschinen, SAN (Storage Area Network), NAS (Network Attached Storage) und Ähnliches zu nutzen. Die On-Premise-Infrastruktur kann durch diese Verbindung erweitert werden, um einen bedarfsgerechten Zugang zur Infrastruktur zu ermöglichen.

- **Beispiel** – Ein Beispiel ist Airbus, das eine neue Plattform baute, die Kunden Zugang zu Satellitenbildern bieten sollte. Diese Bilder umfassen viele Hunderte an Terabytes und wachsen ständig. Um dem permanenten Bedarf an Speichererweiterung zu entsprechen, wurden Objektspeicher verwendet.

- **Verwandte Muster** – Das experimentelle Muster kann ein Vorläufer für die Wahl des Auslagerungsmusters sein, aber es ist einfach genug, um den logischen Ausgangspunkt für viele Unternehmen zu bilden, die Ressourcen in der IT-Infrastruktur freisetzen wollen. Eine logische Fortsetzung ist das Lift-and-Shift-Muster, bei dem ganze Anwendungen in die Cloud verlagert werden.

Das Auslagerungsmuster kann erfolgreich eingesetzt werden, wo die Skalierbarkeit der grundlegenden Infrastruktur ein Problem ist oder geworden ist. Es kann losgelöst verwendet werden, ohne eine umfangreiche Verpflichtung zum Cloud Computing. Es wird eher ad hoc durchgeführt und kann daher auch von hauptsächlich On-Premise-tätigen Organisationen eingesetzt werden. Die Herausforderung besteht darin, dass dieses Modell das Unternehmen nicht wirklich dazu bringt, die Vorteile der Cloud in vollem Umfang zu nutzen, und zur Folge haben kann, dass die On-Premise-Mentalität und -Kultur beibehalten wird.

Regionale Autonomie

Die Einführung des Cloud Computing kann innerhalb einer Organisation nicht homogen sein. Einige Arten von Organisationen eignen sich nicht gut für Zentralisierung und Standardisierung und haben autonomere Geschäftseinheiten, die nicht unbedingt darin übereinstimmen, wie oder ob die Cloud genutzt werden sollte. Diese Art von Organisation hat oft eine segmentierte Informations- und Anwendungsinfrastruktur. In der Regel wird der Output der Geschäftseinheiten optimiert, anstatt nach Synergien und Möglichkeiten zur Standardisierung im gesamten Unternehmen zu suchen. Dies erfordert einen Ansatz, der eine hohe Autonomie bevorzugt.

- **Kontext** – Eine Organisation umfasst eine Reihe von semi- oder vollautonomen Geschäftseinheiten. Jede Einheit optimiert sich intern und wird nicht für unternehmensübergreifende Synergien belohnt, sondern nur für ihre eigene Leistung zur Rechenschaft gezogen. Sie wird typischerweise in einem wettbewerbsintensiven und dynamischen Marktumfeld agieren. Die Organisation könnte auch durch zahlreiche Fusionen und Übernahmen entstanden sein. Wenn Abteilungen in Nischen operieren, können diese sehr spezielle Anforderungen haben.

- **Problem** – Wie kann die IT schnell und dynamisch an schnelle Veränderungen im Markt und im Ökosystem angepasst werden?

- **Kräfte** – Schnell wechselnde Marktanforderungen erfordern schnelle Reaktionen und eine rasche Umsetzung von der Idee zum fertigen Produkt.

- **Lösung** – Geschäftseinheiten sollten jeweils ihre eigenen Konten bei ihrem Cloud-Anbieter ihrer Wahl einrichten können. Lassen Sie sie herausfinden, welcher Anbieter und welche Dienste ein gegebenes Problem am besten lösen. Nicht die Technologie sollte standardisiert sein, sondern die Schnittstellen für die IT, die gemeinsam genutzt werden muss. Verwendet werden können Microservices, Streaming und Datenvirtualisierung, um einheitliche Schnittstellen auf heterogenen Technologien zu erstellen. Die Organisation sollte sich auf einige Kernservices konzentrieren, die gemeinsam genutzt werden, wie zum Beispiel Multicloud-Managementlösungen, Anwendungsüberwachung, Zugriffsverwaltung, Sicherheit und Kostenmanagement in der Cloud.

- **Beispiel** – Das Energieunternehmen Uplight war das Ergebnis einer Fusion von sechs Unternehmen, jedes mit einem anderen Technologiestack. Man entschied, dass das in Ordnung war, implementierte aber eine zentrale, Cloud-basierte Lösung zum Identity and Access Management (IAM) als Kernservice. Dies machte die sichere Nutzung verschiedener Anwendungen über die Einheiten hinweg nahtlos möglich.

- **Verwandte Muster** – Das Anarchie-Muster kann diesem Muster vorausgehen, in welchem Fall es einen Übergang zu etwas mehr Struktur im Muster der regionalen Autonomie gibt. Das experimentelle Muster kann auch dazu führen, dass dieses Muster zumindest anfangs für die Geschäftseinheiten gewählt wird, welche Cloud Computing am schnellsten einführen.

Das Muster der regionalen Autonomie ist oft de facto ein Standardmuster, da Geschäftseinheiten Cloud-Dienste unabhängig davon nutzen, was die zentralisierte IT-Abteilung möchte. Cloud Computing hat diese Entwicklung nur verschärft, da Geschäftseinheiten zunehmend autonom Cloud-Dienste kaufen. Aber es gibt einen Unterschied zwischen dem, wie die Dinge sind, und dem, wie sie sein sollten. Daher ist es wichtig zu prüfen, ob der jeweilige Kontext für dieses Muster passend ist. Oft ist das nicht der Fall, und es sollte ein anderes Muster gewählt werden, das den organisatorischen Kontext und die Ziele unterstützt.

Eine der wichtigsten Herausforderungen dieses Modells ist, dass es verschwenderisch und häufig redundant in Bezug auf die Fähigkeiten agiert, die in der gesamten Organisation implementiert werden. Das ist der Kompromiss, der für Geschwindigkeit und Autonomie eingegangen wird und der gegen die zusätzlichen Kosten abgewogen werden sollte. Für Organisationen, die durch autonome Geschäftseinheiten gekennzeichnet sind, fördert dieses Muster eine schnellere Implementierung und Verpflichtung zur Arbeit in der Cloud. Der Fokus sollte auf den Minimalfunktionen und -diensten liegen, die geteilt werden sollen, bei maximaler Freiheit für alles andere.

Inkrementelle Veränderung

Die meisten Organisationen sind mehr als ein paar Jahre alt und haben erhebliche Investitionen in ein vielfältiges Portfolio von On-Premise-Technologien getätigt – wenn man so will, in veraltete Technologien. Für diese Art von Organisationen ist das Cloud-Native-Muster einfach nicht durchführbar, und das Cloud-First-Muster löst die grundlegende Herausforderung nicht, nämlich die Modernisierung der On-Premise-Technologie, die für den kontinuierlichen Betrieb benötigt wird. Das Muster der inkrementellen Veränderung bietet einen Weg, die IT schrittweise von On-Premise auf Cloud Computing umzustellen.

- **Kontext** – Eine Organisation mit vielen Jahren auf dem Markt und einem diversifizierten Portfolio an On-Premise-Technologien möchte ihre IT-Assets modernisieren, um die neuen Möglichkeiten der Cloud zu nutzen. Sie findet sich häufig in Situationen wieder, in denen der Support für Technologien ausläuft oder Upgrades der Legacy-Infrastruktur prohibitiv teuer werden. Die Organisation könnte auch der hohen Softwarekosten für grundlegende Technologien müde sein.

- **Problem** – Wie kann man selektiv zur Cloud migrieren, mit maximalem Wert und minimalen Risiken und Investitionen?

- **Kräfte** – Die mittel- bis langfristige Reduzierung der Kosten ist ein starker Treiber dieses Musters, aber oft gibt es auch den allgemeinen Wunsch nach Modernisierung. Eine weitere mögliche Kraft ist der Wunsch nach Standardisierung.

- **Lösung** – Erstellen Sie ein Portfolio von potenziellen Anwendungsfällen und Projekten, bei denen die Cloud genutzt werden könnte. Wählen Sie die besten auf Basis eines Bewertungsmodells aus, das die strategischen Ziele der Organisation berücksichtigt. Ermitteln Sie leicht erreichbare Ziele und vermeiden Sie zunächst systemkritische und für das Unternehmen risikoreiche Workloads. Es ist besser, zunächst einfachere Projekte auszuwählen, auch wenn ihr Gesamtwert nicht der höchste ist, da dies der Organisation Lernerfolg und Erfahrungen liefert. Viele der unvermeidlichen Hindernisse beim Umzug in die Cloud sind besser mit relativ unbedeutenden Projekten zu bewältigen. Dies wird auch dazu beitragen, Schwung und Vertrauen in die Cloud in der Organisation aufzubauen.

- **Beispiel** – Eine große Organisation mit Zehntausenden von Mitarbeitern hatte viele veraltete Anwendungen und wollte ihre Anwendungen in die Cloud verlagern. Man beschloss, mit dem Personalwesen zu beginnen, weil es relativ unabhängig und leicht auf ein Cloud-basiertes System zu migrieren war. Das Personalwesen war nicht das wertvollste beim Umzug, aber auf dieser Basis wurde die grundlegende Infrastruktur in der Cloud aufgebaut. Die komplexere ERP-Anwendung (Enterprise Resource Planning) sollte folgen und konnte von den Erfahrungen aus der ersten, weniger bedeutenden Migration profitieren.

- **Verwandte Muster** – Das Lift-and-Shift-Muster wird oft vor oder in Verbindung mit dem Muster der inkrementellen Veränderung verwendet, da beide Wege aufzeigen, wie man veraltete On-Premise-Anwendungsworkloads in die Cloud migriert. Während Lift and Shift eine simplere Art ist, Workloads ohne oder mit nur wenigen Änderungen zu verschieben, wägt die inkrementelle Veränderung jeden Fall gegen Möglichkeiten und Ziele ab. Wenn alle Geschäftsbereiche in die Cloud migriert wurden, folgt das Cloud-Native-Muster.

Die inkrementelle Veränderung passt gut zu Organisationen, die sich nicht vollständig auf die Cloud-Migration konzentrieren können. Eine stückweise Migration ermöglicht es der Organisation auch, sich schrittweise anzupassen, sowohl in Bezug auf die Entwicklung der richtigen Fähigkeiten als auch auf die Veränderung der Unternehmenskultur. Die Kehrseite davon ist die Langsamkeit und dass die Art des Vorgehens zu vielen Überlegungen und Diskussionen führen kann. Dies wird den Übergang zur Cloud insgesamt verlangsamen. Hier sind die Vorteile möglicherweise nicht schnell sichtbar und können Zweifel an der Migration zur Cloud aufkommen lassen.

Anarchie

Einige Organisationen müssen einfach so schnell wie möglich etwas erledigen, unabhängig von Kosten, Qualität, Synergien und Übereinstimmung mit organisatorischen Richtlinien. Kleine Teams haben in der Unternehmenskultur die Oberhand. Obwohl Anarchie negativ klingen mag, ist sie bei Weitem die effizienteste Taktik, wenn es darum geht, neue Ideen schnell zu entwickeln und umzusetzen. Das Anarchiemuster könnte daher gut zu einer Organisation passen, die sich in einer Phase des Hyperwachstums befindet oder von der Generierung neuer und innovativer Lösungen abhängig ist. Wir finden viele Start-ups mit diesem Profil, aber es passt auch zu den meisten Forschungslabors und Data-Science-Teams. Forschungsintensive Unternehmen können dieses Muster ebenfalls nutzen.

- **Kontext** – Eine Organisation, in der nur die Produkte der Entwicklungsteams zählen. Das Überleben des Unternehmens kann von seiner Fähigkeit abhängen, neue Lösungen zu schaffen. Software wird nicht als Posten gesehen, der geschützt, gewartet und entwickelt werden muss, sondern eher als ein Mittel zum Zweck, das anschließend entsorgt werden kann.

- **Problem** – Wie kann man die Ideenentwicklung und die Liefergeschwindigkeit einer Softwarelösung optimieren?

- **Kräfte** – Die primäre Kraft ist die Zeit bis zur Markteinführung, da das Überleben davon abhängen kann. Dies gilt gleichermaßen für ein Forschungszentrum, ein Start-up in der Frühphase oder ein Biotechnologieunternehmen. Alle sind entscheidend darauf angewiesen, als Erste etwas zu entdecken oder zu entwickeln. Eine sekundäre Kraft ist die Förderung von Kreativität und Innovation. Das Anfordern und Warten auf IT-Ressourcen kann den kreativen Prozess behindern und blockieren.

- **Lösung** – Jeder einzelne Mitarbeiter oder jedes kleine Team bekommt seine eigene Kreditkarte und kann sie verwenden, um sich für jeden Cloud-Service anzumelden, den es in welcher eklektischen Art auch immer hilfreich findet. Es werden keine Fragen gestellt. Teams oder sogar Einzelpersonen führen Technologien ein, die am besten ihren Bedürfnissen entsprechen, basierend auf der eigenen Erfahrung und Vertrautheit. Das Zusammenführen gemeinsam genutzter Technologien würde kostbare Zeit in Anspruch nehmen. Wenn Data Scientists Modelle erstellen müssen, ist es besser, dass sie das Werkzeug selbst wählen, das sie benötigen, um diese Modelle zu erstellen, da sie nur hinsichtlich deren Wirksamkeit und Wert beurteilt werden.

- **Verwandte Muster** – Das Muster der regionalen Autonomie ist ein verwandtes Muster und folgt oft im Anschluss. Ein Beispiel wäre ein Start-up, das sich nach der Frühphase zu einem reiferen Start-up entwickelt, das nicht mehr jeden Tag ums Überleben kämpfen und stabiler werden muss. Der gleiche Prozess findet in der

Biotechnologie statt, wo spätere Stadien der Arzneimittelentwicklung stabilere Funktionen erfordern, wie zum Beispiel Richtlinien und deren Einhaltung. Forschungsintensive Einrichtungen, etwa Universitäten, müssen auch oft die Anarchie von Forschungsgruppen eindämmen, die autonom geführt wurden. Dies kann mit einem Muster der regionalen Autonomie erfolgen. Das Muster der inkrementellen Veränderung kann ebenfalls einen Weg bieten, Lösungen zu standardisieren und zu stabilisieren. Auch wenn sie bereits in der Cloud tätig sind, lasten auf ihnen viele technische „Schulden", ähnlich wie bei einem veralteten Code.

Das Anarchie-Muster eignet sich gut für die Ideengenerierung. Das bedeutet nicht, dass es dabei hilft, Ideen zu generieren, nur die richtigen Mitarbeiter werden das tun. Es hilft, indem es radikal alle Hindernisse für die Generierung neuer Ideen und die schnelle Implementierung neuer Lösungen beseitigt. Deshalb ist es auch sinnvoll, Lösungen schnell zu liefern: Alle Kontrollen und Ausgleichsmaßnahmen wurden entfernt.

Das bedeutet auch, dass nicht viel oder gar keine Gedanken an einen stabilen Betrieb und produktionsreife Workloads verschwendet werden. Dieses Muster produziert eine Menge technischer „Schulden", und das entsprechende Wissen ist an Schlüsselmitarbeiter gebunden. Die Konsequenz ist, dass das Risikoprofil bei diesem Modell höher ist und ein großer Teil der Lösung möglicherweise neu aufgebaut werden muss, um für den längerfristigen Einsatz sicher, stabil oder ausreichend skalierbar zu sein.

Experimentell

Die Reise zur Cloud muss irgendwo beginnen, und eine fröhliche Stimmung auf dem Spielplatz für Experimente kann wichtig für die zukünftige Richtung der Cloud-Einführung sein. Die Einführung kann von verschiedenen Teams parallel durchgeführt werden. Das experimentelle Muster zielt darauf ab, den Zugang zur Cloud auf einfache und sichere Weise für explorative Zwecke zu ermöglichen.

- **Kontext** – Eine Organisation möchte die Cloud nutzen, ohne sich strategisch festzulegen. Bevor man eine solche Verpflichtung eingeht, möchte man mehr erfahren. Es könnte auch eine Organisation sein, die in einen neuen Bereich, wie IoT oder maschinelles Lernen, einsteigt, der derzeit nicht von ihrer On-Premise-IT angeboten wird.

- **Problem** – Wie kann eine Organisation herausfinden, ob Cloud Computing genutzt werden kann, um neue Fähigkeiten hinzuzufügen oder bestehende zu verbessern?

- **Kräfte** – Die Modernisierung der IT-Infrastruktur und des allgemeinen Anwendungsangebots ist eine starke Kraft; technische Trends und Möglichkeiten kennenzulernen, ist eine weitere.

- **Lösung** – Wählen Sie einen Cloud-Anbieter und richten Sie ein isoliertes Testkonto ein, auf das Teams und Einzelpersonen zugreifen können, um POCs (Proof of Concept; Nachweis der Machbarkeit oder Funktionsnachweis) und Pilotimplementierungen durchzuführen. Stellen Sie sicher, dass die Einrichtung über Schutzmaßnahmen verfügt, damit die Nutzer keine fatalen Fehler machen können. Dies beinhaltet zum Beispiel Budgetgrenzen, die gekappte Verbindung zur On-Premise-Infrastruktur und zu Produktionsdaten. Der Hauptzweck besteht darin, einen sicheren Raum für Experimente zu bieten, der es den Nutzern ermöglicht, Vertrauen in die Technologien zu gewinnen. Investieren Sie nicht zu viel Zeit und Geld in die Konfiguration mehrerer Umgebungen oder Bereitstellungspipelines oder die Integration in zentrale Lösungen zum Identitäts- und Zugriffsmanagement (IAM). Das kann sich sowieso alles ändern, basierend auf den Ergebnissen der Experimente, die die Entwickler durchführen. Das Modell kann für unkritische Anwendungen verwendet werden, aber nicht für die Produktion, was den Nutzern im Voraus mitgeteilt werden sollte. Es wird davon ausgegangen, dass alles nach Belieben oder mit kurzer Vorwarnzeit beendet werden kann.

- **Verwandte Muster** – Die meisten anderen in diesem Kapitel betrachteten Muster können natürlich nach dem Experimentiermuster folgen, da es hilft zu bestimmen, welches Muster zur Organisation passt.

Das experimentelle Muster ist ein guter Start für Organisationen mit wenig oder keiner direkten Erfahrung mit der Cloud. Es lehrt Entwickler, wie die Cloud funktioniert, und beseitigt Zweifel und Unsicherheiten. Es hilft auch, neue Ideen auszuprobieren. In größeren Organisationen kann das Muster kontinuierlich in neuen Einheiten zum Einsatz kommen, die zur Cloud hinzugefügt werden, aber allmählich wird es sich in eine Entwicklungsumgebung verwandeln.

Der größte Nachteil ist, dass es nur ein Spielplatz bleiben kann, der selten genutzt wird, wenn keine Anstrengungen unternommen werden, die gewonnenen Erkenntnisse in irgendeiner Weise zu sammeln. Point-and-Click-Erkundung ist in Ordnung, zieht aber selten substanzielle Ergebnisse nach sich. Um dies zu mildern, sollten echte POCs gefördert werden, zusammen mit der Dokumentation der gewonnenen Erkenntnisse, die in der Organisation kommuniziert werden sollten.

Zusammenfassung

Wir haben gesehen, dass die Einführung des Cloud Computing wahrscheinlich nicht von allen Organisationen auf die gleiche Weise durchgeführt wird. Unternehmen haben alle einen unterschiedlichen Hintergrund; sie benötigen daher unterschiedliche Lösungen.

Auf organisatorischer Ebene haben wir eine Reihe von verschiedenen Mustern in Betracht gezogen. Diese sind nicht erschöpfend dargestellt, repräsentieren aber die Mehrheit der Wege, wie Organisationen die Cloud angehen. Abb. 14.1 zeigt ein Schema der Beziehung zwischen den Mustern. Meistens beginnt die Einführung mit dem experimentellen Muster, jedoch kann jedes Modell der Ausgangspunkt für die Reise ins Cloud Computing sein.

Die Pfeile in Abb. 14.1 symbolisieren die logische Richtung der Veränderung. Es wäre zum Beispiel seltsam, wenn ein Unternehmen von einem Cloud-Native-Muster zu einem Muster für inkrementelle Änderungen wechseln würde. Obwohl es nicht unmöglich ist, wie im Falle einer Fusion mit einem anderen Unternehmen mit erheblich veralteten Codes, ist ein solches Vorgehen nicht

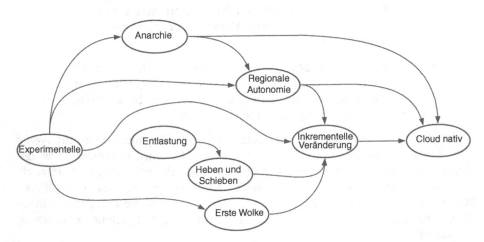

Abb. 14.1 Beziehung zwischen den Einführungsmustern

üblich. Diese Beziehungen können auch Organisationen helfen, die Reise durch die Cloud zu kartieren. Die Reise kann beginnen, indem das Offloading-Muster verwendet wird und man dann zum Lift-and-Shift-Muster wechselt und von dort zum Muster für inkrementelle Änderungen. Schließlich könnte das zu einem Cloud-Native-Muster führen, wenn alles verschoben wurde. Das ist ein typischer Entwicklungspfad für ein schon länger bestehendes Unternehmen.

Start-ups werden in der Regel einen anderen Weg gehen. Sie beginnen oft mit dem Anarchie-Muster, während sie ums Überleben kämpfen und Innovationen vorantreiben, und wechseln dann zum Muster der regionalen Autonomie, das mehr Stabilität bietet, und enden schließlich in einem stabileren Cloud-Native-Muster.

Für einige Unternehmen ist ein vollständiger Umzug in die Cloud möglicherweise nicht machbar oder nutzbringend. In diesem Fall wird ein Muster, das eine hybride Lösung unterstützt, der Endpunkt sein, und nicht das Cloud-Native-Muster. Das ist auch in Ordnung, aber moderne Unternehmen sind zwangsläufig bis zu einem gewissen Grad auf die Nutzung der Cloud angewiesen.

Bei der Einführung des Cloud Computing ist es wichtig, ein Muster zu wählen, das zum eigenen Kontext und zur eigenen Richtung der Organisation passt, und nicht einfach eines, das beliebt ist oder auf Konferenzen vorgestellt wird. Sobald das richtige Muster oder die richtigen Muster ausgewählt wurden, besteht der Schlüssel darin, sie umzusetzen. Dies beinhaltet wiederum eigene Herausforderungen, da der Ansatz in der Organisation kommuniziert und verbreitet werden muss. Eines der häufigsten Probleme bei der Einführung ins Cloud Computing ist, dass die Organisation in seiner On-Premise-Denkweise stecken bleibt. Dies gilt für alle vier Hauptaspekte – Technologie, Sicherheit, Wirtschaftlichkeit und Arbeit. Um effizient zu sein, muss die Reise ins des Cloud Computing daher auch von einem Kulturwandel begleitet werden.

Printed in the United States
by Baker & Taylor Publisher Services

Printed in the United States
by Baker & Taylor Publisher Services